DISCIPLINA E AFETO

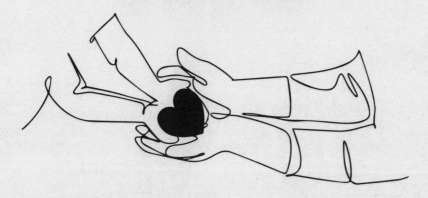

COORDENAÇÃO EDITORIAL
CRISTINA MARTINEZ

DISCIPLINA E AFETO

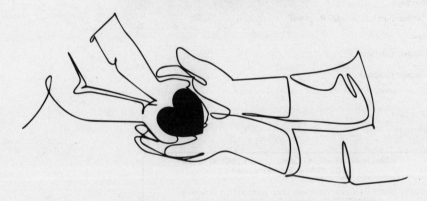

Literare Books
INTERNATIONAL
BRASIL · EUROPA · USA · JAPÃO

© LITERARE BOOKS INTERNATIONAL LTDA, 2023.

Todos os direitos desta edição são reservados à Literare Books International Ltda.

PRESIDENTE

Mauricio Sita

VICE-PRESIDENTE

Alessandra Ksenhuck

DIRETORA EXECUTIVA

Julyana Rosa

DIRETORA COMERCIAL

Claudia Pires

DIRETORA DE PROJETOS

Gleide Santos

EDITOR

Enrico Giglio de Oliveira

EDITOR JÚNIOR

Luis Gustavo da Silva Barboza

REVISORES

Margot Cardoso e Ivani Rezende

CAPA

Ariadne Cardoso

DESIGNER EDITORIAL

Lucas Yamauchi

IMPRESSÃO

Impress

Dados Internacionais de Catalogação na Publicação (CIP)
(eDOC BRASIL, Belo Horizonte/MG)

D611	Disciplina e afeto: como criar filhos emocionalmente fortes e preparados para o mundo / Coordenadora Cristina Martinez. – São Paulo, SP: Literare Books International, 2023. 360 p. : foto. ; 15,7 x 23 cm Inclui bibliografia ISBN 978-65-5922-508-8 1. Parentalidade. 2. Pais e filhos. 3. Crianças – Desenvolvimento. 4. Afeto. I. Martinez, Cristina. CDD 649.1

Elaborado por Maurício Amormino Júnior – CRB6/2422

LITERARE BOOKS INTERNATIONAL LTDA.

Rua Alameda dos Guatás, 102
Vila da Saúde — São Paulo, SP. CEP 04053-040
+55 11 2659-0968 | www.literarebooks.com.br
contato@literarebooks.com.br

SUMÁRIO

9 — PREFÁCIO
Aline Ribeiro Cestaroli

11 — FILHOS SÃO COMO NAVIOS
Cristina Martinez

19 — A BIRRA COMO COMUNICAÇÃO
Adriana Fernandes

27 — EMPATIA E ESCUTA PARA RELACIONAMENTOS SAUDÁVEIS
Alessandra Barreto de Paula

35 — ESPELHO, ESPELHO MEU...
Andréa Cristhina Brandão Teixeira

45 — AUTOESTIMA INFANTIL: UMA REFLEXÃO VALIOSA
Camila Santos

53 — SUA CRIANÇA NÃO É TODO MUNDO
Carolina Pádua

61 — A IMPORTÂNCIA DA AFETIVIDADE NO CONTEXTO DA EDUCAÇÃO INFANTIL
Célia de Fátima Macagnan

69 — VÍNCULO AFETIVO DE QUALIDADE E SUA RELEVÂNCIA NAS NOVAS
CONFIGURAÇÕES FAMILIARES
Christiane Pontes e Roberta Alonso

77 — A IMPORTÂNCIA DOS LIMITES NA CONSTRUÇÃO DA AUTONOMIA
Christiane Renate Resch

85 — AMOR E DESAPEGO
Cidinho Marques

93 — AMORA E SUAS VITÓRIAS
Cláudia Hering Ávila dos Santos

99 — O AFETO CONECTA E POTENCIALIZA O DESENVOLVIMENTO INFANTIL
Edí Holanda

111 AUTOCONHECIMENTO: O QUE ISSO INFLUENCIA NA EDUCAÇÃO DOS NOSSOS FILHOS?
Elaine Marques

119 QUAIS SÃO OS MOTIVOS DAS CRIANÇAS CORREREM PELO MUNDO AFORA?
Fernanda de Cerqueira Lima Ribeiro Luggeri

125 EDUCAR COM LIMITES DE FORMA CONSCIENTE
Gabriela Morais

135 DESENVOLVENDO PAIS E FILHOS CONFIANTES E CAPAZES
Giseli Tavares

145 ARMADOS E AMADOS: A POTÊNCIA DA DISCIPLINA ALIADA AO AFETO
Gisella Cabral Heitzmann

153 POR QUE NÃO CONSIGO EDUCAR DE FORMA RESPEITOSA?
Gislaine Gracia Magnabosco

163 COMO DISCIPLINAR A SENSIBILIDADE: POR MEIO DA ORDEM DE DESENVOLVIMENTO DAS SETE LINGUAGENS NATURAIS
Giulia Ferreira Dalloglio

171 APEGO SEGURO E O VÍNCULO NA RELAÇÃO ENTRE PAIS E FILHOS
Grasiela Pavin Bohner e Fabiana Nunes Ribas

181 POR QUE MEU FILHO FAZ BIRRA?
Indiara Castañeda

189 ENSINANDO LIMITES À CRIANÇA AUTISTA
Janaína Sá

197 UMA REFLEXÃO SOBRE OS INFORTÚNIOS DOMÉSTICOS
Juliana Maria Lanzarini

207 A ESTRUTURA DE FUNCIONAMENTO DO NOSSO CÉREBRO: SEGURANÇA, CONEXÃO, RESOLUÇÃO DE PROBLEMAS
Larussy Bandeira Novais

215 UM OLHAR ISONÔMICO NOS CONCEITOS DA DISCIPLINA E DO AFETO
Lilian Guedes

223 A IMPORTÂNCIA DO ESTÍMULO À EXPRESSÃO DOS AFETOS PARA A SAÚDE MENTAL
Luana Menezes

231 COMPREENDER PARA APRENDER AS MÚLTIPLAS FUNÇÕES DO DESENVOLVIMENTO INFANTIL
Luciana Tenreira Beites-De Oliveira

239 O IMPACTO DOS LAÇOS AFETIVOS FRENTE A NOSSA CRIANÇA INTERIOR
Márcia Tejo

251 LIMITE COM AMOROSIDADE
Maria Amália Forte Banzato

257 A LINGUAGEM DO ENCORAJAMENTO: CRIANDO FILHOS EMOCIONALMENTE
SAUDÁVEIS
Marilan Barreto Braga

271 QUANDO COMEÇAR?
Nanda Oliveira

279 CULTURA DE PAZ E SOLIDARIEDADE NA INFÂNCIA
Nathália Rezende Simões

291 COMO O SEU CÉREBRO INFLUENCIA NO DESENVOLVIMENTO DO CÉREBRO
DO SEU FILHO?
Patricia Alessandra Zanesco

297 É POSSÍVEL EDUCAR COM AMOR?
Potyra Najara

305 EMOÇÕES, PARA QUE TE QUERO? DESCUBRA COMO USÁ-LAS AO SEU FAVOR
Rita de Kacia Parente

313 "NÃO SEI MAIS O QUE FAZER"
Rosane Galante Almeida

319 FIRMEZA E GENTILEZA: GRANDE DESAFIO PARA PAIS E PROFESSORES
Rosania Maria Inácio Ferreira

327 UMA CONEXÃO ENTRE A DISCIPLINA E O AFETO
Roselany Junger da Silva

333 SÓ O AMOR CONSTRÓI
Simone de Souza Ramos

341 MÃE: FONTE PERPÉTUA DE AFETIVIDADE
Simone Matioli Renzo

347 O AUTOCONHECIMENTO NA EDUCAÇÃO DOS FILHOS
Sonia Regina Silva e Marlene Silva

355 OS PAIS QUE PODEMOS SER
Viviane Pereira dos Santos

PREFÁCIO

Recebi com alegria o convite para prefaciar este livro repleto de doses de encorajamento para pais e profissionais, que querem aprender a disciplinar com afeto. Infelizmente, aprendemos a usar a palavra disciplina como sinônimo de castigo e punição. Mas já está mais do que na hora de retornarmos à origem dessa palavra para que possamos, de fato, disciplinar as crianças e os adolescentes.

Ela veio do latim *disciplina*, "instrução, conhecimento, matéria a ser ensinada". E esta deriva de *discipulus*, "aluno, aquele que aprende", do verbo *discere*, "aprender". Sendo assim, a verdadeira disciplina é aquela que instrui, ensina, conduz. E isso pode ser feito com afeto, respeito e práticas encorajadoras.

Uma das minhas premissas na Educação e Parentalidade Encorajadora® é a de que os pais são os líderes da família e, como bons líderes, precisam ter a coragem de assumir a responsabilidade por despertar o potencial dos filhos. Existem duas formas de liderar: manipulando ou encorajando.

Quando adotamos um viés da disciplina como sinônimo de castigo e punição, utilizamos uma liderança manipuladora, ou seja, uma liderança em que os adultos se mantém no controle e assumem a responsabilidade pelo comportamento das crianças e dos adolescentes. Cabem a eles vigiar e aplicar a "disciplina" para mostrar que aquele comportamento não é adequado ou, então, recompensar o bom comportamento, atribuindo um reforço positivo.

Entretanto, quando compreendemos que a verdadeira disciplina é aquela que instrui, os adultos assumem uma liderança encorajadora, ensinando às crianças e aos adolescentes a desenvolverem competências socioemocionais, tais como: empatia, tolerância à frustração, inteligência emocional, responsabilidade, respeito, determinação, dentre outras.

No decorrer deste livro, o leitor terá a oportunidade de se aprofundar em diversos temas que apoiam o desenvolvimento saudável da criança e do adolescente. Eu, verdadeiramente, acredito que somos uma geração privilegiada por termos acesso a tantos estudos e conhecimento científico para nortear nossas práticas educativas e, assim, oferecermos às crianças e adolescentes uma educação que desperte o potencial deles. Nossos pais e avós não tiveram esse mesmo privilégio!

Aline Ribeiro Cestaroli

Formada em Psicologia há mais de 10 anos. Possui diversos cursos e especializações na área da educação parental e desenvolvimento humano. Atua como educadora parental desde 2017, quando desenvolveu o método da Educação e Parentalidade Encorajadora® – um movimento que acredita na construção de um mundo melhor por meio do encorajamento de pais e educadores. Coordenadora e coautora dos livros *Conectando pais e filhos*, vols. I, II; *Encorajando pais*, vols. I, II.

1

FILHOS SÃO COMO NAVIOS

Neste capítulo, você encontrará subsídios para seu autoconhecimento e a autoconsciência de como regular suas emoções para criar filhos emocionalmente preparados para o mundo.

CRISTINA MARTINEZ

Cristina Martinez

Contatos
crismartinez@vercrescer.com
Instagram: @cri_martinez_
Instagram: @vercrescer
11 99741 7644
11 99588 4001

Mãe do Henrique, educadora parental, pedagoga, apaixonada pelo desenvolvimento infantil. Há 20 anos, diretora e mantenedora da Escola de Educação Infantil Ver Crescer. Formada, pela Unifesp, em Medicina Comportamental; possui certificado CCE – *Continuing Coach Education* (International Coach Federation – *Coaching a Strategy for Achievement*); certificado *Coaching* Infantil — método *KidCoaching* (Instituto de Coaching Infantojuvenil-RJ). Formada em Constelação Sistêmica Familiar (Ápice Desenvolvimento Humano); *Coaching* Estrutural Sistêmico Organizacional; e educadora parental do Programa Encorajando Pais®, com a psicóloga Aline Cestaroli. Escritora do livro infantil *O solzinho de todas as cores* (Literare Kids). Ministra palestras e *workshops* voltados à primeira infância e presta assessoria e mentoria pedagógica para educadores.

Onde quer que estejas, sê a alma desse lugar.
RUMI

Ao olhar um navio no porto, imagina-se que ele esteja em seu lugar mais seguro, protegido por uma forte âncora. Mal se sabe que ali ele está em preparação, abastecimento e provisão para se lançar ao mar, para o destino para o qual foi criado, indo ao encontro das próprias aventuras e riscos. Dependendo do que a natureza lhe reserva, poderá ter que desviar da rota, traçar outros caminhos ou procurar novos portos.

Certamente retornará fortalecido pelo aprendizado adquirido, mais enriquecido pelas diferentes culturas percorridas. E haverá muita gente no porto, feliz, à sua espera.

Assim são os filhos. Esses têm nos pais o seu porto seguro, até que se tornem independentes.

Por mais segurança, sentimentos de preservação e manutenção que possam sentir próximos aos seus pais, eles nasceram para singrar os mares da vida, correr os próprios riscos e viver as próprias aventuras.

Eles estão certos de que levarão consigo os exemplos dos pais, o que aprenderam e os conhecimentos da escola, mas a principal provisão, além das materiais, estará no interior de cada um: a capacidade de ser feliz. Sabe-se, no entanto, que não existe felicidade pronta, algo que se guarda em um esconderijo para ser doado, transmitido a alguém.

O lugar mais seguro em que o navio pode estar é o porto. Mas ele não foi feito para permanecer ali.

Os pais também pensam ser o porto seguro dos filhos, mas não podem se esquecer do dever de prepará-los para navegar mar adentro e encontrar o seu próprio lugar, onde se sintam seguros, certos de que deverão ser, em outro tempo, esse porto para outros seres.

Cristina Martinez

Ninguém pode traçar o destino dos filhos, mas precisa estar consciente de que, na bagagem, devem levar valores herdados, como humildade, humanidade, honestidade, disciplina, gratidão e generosidade.

Filhos nascem dos pais, mas têm de se tornar cidadãos do mundo. Os pais podem querer o sorriso dos filhos, mas não podem sorrir por eles. Podem desejar e contribuir para a felicidade desses, mas não podem ser felizes por eles. A felicidade consiste em ter um ideal a se buscar e ter a certeza de estar dando passos firmes no caminho dessa busca.

Os pais não devem seguir os passos dos filhos nem estes devem descansar no que os pais conquistaram. Devem os filhos seguir do porto de onde os pais chegaram e, com as próprias embarcações, partir para as suas conquistas e aventuras. Mas, para isso, precisam ser preparados e amados, na certeza de que: "Quem ama educa".

Como é difícil soltar as amarras.

Içami Tiba foi um dos autores que tratou sobre o tema da educação familiar. No seu livro *Quem ama educa! (Integrare)*, ele deixa claro que o amor puro e incondicional não é suficiente para formar indivíduos emocionalmente sadios e responsáveis. Confirma-se, assim, que educar não é instintivo. Criar é natural, é inato, o tempo cuida de cumprir.

É preciso ter o pulso forte

Criar uma criança é fácil, basta satisfazer-lhe as vontades. Educar é trabalhoso. Transmitir responsabilidade e respeito são alguns dos ingredientes básicos para a educação dos "adultos de amanhã".

Rapport com as crianças é um elemento fundamental, que cria sintonia com quem está falando. Fazer o espelhamento com a criança – sentar no chão, ficar na mesma altura – cria mais conexão. Antes da correção vem a conexão.

Menos culpa e mais responsabilidade

Saiba organizar o tempo para conseguir estar por completo, no tempo presente, seja no trabalho ou com a família.

Crie seu filho para "navegar"

"Os filhos são como navios... a segurança dos navios é o porto, mas eles foram construídos para singrar os mares". É difícil para os pais imaginar seus filhos sozinhos, mas a educação deve ser direcionada para formar indivíduos que saibam viver neste mundo. Não se criam os filhos para si mesmos. Chegará um momento em que precisarão usar todo o conhecimento e experiência que adquiriram ao lado da família e escola e, simplesmente, seguir por seus próprios pés, coração e mente no mundo.

Dando exemplos

Ser educado é ser ético, progressivo, empático e feliz. Reflita sobre o seu comportamento e atitudes. Será que sou sempre um bom exemplo?

Todos têm responsabilidades

O erro mais frequente na educação dos filhos é colocá-los no topo da casa. O filho não pode ser a razão de viver de um casal. O filho é um dos elementos. O casal tem que deixá-lo, no máximo, no mesmo nível que eles. A sociedade pagará o preço de alguém que foi educado para ser o centro do universo.

Saber o valor das coisas é importante

Ter tudo o que quer pode ser prejudicial. Mesmo que os pais tenham condições, precisam controlar e ensinar a valorizar.

Pais, não fujam da responsabilidade

A educação não pode ser delegada somente à escola. Aluno é transitório, filho é para sempre. Mesmo essa sendo importante para o desenvolvimento educacional, o leito familiar é a principal fonte.

Construindo a ordem

Os que chegaram antes estão acima dos que chegaram depois, incluindo os pais, que chegaram antes dos filhos. Sem ordem, não há amor.

Uma guia e proteção para toda a vida

"Jovens que não tiveram nenhuma educação sobre valores vivem e aprendem o que aparece no momento, deixam-se levar por aquilo que é vigente. Quem tem valores sólidos dentro de si é capaz de olhar para uma situação sem ser envolvido por ela, e pode analisá-la e criticá-la". Educar é ajudar a formar a personalidade e o caráter do indivíduo. Quando essa formação é feita como

Cristina Martinez

se deve, é de se esperar que o jovem reconheça quais são os caminhos certos e errados na vida, e saiba escolher o melhor.

Os primeiros passos

A adolescência é um segundo parto: lembre-se de criar os filhos para o mundo. É a partir da adolescência que o jovem começa a dar os primeiros passos para a vida. Toda educação que foi transmitida pela família começará a se refletir e dar resultados quando o indivíduo começar a manter o seu contato com a sociedade. "Quem ama educa!" pode parecer clichê, mas a base para uma excelente educação é o amor. Ele tem que ser o motor para educar.

Autoconsciência e autoconhecimento aprimoraram a sua inteligência emocional para usufruir dias melhores com seus filhos

A mente, esse poderoso músculo, precisa de treinamento contínuo para alcançar todos os seus objetivos na vida. E talvez ainda mais quando se fala da criação dos filhos, pois o desafio não é apenas que os adultos se mantenham emocional e fisicamente fortes, e sim que consigam dar às crianças as ferramentas necessárias para que, desde pequenas, comecem a desenvolver a melhor versão mental de si mesmas. O ritmo acelerado, cheio de mudanças constantes e rápidas, requer medidas velozes e eficazes.

Assim, uma vez que as crianças começam a se comunicar de forma intencional, geralmente entre os três e os seis anos, deve-se começar a cuidar da saúde mental delas e a reconhecer as reações e emoções. Para Amy Morin, psicóloga, terapeuta familiar especialista em fortaleza mental e reconhecida internacionalmente por seu livro *13 Things Mentally Strong People Don't Do (13 coisas que pessoas mentalmente fortes não fazem)*, as chaves para educar crianças mentalmente fortes são, em resumo, estas cinco:

1. Estabelecer como prioridade o cuidado da mente

O treinamento mental é a chave para conseguir os objetivos – não só para as crianças, mas também para os adultos. Assim como se diz aos seus filhos quando é hora de tomar banho, de se vestir e de escovar os dentes, a psicóloga recomenda reservar um tempo para treinar a fortaleza mental. Como? Praticar a gratidão em família ou concentrar-se no momento presente, sem estresse.

2. Falar sempre de sentimentos e verbalizar essa palavra

Disciplina e afeto

Falar sobre como suas emoções estão envolvidas em suas decisões e ensiná-las proativamente a lidar de forma saudável com elas é crucial para enfrentar os conflitos diários.

3. Envolvê-las na solução de alguns problemas, para construir maior força mental em família

Tem que deixar que a criança experimente alguns dos problemas familiares nos quais possa estar envolvida, a fim de que colabore para resolvê-los. Essa é uma das melhores estratégias para que todos – não só as crianças – se tornem mais fortes, mas também contribui para transformar os possíveis erros em momentos de ensino e aprendizagem.

Existem numerosas pesquisas que mostram que 60% dos estudantes universitários dizem que foram preparados academicamente, mas não emocionalmente, para a universidade. Além disso, segundo uma pesquisa feita em 2015 pelo Center for Collegiate Mental Health (CCMH), cada vez mais estudantes procuram tratamento para a ansiedade ou depressão. São dados alarmantes que mostram a importância de construir a força mental, tanto no núcleo familiar quanto no escolar.

4. Seja um modelo para a realização de ações positivas

Embora não sejamos capazes de mudar muito do que nos acontece, saber reagir aos acontecimentos de forma madura e saudável é fundamental. E é por isso que desenvolver essa capacidade desde a infância é tão relevante.

- Fale sobre sentimentos.
- Inclua o pequeno na vida familiar.
- Permita que a criança erre.
- Dê o exemplo.
- Estabeleça compromissos.

De nada adianta querer focar na saúde mental da criança se os pais e os familiares que com ela convivem não fazem isso. Pais que não têm disciplina e comprometimento dificilmente passarão uma ideia diferente para os filhos. Estabeleça pequenos compromissos com as crianças, e não permita que elas os descumpram.

5. Ensine valores e princípios

Ensine princípios e valores para que, por meio de um forte compasso moral, os pequenos possam aprender a tomar decisões corretas e acertadas.

Honestidade, empatia e compaixão. Seu filho é emocionalmente forte? Seu filho sabe identificar o que está sentindo? Seu filho consegue se adaptar às mudanças?

Flexibilidade e habilidade de se adaptar a mudanças e situações inesperadas – e, nem sempre, positivas – são duas ótimas capacidades. É algo difícil até para adultos. Então, se o seu pequeno reagir bem ao inesperado da vida, saiba que ele está no caminho certo.

Seu filho tem amigos? Não se preocupe com quantidade.

Uma criança que já está se desenvolvendo bem emocionalmente terá capacidade de criar vínculos e de se identificar com outras crianças.

Seu filho é persistente? Como a criança reage quando não está conseguindo cumprir uma tarefa? Se o pequeno desiste rápido, é um sinal de que o nível de resiliência dele não anda bom.

Um pouco de frustração e até de irritação diante da necessidade de repetir uma tarefa é esperado, mas é preciso ficar atento, caso a criança prefira desistir totalmente.

Como está a autoestima do seu filho? Como é a criatividade do pequeno? A criatividade está normalmente relacionada a processos artísticos.

Pessoas criativas encontram soluções para problemas mais rapidamente. São capazes de propor novas ideias, e isso é muito bem recebido no mercado de trabalho.

Inteligência emocional é uma construção. Paternidade e maternidade são processos complexos. E sempre se pode beneficiar de um auxílio externo, de pessoas especialistas em lidar com esse tipo de crescimento. Na maioria das vezes, você não precisa de um novo caminho, mas de uma nova forma de caminhar.

Referências

MORIN, A. *13 Coisas que as pessoas mentalmente fortes não fazem*. Rio de Janeiro: Editora Sextante, 2015.

TIBA, I. *Quem ama, educa!* 57. ed. São Paulo: Editora Gente, 2002.

2

A BIRRA COMO COMUNICAÇÃO

Quantas vezes você já se viu fazendo de tudo para acabar com a birra da criança? Em algum desses momentos, tentou de fato compreender o que ela estava tentando expressar? Neste capítulo, faço um convite para olhar a birra por outra perspectiva e, assim, conquistar maior colaboração e leveza em seu dia a dia. A linguagem tem o poder de afetar positivamente nossa relação com filhos, alunos ou pacientes.

ADRIANA FERNANDES

Adriana Fernandes

Contatos
www.afetoterapia.com.br
adriana@afetoterapia.com.br
Instagram @afetoterapia
YouTube: afetoterapia
21 99396 3766

Fonoaudióloga, criadora do projeto Afetoterapia®, no qual compartilha sua experiência de quase 20 anos de atendimento à criança – com e sem deficiência — e famílias. Encantada com a potência de transformar vidas a partir da proposta de reeducação. Iniciou seus estudos com a graduação na Universidade Federal do Rio de Janeiro (UFRJ) e não parou mais de buscar abordagens que fizessem sentido com sua prática clínica. Algumas delas foram a pós-graduação em Educação e Inclusão (PUC-Rio), as certificações no Modelo DIR/*Floortime* pelo Profectum (EUA), Disciplina Positiva para Pais e Professores pela PDA e o curso Comunicação Não Violenta pelo CCA. Foi na tradução e aplicação do livro *Disciplina Positiva para crianças com deficiência* que suas paixões se encontraram. Hoje, tem a alegria de trabalhar ajudando a potencializar as relações entre pais e filhos, professores e alunos, terapeutas e pacientes por meio de atendimentos, cursos e palestras.

Os dias mais felizes da vida do seu filho estão por vir.
Dependem de você.
CARLOS GONZÁLEZ

Pais, professores e terapeutas são as principais referências do que é ser adulto. Olhando para nós, a criança pode vislumbrar como será seu futuro. As escolhas que fazemos no dia a dia e como as comunicamos fazem total diferença. A infância dela é agora e o que está por vir depende das relações construídas nessa fase da vida. Portanto, seja qual for seu papel na história de uma criança, buscar ações que combinem disciplina e afeto é um sopro de esperança para a próxima geração.

Ao decidir quebrar alguns padrões de violência na comunicação que recebemos da educação tradicional e cuidar com respeito da infância dos nossos filhos, alunos ou pacientes, estamos iniciando uma tremenda revolução. E as respostas são muito gratificantes. Este capítulo tem a honra de guiar você no compromisso de afetar, positivamente, a sua relação com a criança pela via da comunicação.

Tudo começa quando descobrimos o que nos impede de estar em paz e identificamos aquilo que nos traz leveza. Quais são as barreiras para se conectar com a criança quando ela não age do jeito que você gostaria? Por outro lado, que situações favorecem a conexão entre vocês? Foram essas perguntas que me levaram a estudar a influência da nossa comunicação no desenvolvimento das crianças.

O meu desejo, ao final desta leitura, é que você faça as pazes com as temidas birras e, finalmente, viva melhor em casa, na sala de aula ou no consultório. Que você consiga sair do modo de sobrevivência para uma sensação de plenitude no dia a dia com as crianças. E, claro, contribuir significativamente para o crescimento delas.

Adriana Fernandes

O "mau comportamento"

O livro *Bésame mucho – como criar seus filhos com amor* foi um dos primeiros que li sobre crianças, que não abordava, especificamente, os transtornos da linguagem humana: minha área na fonoaudiologia. Ele me impactou profundamente, pois apresenta uma proposta de defesa da infância. "Mas quem a está atacando?", você pode ter se perguntado. Cada um de nós que ainda exige obediência da criança, sem levar em consideração sua individualidade, personalidade ou direitos. É fato que acabamos sendo violentos quando não aceitamos que não podemos controlar o comportamento de outra pessoa, ainda que ela tenha menos idade, estatura ou experiência que nós.

Em minha prática clínica e, mais recentemente, com minha primeira filha, comprovei que, quanto mais obediência desejamos, menos compreendemos a natureza da criança e aumentamos a frequência dos eventos desafiadores, que chamamos de birras.

A ideia de criança obediente é totalmente oposta à espontaneidade e vitalidade da infância. Crianças são barulhentas, agitadas, impulsivas e carentes de atenção. Todas elas. Mesmo se têm um diagnóstico, continuam sendo crianças. As birras fazem parte do curso natural do desenvolvimento humano. O grande problema é que os adultos direcionam seus esforços para impedir o "mau" comportamento, enquanto deveriam buscar compreender suas funções comunicativas.

No meu trabalho também percebo que pais, professores e até terapeutas acabam condicionando sua disponibilidade afetiva ao que entendem por obediência. Contudo, não podemos esperar que a criança se comporte "bem" para ensinarmos algo a ela, pois faz parte do desenvolvimento infantil aprender a se regular. Ainda que desejasse não fazer birra, uma criança não conseguiria apresentar comportamentos mais controlados, planejados, organizados e bem executados se suas áreas do cérebro, responsáveis por tais habilidades, ainda estão em formação. Sobre esse tema, recomendo fortemente o trabalho do Dr. Daniel Siegel. E enquanto ainda não consegue reagir de maneira adequada ao que lhe acontece, na maioria dos casos, ela vai sendo punida ou negligenciada por estar expressando tal incapacidade na forma de birra.

Acolher uma criança em momento de descontrole é oferecer escuta a esse pedido de ajuda. Birra é comunicação. É criança agindo como criança e aprendendo a se comunicar. Birra não é mau comportamento. Também não é bom. É apenas uma forma de se expressar. A ideia de birra como algo negativo atrapalha demais a condução da situação pelo adulto. Pensar nela como algo neutro pode nos encorajar a buscar conexão, antes de qualquer outra atitude para silenciá-la.

Usando as ferramentas certas, essas situações de expressão das necessidades das crianças podem se transformar em grandes oportunidades de aprendizado e crescimento para todos. Manter a tranquilidade e a calma diante da birra é o maior trunfo dos pais e profissionais. Quando conseguem reagir com empatia diante do descontrole das crianças, exercem uma autoridade positiva e estabelecem limites claros. Essa fase acaba por se tornar mais fácil e menos embaraçosa. Porque é uma fase. Podendo demorar mais ou menos para passar, dependendo da criança e da nossa reação. Equilibrar segurança e empatia nas nossas atitudes é a proposta. Assim como entender que a birra pode estar querendo nos dizer muitas coisas. Vamos chegar nesse ponto, mas antes um exemplo.

Imagine você no supermercado com seu filho e ele pedindo para levar algo que você não irá comprar naquele momento. Um clássico. Assim que você anuncia que não sairá de lá com o objeto de desejo, o comportamento dele se transforma imediatamente. Na sua percepção, piora muito. E na de todos os presentes no local também. Os olhares revelam isso. Você sente no ar a expectativa pelo calar dos gritos, do choro, do corpo agitado. Uma pequena criança fazendo uma enorme confusão por causa de um biscoito? De um brinquedo? De uma revista? Não importa o que ela quer, você não vai levar e pronto.

Só que manter essa decisão fica cada vez mais difícil diante de tamanha insistência. Então, no limite do cansaço, você coloca o bendito pedido no carrinho e o milagre acontece. Com seu filho calmo e feliz, a paz volta ao supermercado e todos seguem suas vidas. Contudo, a confusão continua em sua mente. "Que raiva! Mais uma vez ele conseguiu me dobrar com esse mau comportamento! Da próxima vez...". E você sai dessa situação enumerando as mil e uma estratégias para não ceder na seguinte. Porque sim, você sabe que vai acontecer de novo. A birra sempre volta. Descobrir o que fazer para ela não crescer com a numeração do calçado do seu filho é crucial para sua sobrevivência. Ela parece maior a cada dia!

Os professores dele também parecem estar sem ideias de como reagir aos momentos em que fortes emoções o dominam. Você recebe bilhetes, quase diários, com queixas sobre o comportamento dele e pedidos para que conversem. "Falar mais o quê?", você pensa enquanto lê. Decide procurar a

Adriana Fernandes

coordenadora da escola e ela, prontamente, indica uma ajuda profissional. "Será que ele tem algum problema?"

Encaminhada pela escola, você leva seu filho a uma terapeuta, mas na recepção do consultório, enquanto ele é atendido, você também não consegue ajuda. As situações do cotidiano estão se agravando e você já não acredita em dias mais leves. "E agora, a quem recorrer?".

Transformando nosso olhar para a infância

Ainda bem que você está aqui. É provável que esteja buscando uma resposta que, diferente do simples desejo do seu filho no exemplo acima, não está nas prateleiras do mercado. E se você é professor ou terapeuta, pode estar sentindo grande impotência diante da birra que "atrapalha" seu trabalho com a criança.

Vamos refletir sobre o olhar que temos para a infância. Costumamos pensar que boa parte do que as crianças desejam ou sentem é besteira, exagero ou absurdo. Passa pela cabeça de muitos adultos que a criança não pode desejar algo que eles não irão comprar ou fazer. Que ela tem o dever de sempre atender ao que estão mandando. Obedecer. Afinal, não tem boletos ou preocupações para lidar. Além do mais, quer tudo na hora dela, do jeito dela. Chora e reclama demais sem motivo. É mal-agradecida, egoísta etc.

Quando interpretamos assim as ações e expressões das crianças, será que elas têm espaço para nos surpreender positivamente? Somos capazes de nos encantar com as descobertas delas? Estamos ajudando nosso filho, aluno ou paciente quando encaramos tudo o que faz ou fala como arrogância? Será que com essa visão pessimista da infância não acabamos por potencializar a birra?

Por outro lado, um adulto com olhar respeitoso para o começo da vida da criança, seus desejos e necessidades, pode mudar toda sua trajetória. Receber apoio nas situações difíceis da vida (ainda que seja não poder levar seu biscoito favorito, um brinquedo interessante ou uma revista em quadrinhos do supermercado para casa) faz muita diferença em como a criança registra suas primeiras lições sobre sentimentos.

Você não precisa comprar o que ela está pedindo, se assim decidiu, contudo, validar a vontade da criança de ter aquele objeto é fundamental. É legítimo querer coisas sem saber que não são saudáveis ou que o preço não cabe no orçamento. Elas ainda estão aprendendo. O que pode transformar a birra em colaboração, nesse momento, é entender que ela faz parte do processo e focar em cuidar de *como* estamos nos comunicando.

Crianças aprendem modelando o que fazemos mais do que aquilo que falamos, por isso, quando conseguimos reagir adequadamente a uma situação de birra da criança, estamos ensinando a ela como fazer para se acalmar e resolver um problema. Estamos sendo modelo de autocontrole e resposta adequada ao estresse.

Agora que entendemos a importância de validar o sentimento da criança e cuidar da nossa comunicação, precisamos estar atentos às possíveis causas do descontrole do comportamento. Um excelente caminho é conseguir sair do julgamento de que a criança está agindo de forma inadequada para irritar, testar ou manipular. Esses pensamentos precisam ter fim para que você possa compreender que as birras são expressão de alguma necessidade e, assim, ficar atento ao contexto da situação.

São inúmeros motivos pelos quais a criança sai do estado de bem-estar e se desregula emocional e sensorialmente. Observando com mais atenção e cuidado, podemos detectar:

Desconforto físico: algo não está bem internamente. A criança pode estar com alguma dor, cansada, com fome etc.

Dificuldade em lidar com os próprios sentimentos: ela pode não estar sabendo como reagir ao que acontece quando sente frustração, raiva, tristeza etc.

Descoberta da identidade: a criança deseja fazer escolhas, tem vontade própria que nem sempre estará alinhada com a dos pais.

Necessidade de atenção: busca desesperada de aceitação e reconhecimento dos adultos.

Não compreensão da rotina: a criança pode não ter sido respeitosamente incluída na criação das rotinas. Ela não foi encorajada a cooperar. Então, não entende o que é esperado dela no dia a dia e se desorganiza.

Você consegue pensar em outras hipóteses que a birra pode estar comunicando? O quanto estamos dispostos a observar mais e melhor antes de agir para resolvê-la? Os pais não devem poupar o filho de situações frustrantes, mas é muito importante saber como reagir a elas. Profissionais de educação e saúde também precisam de recursos para apoiar a criança e sua família nesse processo.

Entender não significa concordar ou ceder

Existem muitas linhas de estudo e pesquisa sobre o "mau" comportamento da criança, que chamamos de birra. O que eu estou sugerindo aqui é que apostemos na comunicação clara, consistente e empática com as crianças.

Adriana Fernandes

Elas estão aprendendo a se relacionar. Precisam de modelos positivos de autocontrole e de autoridade, exercidos com afeto para garantir sua disciplina.

No exemplo citado neste texto, podemos pensar que a criança "ganhou" a disputa por ter conseguido o que pediu. Mas é exatamente essa visão de que a birra deve ser tratada como uma batalha que precisa mudar. Você não é obrigado a concordar ou a ceder à demanda da criança para evitar que ela se descontrole. Contudo, pode se prevenir dizendo o que é esperado dela em cada situação e sendo respeitoso e flexível para tentar entender o que há por trás do comportamento.

Precisamos buscar envolver, de verdade, a criança em tudo o que acontece. Lembrar de apresentar orientações que funcionem em longo prazo, que ensinem habilidades sociais e de vida. Castigos e punições não atendem a esses critérios.

E se queremos que elas se comuniquem melhor, temos que olhar como está a nossa via de comunicação com elas. Toda mudança começa em nós. Como Jane Nelsen, da *Disciplina Positiva,* diz: "Se os adultos querem que as crianças controlem seu comportamento, será que é demais pedir para esses mesmos adultos controlarem seu próprio comportamento?". E você, sente que está sendo um bom modelo? Aceita meu convite de olhar as birras como oportunidade de treinar nossa comunicação e de ensinar às crianças como reagir melhor diante de uma situação estressante?

Não é fácil. É mesmo uma mudança de padrão na educação. Uma mudança de olhar. Quando de fato entendemos que birra é comunicação e que elas precisam de compreensão, agimos com mais segurança e conseguimos encontrar o equilíbrio nas relações com as crianças, pela empatia e disponibilidade afetiva.

Referências

GONZÁLEZ, C. *Bésame mucho: como criar seus filhos com amor.* São Paulo: Timo, 2015.

NELSEN, J. *Disciplina Positiva.* Barueri: Manole, 2015.

SIEGEL, D. J. *O cérebro da criança: 12 estratégias revolucionárias para nutrir a mente em desenvolvimento do seu filho e ajudar sua família a prosperar.* São Paulo: nVersos, 2015.

3

EMPATIA E ESCUTA PARA RELACIONAMENTOS SAUDÁVEIS

Neste capítulo, vamos conversar sobre os conceitos de empatia e escuta e como ambos podem nos auxiliar na construção de relacionamentos familiares afetivos e saudáveis. Traremos contrapontos importantes para a revisão dos diálogos travados em nosso cotidiano e como ter consciência pode nos levar para outro nível nas relações humanas.

ALESSANDRA BARRETO DE PAULA

Alessandra Barreto de Paula

Contatos
alessandrabarreto.my.canva.site/
alessappaula@gmail.com
Instagram: @ale_bbarreto

Assistente social graduada pela UFF (2005), com pós-graduação em Arteterapia; mediadora de leitura certificada pela Fundação Demócrito Rocha; mediadora em biblioterapia de desenvolvimento certificada; educadora parental certificada em Disciplina Positiva pela PDA Brasil-EUA; membro da Associação de Disciplina Positiva Brasil-EUA (PDA); certificada como educadora parental na formação em Estudos Familiares, coordenado e ministrado por Lua Barros e Elisama Santos; e na formação integral de Educação Parental, coordenado por Bete P. Rodrigues (membro fundadora PDA Brasil); certificada em diversos cursos de Comunicação Não Violenta (CNV) pelo Instituto CNV Brasil. Divide todo seu conhecimento e experiência em seu perfil no Instagram, onde fala sobre livros, facilita diálogos familiares e se considera uma entusiasta da CNV. Ser mãe do Davi foi a revolução que a fez mergulhar na área parental e dos relacionamentos, juntando-se ao movimento de tornar a vida mais maravilhosa.

Empatia está na categoria do que convencionei chamar palavras da moda. Apesar de não ser nova – o termo foi cunhado em 1873 por Roberto Vischer –, são aquelas palavras que, de tempos em tempos, ressurgem e que as pessoas começam, compulsivamente, a usar em seus discursos, postagens, conversas no trabalho e outros espaços. Já tivemos muitas nesta lista como, por exemplo, gratidão. E agora é a vez da empatia.

As generalizações dos verdadeiros sentidos e significados das palavras vão reproduzindo conceitos vazios. As pessoas incorporam a empatia em seus cotidianos, mas sem uma profunda reflexão. Para tentar sanar possíveis equívocos, vamos investigar começando pelo final, pelo que NÃO é empatia: dar conselhos; competir com o sofrimento do outro; tentar educar o outro; contar uma história; tentar diminuir/amenizar a dor do outro; tentar encerrar logo a conversa, mudar de assunto; fazer da conversa uma sessão de interrogatório; corrigir o outro; sentir pelo outro e se colocar no lugar do outro.

Soa familiar essa lista? Já passou por situações em que a postura do outro foi uma das apresentadas acima, quando você dividiu uma dor, um fato? Ou se viu assumindo essas falas em conversas com amigos, colegas de trabalho ou familiares?

Sigamos agora para o que entendemos que seja empatia.

Empatia é DISPONIBILIDADE! Eu vejo você e a sua dor.

Nas palavras de João Doederlein: "é sentir com o outro (...) não é ser herói, é ser amigo". Entendemos como uma mudança radical de perspectiva. Saímos de um lugar de termos obrigatoriamente que dar uma resposta, uma solução pronta para a vida dos outros (herói) e nos colocamos como aprendizes e curiosos pelo que habita no outro (amigo). Essa abertura para enxergar o outro, dentro da sua necessidade, é um exercício, uma musculatura que precisa ser trabalhada, pois vai de encontro com nossa cultura e toda educação que recebemos. Trata-se de sermos disruptivos e ousados. Abrir

Alessandra Barreto de Paula

mente e coração para uma nova forma de nos relacionarmos conosco e com os outros. Portanto, empatia todos os dias. Combinado?

Essa disponibilidade de encontrar o outro e sentir com ele, de sentar lá no fundo do poço e desejar saber o que se passa, antes percorre caminhos internos, acontece em nós. Precisamos estar, de fato, dispostos a ultrapassarmos nossos julgamentos[1] e dar a mão ao outro.

A pesquisadora da vulnerabilidade, Brené Brown, nos ensina que raramente uma resposta que começa com "Pelo menos..." demonstrará empatia. Isso chama atenção para a importância de termos consciência das palavras que usamos cotidianamente. Não existem palavras inofensivas, elas podem ser janelas ou portas, podem ferir, machucar. Precisamos estar atentos ao vocabulário que utilizamos em nossos relacionamentos intrapessoais (eu comigo) e interpessoais (eu com o outro = nós).

Labirintos da escuta

> *Não é bastante ter ouvidos para se ouvir o que é dito. É preciso também que haja silêncio dentro da alma.*
> (Alberto Caeiro citado por Rubem Alves, no texto *Escutatória*)

A educação do mundo ocidental que recebemos quando crianças nos direcionou para fora de nós, um olhar atento ao outro, à necessidade do outro para melhor atendê-lo e, assim, não magoá-lo. Isso plantou em nós a falsa responsabilidade pela felicidade e bem-estar do outro, trazendo uma carga muito pesada para uma criança. E, ainda adultos, permanecemos carregando isso e reproduzindo em nossas relações. As consequências desse olhar sempre distante de si, com foco nas outras pessoas, deixou-nos cegos para nós mesmos, não nos escutamos, não nos vemos. E isso tem um preço: a desconexão. Somos desconhecidos para nós mesmos. Estrangeiros na própria terra. Sentimos muitas coisas, às vezes ao mesmo tempo e não sabemos direito o quê. Não aprendemos a nomear, a identificar o que antecede ao medo, à raiva, à angústia antes de se manifestarem emocional e/ou fisicamente.

Mas trago boas notícias: é possível romper com esse *modus operandi*, desaprender para aprender, num processo de autoconhecimento, outras formas

---

1 Julgamentos são visões parciais, unilaterais e equivocadas daquilo que ocorreu, portanto não têm os elementos que podem auxiliar na real e completa compreensão do fato. Podemos considerar que os julgamentos são um dos principais bloqueios que impedem, dificultam ou até mesmo atrapalham a empatia de acontecer em nossas relações cotidianas.

Disciplina e afeto

de acolher e escutar a si mesmo e poder multiplicar esse acolhimento e escuta nas relações humanas.

Você já deve ter lido em algum lugar que escutar e ouvir não são a mesma coisa, e é isso mesmo. E para prosseguirmos em nossa conversa sobre escuta, se faz necessário estabelecermos uma diferenciação do ouvir. A capacidade de ouvir está atrelada ao aparelho auditivo, desde que esteja funcionando biologicamente bem, teremos a capacidade de ouvir as pessoas, os sons. A escuta é mais complexa, exige atenção e, por isso, mais difícil também. Como escutar o outro (e a si mesmo) num mundo tão barulhento como o nosso?[2] Em nossa pressa de resolver tudo, o máximo que fazemos é ouvir para responder, quando a situação espera de nós uma escuta para entender/compreender. A comunicação é conexão, uma ponte tecida cuidadosamente nos relacionamentos, e pressupõe uma escuta genuína para ser empática.

Nesse jogo do "fala que eu não te escuto", permanecemos mergulhados em nossas cabeças, pensando nos compromissos, tarefas e afazeres. Consultamos o celular, enquanto o outro divide suas aflições conosco. Podemos afirmar que todos nós, em algum momento de nossa vida, comportamo-nos como seres desescutadores. Seres que praticam a não escuta[3] – são aqueles que acreditam, equivocadamente, que estão sendo empáticos, mas estão com a escuta cerrada para o outro.

Algumas características dos seres desescutadores: julgam o ponto de vista do outro, colocam-se na posição de dar uma solução para o outro, acreditam que a sua visão é a correta, são os que se comportam como grandes sabedores da vida, mestres, têm total desatenção à fala do outro, usam a comparação[4] como mediadora da linguagem; fazem de si a régua que mede os outros.

Expressões mais comuns: "eu não te falei? Eu sabia que isso iria acontecer!" "Se eu fosse você…", "Esquece isso, amanhã é outro dia!" e "Pare de chorar, ele(a) não merece isso!".

Na maioria das situações, esses discursos são efetuados de maneira inconsciente, uma reprodução cultural violenta que nos educou a sempre olhar para fora. E como desconstruir isso? Colocar-se no lugar de aprendiz, identificar que não sabemos e, com curiosidade, vamos aprendendo com o outro. Jamais estaremos prontos, esse processo se desdobrará durante toda a nossa

---

2 O autor Rubem Alves apresentou o conceito de escutatória como um contraponto da oratória - propõe que mudemos de lugar para aquele que escuta o outro.

3 Para aprofundar esse estudo, sugerimos a leitura do livro *O palhaço e o psicanalista,* dos autores Christian Dunker e Cláudio Tebas.

4 Acreditamos que não há nada mais violento do que a comparação.

existência e isso é maravilhoso, significa que estaremos em movimento de vida, genuinamente explorando nossa humanidade vulnerável e imperfeita, aprendendo, desaprendendo e reaprendendo.

Empatia e escuta nos relacionamentos humanos

Filho, ensina-me a ser a mãe que você precisa?

Agora, vocês sabem que quando nossos filhos nos dizem: "vocês não me escutam!" Eles estão certos. Pois é preciso mais que ouvir, é necessário escutar nossos filhos. Mas como? Se nós, os pais, nunca fomos escutados? Esse é um processo que começa na gente e é muito sério e urgente. Não podemos ofertar aquilo que não temos. Um sedento não tem condições de oferecer água. Ainda bem que escutar se aprende.

A maternidade/paternidade é um convite para revisitarmos quem somos, a criança que fomos, mas que ainda habita em nós, ela nunca se foi. E na medida que os filhos vão crescendo e demandando de nós habilidades que não temos (ainda), colocar-se como aprendizes da vida pode fazer toda a diferença entre relacionamentos familiares saudáveis e relacionamentos nocivos e vazios.

O que aconteceu na infância nos acompanhará durante toda a vida e entender isso conecta-nos, conscientemente, ao que temos vivido e experienciado, no aqui e agora. As situações apresentadas pelos filhos podem ser o gatilho, mas nunca serão a causa do que nos afeta verdadeiramente.

Punir, usar de violência como forma de manter o poder, só causará mais dor e distanciamento. Há que se meter o dedo na ferida, sentar e conversar. Nossos filhos se tornam nossos professores e nos apontam quais pais eles precisam ter, quais pessoas nós precisamos ser.

Não se trata de uma imposição, e sim uma escolha. Quais resultados desejamos ter a médio e longo prazo? Quais as habilidades sociais que precisamos desenvolver em nossos filhos hoje para que eles se tornem os adultos saudáveis e responsáveis que desejamos? E isso pode significar cavar mais fundo, sair do raso e enfrentar mar adentro. Mergulhar em nossas dores é um ato de coragem, é abrir o coração para o desconhecido, meio sem jeito, desconfiado, mas sedento, curioso.

Gostamos muito de utilizar um texto do Eduardo Galeano[5] que remete à função dos pais, dos cuidadores, daqueles responsáveis por educar uma criança:

---

5 Texto "A função da arte/1", que está na obra *O livro dos abraços*.

Disciplina e afeto

"Diego não conhecia o mar. O pai, Santiago Kovadloff, levou-o para que descobrisse o mar. Viajaram para o Sul.

Ele, o mar, estava do outro lado das dunas altas, esperando.

Quando o menino e o pai enfim alcançaram aquelas alturas de areia, depois de muito caminhar, o mar estava na frente de seus olhos. E foi tanta a imensidão do mar, e tanto o seu fulgor, que o menino ficou mudo de beleza.

E quando finalmente conseguiu falar, tremendo, gaguejando, pediu ao pai:

— Me ajuda a olhar!".

É isso que nós, pais, mães, cuidadores somos, aqueles que ajudarão, auxiliar nossos filhos a verem, "a olhar o mar" – a vida. Nós somos margem, nossas ações margeiam esse cidadão que estamos educando.

A mudança que desejamos ver acontecer na criança/adolescente começa em NÓS! Não há como fugir disso, não há outro caminho viável, possível, se quisermos construir conexão afetivamente humana e acolhedora. Aquele comportamento desafiador que ela ou ele nos apresenta tem sua raiz em nossas ações, na forma como nos relacionamos conosco e se reflete na relação com eles.

E o que significa, na prática, se portar como aprendiz dos filhos? É estar aberto ao novo, diferente, agir com curiosidade na vida, perguntar mais e mandar menos. Enxergar o filho em toda sua inteireza e nos olhos. Abrir o coração para escutá-lo, mesmo quando discordamos.

Vamos compartilhar algumas pistas que venho coletando pelo meu percurso, enquanto mãe e pesquisadora das relações humanas, que talvez possa auxiliá-lo nessa caminhada.

Exercitar a auto-observação: ao acontecer um fato, procure se ater ao que aconteceu apenas observando, sem julgar. Depois, percorra essa tríade: o que eu senti quando o fato ocorreu? O que eu pensei? O que decidi?

Buscar o lugar do silêncio em nossas relações: o silêncio só causa constrangimentos quando não somos íntimos dele. Ele é extremamente importante tanto no processo de oferecer empatia quanto na autoempatia. Procure, investigue, estabeleça momentos para experimentar o silêncio. Onde ele se encontra e se encaixa nas suas relações?

Conectar primeiro (esforço consciente) e solucionar depois: use pausas positivas (ficar em silêncio, mudar de ambiente) quando estiver em situações próximas da perda de autocontrole. Peça um tempo, diga que quando todos estiverem mais calmos, retomarão a conversa. Respire fundo e pense que para se chegar a soluções precisamos antes estar conectados com a gente mesmo e com o outro.

Escutar com o corpo inteiro: sim, nós escutamos com todo o nosso corpo. Como é possível? A escuta passa pelo sentir e nosso corpo é um grande órgão que capta e envia mensagens. É necessário ter atenção para começar a traduzir essas mensagens.

Exercitar o poder compartilhado: numa cultura/educação autoritária o poder é sobre o outro, é para subjugá-lo. No poder compartilhado, não temos uma disputa, o poder é exercido em conjunto para o bem comum. A autoridade é construída a partir do respeito mútuo.

Escrever livremente: separe um caderno ou use mesmo o bloco de notas do celular. Escrever o que vier à cabeça, no momento que for, pode auxiliar na organização dos pensamentos e sentimentos.

Referências

ALVES, R. *O amor que acende a lua.* São Paulo: Papirus Editora, 1999.

BROWN, B. *Eu achava que isso só acontecia comigo: como combater a cultura da vergonha e recuperar o poder e a coragem.* São Paulo: Sextante, 2019.

DOEDERLEIN, J. *O livro dos ressignificados.* São Paulo: Paralela, 2017.

DUNKER, C.; THEBAS, C. *O palhaço e o psicanalista: como escutar os outros pode transformar vidas.* São Paulo: Planeta, 2019,

GALEANO, E. *O livro dos abraços.* Porto Alegre: L&PM, 2020.

THEBAS, C. *Ser bom não é ser bonzinho: como a comunicação não violenta e a arte do palhaço podem te ajudar a identificar e expressar as suas necessidades de maneira clara e autêntica.* São Paulo: Planeta, 2021.

4

ESPELHO, ESPELHO MEU...

Acredito que não nascemos prontas para a maternidade, mas podemos nos entregar a ela! Imbuída do desejo de contribuir para a entrega mais confiante, amorosa e sabia a esse papel, ofereço o texto a seguir, produzido com entrega total de uma mãe avó e terapeuta, que vê possibilidades de evolução onde outros enxergam apenas os sintomas apresentados pelos "pequenos"

ANDRÉA CRISTHINA BRANDÃO TEIXEIRA

Andréa Cristhina Brandão Teixeira

Contatos
Instagram: @andreabrandao.terapiaintegral
Facebook: andreabrandao.terapiaintegral
82 99651 6226

Filha de Mário Feitosa dos Santos e Maria da Pureza Feitosa Brandão; casada com Marco Antonio Teixeira. Mãe de Andreza, Matheus, Maria Izabel e mais duas estrelinhas. Avó de Miguel. Pedagoga, psicopedagoga e terapeuta integrativa. Mestre em Educação, Formação de Professores (UFS), Educadora Parental, mentorada Parentalidade Consciente (psicóloga: Iara Mastine). Formanda do ESEPAS (Educação Sexual, Emocional e Prevenção ao Abuso Sexual) – psicóloga: Leiliane Rocha. Co-autora das obras: *Antologia de escritores santanenses e convidados*; *Direitos humanos: múltiplos olhares no sertão alagoano*; *Intenção de mãe*; *Filhos: o que precisamos saber*.

Naquele espelho, detestável e amado, tudo era igual, só que as coisas trocavam de lado. Até que eu pensava em entrar naquele reflexo e não voltar nunca mais. Ainda não estava preparada para correr tal risco. [...] Como seria me ver de fora, como as outras pessoas me enxergavam.
TERESA DANTAS

Há algum tempo, a expressão criança interior vem fazendo parte do vocabulário de terapeutas, das mais diversas linhas de atuação, assim como diversas técnicas, cursos e formações são apresentadas, a cada momento, para a cura da tal criança ferida.

Como é possível que homens e mulheres, donos de si, perfeitamente capazes e saudáveis, física e cognitivamente, possam ter alguma parte de si ferida, machucada, sem que se dessem conta?

Confesso que, para mim, acostumada a dar conta de tudo, a ser sempre forte e determinada, a nunca (conseguir) demonstrar fraquezas e pequenas necessidades, esse assunto demorou a ser compreendido. Talvez porque não é algo para ser entendido com a mente – e sou extremamente racional – mas com nossa parte mais sutil: nosso corpo emocional, aquele que trata das emoções e sentimentos.

E, para isso, precisamos nos despir de qualquer couraça, voltarmos a ser crianças, colocar-nos frente a um espelho que nos mostre quem nós éramos/somos em essência e aprendamos a nos permitir a autocompaixão e o autocuidado.

Mas você deve estar se perguntando: o que isso tem a ver com os nossos filhos? Eu já explico: nossos filhos são fruto e reflexo de tudo o que carregamos no corpo, na mente e nas emoções. Por mais que estejam enterrados em algum lugar escondidinho de nossas memórias. Eles trazem dentro de si, já na concepção, informações dos seus pais e, durante a gestação, percebem

Andréa Cristhina Brandão Teixeira

o ambiente à sua volta pelas sensações e emoções vivenciadas por sua mãe. Como explica Nolêto (2021, p.50),

> (…) isso é o que chamamos de epigenética (por cima da genética). O ambiente, assim como o estilo de vida que levamos, poderá ativar ou desativar alguns de nossos genes, sem alterar o DNA.

Ao longo de toda a infância, essas percepções vão se tornando cada vez mais nítidas, embora nem sempre correspondam exatamente à realidade; porque são bastante influenciadas pela criatividade e imaginação infantil. Daí a importância de acompanhar o desenvolvimento bem perto, acolher os medos, angústias e estados de ansiedade, ainda que para nós, adultos, sejam totalmente sem fundamento e parecem simples birra.

Então, se pretendemos entender, cuidar, proteger nossas crianças (de qualquer idade), precisamos primeiro olhar para dentro de nós mesmos, fazer um mergulho, ainda que não seja profundo o suficiente no primeiro momento, mas precisamos, com todo o (auto)respeito, retirarmos as capas que fomos adicionando a nós mesmos para sobrevivermos emocionalmente e chegarmos "inteiros" aonde chegamos. Olhar para a criança interior que deixamos lá trás, e dar a ela o colo que ela precisa e merece, vai nos dar maior sustentação para olhar, cuidar, entender e proteger nossos filhos e filhas.

Nesse momento, não vou me aprofundar nesse assunto, só sugerir que, ao ler o restante do texto, coloque-se em frente a esse espelho imaginário e veja, lado a lado, sua criança interior e seus filhos na mesma idade. Vamos fazer um exercício de ler não somente como o pai e a mãe que somos, ou desejamos nos tornar, mas como outra alma humana, parafraseando o grande psicoterapeuta suíço Carl Gustav Jung.

Pessoas feridas ferem os outros

Quando olhamos para trás e conseguimos perceber em que momentos nos sentimos feridos e machucados por nossos pais – seja por meio da negligência, do abandono, da rejeição, da humilhação ou qualquer outro movimento deles (lembre-se de que esses movimentos, quer tenham sido reais ou imaginários, têm o mesmo poder de ferir) e nos voltamos atentamente para os próprios movimentos na relação com nossos filhos e filhas, talvez possamos identificar muitas semelhanças, ainda que tenhamos a justificativa para isso: eles me tiram do sério; não ouvem o que digo; não me obedecem; fazem birra por nada... Enfim, talvez, somente talvez, as justificativas sejam apenas imaginárias.

Disciplina e afeto

Em um momento de birra, por exemplo, quando a criança só deseja comunicar uma necessidade não atendida, podemos acessar, inconscientemente, um momento de nossa infância – quando, também, passamos por uma experiência parecida – e usarmos ferramentas não adequadas para atender aos nossos filhos, que são, ou deveriam ser, as únicas crianças desse momento de crise.

Esse é um dos motivos para nos reconectarmos às nossas crianças interiores e cuidarmos dela com a atenção e o amor que são merecedoras, pois "quando nos tornamos conscientes de quem realmente somos, de nossas limitações emocionais, nos conectamos a (sic) nossa humanidade e fica mais fácil ver e aceitar nossos filhos como realmente são" (ABRAHÃO, 2021, p.21).

Quando não aprendemos a entender e regular nossas emoções na infância, temos maior dificuldade de adquirir essa habilidade na fase adulta, não sendo de forma alguma impossível, uma vez estando conscientes da importância e imbuídos do propósito. Além disso, acredite, toda a família, e círculo social, sairá ganhando com as mudanças proporcionadas com a implementação dos novos aprendizados. Mesmo porque, tudo o que sentimos e reprimimos na infância é guardado em nossas memórias inconscientes e podem se manifestar, posteriormente, sem que possamos compreender de onde vêm nossas reações nem consigamos explicar a intensidade com a qual se manifestam, pois "são reações emocionais, automáticas e negativas, que fazemos sem pensar" (ABRAHÃO, 2021, p.23) e, ainda assim, podem causar enormes estragos em nossos relacionamentos.

Como nos ensinam Siegel e Hartzell (2020, p.110),

> (...) relacionamentos saudáveis implicam fazer escolhas que respeitem a necessidade de amor e cuidado dos filhos, e propiciem experiências que ofereçam uma estrutura à dinâmica complexa das interações entre pais e filhos.

Observem que os autores não falam apenas de atender às necessidades dos filhos, mas criar estruturas saudáveis para a interação parental. Apesar dos pais e mães serem os "grandes", os adultos da relação, não podem ensinar sobre apoio e respeito se não atuam com autorrespeito às próprias necessidades e limitações. Daí, a importância do autoconhecimento e o cuidado com a regulação das próprias emoções e sentimentos, pois, como alertam Siegel e Hartzell, "sentir-se impotente para melhorar o comportamento do filho pode precipitar sentimentos como frustração, humilhação e fúria" (2020, p.235).

Além do mais, desde muito pequenas, as crianças tendem a imitar seus pais e mães e, "de acordo com o modelo, a imitação também poderá ser em forma de rivalidade e mesmo de antagonismos: por outro lado, também pode primar em superá-los" (GRUNSPUN, 2004, p.74).

Voltemos ao nosso exercício de olhar-se no espelho com o intuito de nos autoconhecer. Podemos acrescentar à imagem de nossa criança interior, à imagem de nossos pais e olhar nesse reflexo as emoções, sentimentos e reações que tiveram conosco e que, de modo algum, referiam-se a nós ou aos nossos comportamentos e comunicação de necessidades, mas às próprias necessidades não atendidas (reais ou imaginárias), às próprias crianças feridas pela negligência, abandono, rejeição e humilhação dos pais.

Educando com autoridade e respeito

Embora pareça que estamos falando da mesma instância, no contexto das relações parentais, nem sempre a educação pela autoridade, ou autoritária, tem a ver com a educação pelo respeito.

Quando olhamos tão somente para a necessidade de sermos vistos, e temidos, pela autoridade que impomos, não estamos sendo respeitosos com as necessidades dos nossos filhos e filhas. Muitas vezes, essa relação autoritária não leva em conta sequer as necessidades de amor, carinho e conexão dos próprios pais e mães com as crianças que deveriam amar, proteger, cuidar.

É comum, em tempos de redes sociais com efeitos tão impactantes nos relacionamentos, que alguns pais e mães desejem a perfeição em seus filhos, pois é o exibido nas vitrines das redes de interação digital de outras famílias e queremos sempre o melhor para nossas crianças. Por causa desse perfeccionismo, que exige das crianças que satisfaçam os modelos elaborados pelos adultos, pais e mães tornam-se irascíveis e intolerantes, em relações onde

> (...) qualquer diferença frente ao perfeccionismo desencadeia reação dos pais, que podem se tornar tirânicos em sua autoridade. Não permitem a expressão da liberdade. A liberdade deve ser como eles a entendem. (GRUNSPUN, 2004, p.118).

Então, como podemos, pouco a pouco, irmos inovando e investindo em modelos mais conscientes e respeitosos? Alexander e Sandahl dão-nos algumas pistas, entre elas, o uso da linguagem mais amorosa e menos limitadora:

> (…) tente usar uma linguagem menos severa e mais neutra. Julgando menos e aceitando mais, você verá que ocorrerão menos disputas de poder com seus filhos e seu parceiro (2017, p.61).

Sabemos como a linguagem é poderosa nos relacionamentos. E que ela tanto pode colaborar para uma conexão rápida e segura como pode afastar as pessoas imediata e, em casos mais extremos, definitivamente.

Além de buscar ouvir atentamente, inclusive o que não é dito – e julgar menos – muitas vezes precisamos processar o que ouvimos antes de uma resposta adequada. Então, sempre que necessário, explique que não pode responder de forma respeitosa e honesta naquele momento, que precisa refletir e trará a resposta posteriormente. Reflita sobre a necessidade expressa em palavras, ou percebida por você e sobre as próprias necessidades. Ofereça a resposta que merecem, assim que for possível!

Inteligência e saúde emocional na infância

Assim como outras habilidades, aquelas ligadas à inteligência emocional também precisam ser ensinadas e exercitadas desde cedo. E, mais uma vez, lembramos aqui a necessidade do autoconhecimento dos pais e o autorrespeito às limitações e necessidades, como modelo para as crianças.

Ao incentivarmos as crianças a conhecerem, nomearem e regularem as emoções e sentimentos, como também a pensar sobre o que pensam (metacognição), contribuímos para a formação de seres humanos mais equilibrados, capazes de tomar decisões mais seguras e eficazes em várias áreas de suas vidas. Agindo assim e mostrando isso às crianças, ensinando como elas podem fazer o mesmo,

> Podemos mudar nosso foco para outros pontos do aro da roda da consciência, de modo que não sejamos mais vítimas de forças aparentemente fora de nosso controle, mas participantes ativos do processo de decidir e afetar como pensamos e sentimos.
> (SIEGEL & BRYSON, 2015, p.149).

Embora seja muito importante incentivarmos que, desde cedo, elas tomem pequenas decisões e façam aquilo que já são capazes sem auxílio, lembramos que o bem-estar e a segurança das crianças estão sempre à frente de outras necessidades e os adultos precisam supervisionar e intervir sempre que sentirem necessidade.

Sobre saúde mental, Rodrigues (2022, p. 115) afirma que "é nosso nível de qualidade de vida, bem-estar e autonomia". Daí a importância de incentivarmos a autonomia desde os primeiros anos de vida e ficarmos atentos aos sintomas que indiquem qualquer desconforto emocional, mesmo que não sejam expressos em palavras e birras. Muitas vezes, o silêncio e o distanciamento, o isolamento no quarto são fortes indicadores de que algo não vai bem e precisa ser visto com urgência. Segundo a ChildFund Brasil, uma em cada quatro crianças e adolescentes apresentou sintomas de algum transtorno psíquico durante a pandemia da Covid-19, sendo as causas mais comuns de tais sintomas: "o *bullying*, excesso de exposição a telas, falta de afeto, cobrança exagerada da família e até traumas e violência" (RODRIGUES, 2022, p. 116).

Como importante instrumento de manutenção da saúde mental e desenvolvimento das habilidades socioemocionais, podemos utilizar o lúdico, como jogos, brincadeiras e as histórias infantis que trazem situações conflitantes que são resolvidas nos livros e, posteriormente, levadas para o contexto da vida real.

Precisamos levar em conta que, quando entendemos, nomeamos e falamos sobre nossas emoções e sentimentos, podemos regular de forma mais consciente, positiva e consistente nossas ações e reações diante de uma situação inesperada. Com as crianças não é diferente. Somente pelo autoconhecimento, pela autocrítica, além da autocompaixão, podemos nos tornar seres mais resilientes, amorosos e felizes.

Referências

ABRAHÃO, T. *Pais que evoluem: um novo olhar para a infância.* São Paulo: Literare Books International, 2021.

ALEXANDER, J. J.; SANDAHL, I. D. *Crianças dinamarquesas: o que as pessoas mais felizes do mundo sabem sobre criar filhos confiantes e capazes.* São Paulo: Fontanar, 2017.

CHILDFUND Brasil. *Ansiedade infantil: a importância da saúde mental na infância.* Childfund Brasil. Disponível em: <www.childfundbrasil.org.br/blog/ansiedade-infantil/>. Acesso em: 15 ago. de 2022.

DANTAS, T. *Tudo ali dentro era outra.* São Paulo: Patuá, 2020.

GRUNSPUN, H. *Autoridade dos pais e educação da liberdade*. 4. ed. Rio de Janeiro: WAK, 2004.

NOLÊTO, P. *Filhos em construção*. São Paulo: Literare Books International, 2021.

RODRIGUES, S. Saúde mental na infância. *In:* CORDEIRO, A.; GUADAGNIN, M.*Desvendando a infância: um guia para profissionais, pais e educadores*. São Bernardo do Campo: APMC, 2022.

SIEGEL, D. J.; BRYSON, T. P. *O cérebro da criança*. São Paulo: nVersos, 2015.

SIEGEL, D. J.; HARTZELL, M. *Parentalidade consciente: como o autoconhecimento nos ajuda a criar nossos filhos*. São Paulo: nVersos, 2020.

5

AUTOESTIMA INFANTIL
UMA REFLEXÃO VALIOSA

Neste capítulo, abordaremos a autoestima infantil por uma reflexão que perpassa a relação pais x filhos. Como as experiências infantis podem repercutir na autoestima das crianças? Como os pais podem facilitar para que os filhos se sintam confiantes? Por que evitar os rótulos na hora de educar? Formas de potencializar a autoestima dos pequenos.

CAMILA SANTOS

Camila Santos

Contatos
camilasantosconsultorio@gmail.com
Instagram:@psicamilab.santos
Youtube: Falando de Psicologia Infantil
81 99754 4938

Psicóloga clínica, graduada pela Universidade dos Guararapes (2014), especialista em Psicopedagogia Clínica e Institucional pela UNINTER (2018), especialista em Psicologia e o Desenvolvimento Infantil pela Faculdade Metropolitan (2021). Aperfeiçoamento avançado em Análise do Comportamento Aplicada pelo CEFAPP (2018). Autora do livro infantil *Malu em... Deixa pra outra hora*. Realizou estudos em Psicologia Social e é apaixonada pelo desenvolvimento infantil desde a graduação. Atua com crianças, adolescentes e famílias em psicoterapia e consultoria parental.

Sua relação com seu filho importa!

É interessante iniciar imaginando dois cenários. O primeiro é o da Malu[1]. Uma criança que ama ajudar os outros, mas trava quando se depara com experiências novas. Tem medo de não ser boa o suficiente na hora de aprender. Aos olhos dos adultos, ela é uma criança quieta, "que não dá trabalho", inteligente e esperta. É o que ela escuta com frequência.

O segundo cenário é o do Jorge[2]. Um menino que não passa despercebido. Por vezes, é chamado à atenção. E quando as pessoas ao seu redor falam sobre ele, geralmente utilizam adjetivos como: danado, travesso ou levado.

Apesar das histórias serem distintas, o que elas têm em comum? Ambas carregam expectativas e rótulos, acontecem com crianças e, justamente, por serem crianças, elas levam muito em consideração o que os adultos falam sobre elas.

Sabia que a forma como você (adulto de referência) acolhe e se comunica com o seu pequeno contribui para a criação de filhos mais confiantes? Tanto Bottura (2017), como Santos (2021) e Martinez (org. 2022), trazem contribuições valiosas acerca da relação pais e filhos e o seu papel no fortalecimento das crianças. Corroborando com o pensamento de que, dependendo da forma que você o faz, essa contribuição pode facilitar ou dificultar o desenvolvimento de uma relação saudável do filho com a própria autoestima.

O que é a autoestima?

A autoestima fala da capacidade de cada um se perceber e se avaliar dentro das próprias potencialidades e habilidades a desenvolver. Constituindo-se como uma avaliação subjetiva de si mesmo.

Aqui destaco a subjetiva, porque nem sempre essa avaliação estará de acordo com a realidade. Se você não se relaciona bem com sua autoestima, é

---

1 e 2 Histórias e personagens fictícios, criados para ilustrar o conteúdo do texto.

Camila Santos

provável que tenha mais dificuldade para se perceber de forma genuína e não enxergue toda potencialidade que existe em você, por exemplo.

As experiências infantis repercutem na autoestima das crianças?

A infância é essa fase factual na vida das pessoas. Muito do que se enfrenta como dificuldade na vida adulta carrega resquícios da criança interior de cada um. É inegável a importância de olhar para essa etapa do desenvolvimento com atenção e cuidado, pois o que se vive nela repercute na trajetória de cada um.

Mendes *et al.* (2021), na obra *(Re)significando a autoestima,* afirmam que as experiências de interação com as outras pessoas, assim como a forma como se relacionam entre si, influenciarão nos valores e crenças carregados ao longo da vida. De mesmo modo, acontecimentos da infância podem afetar a autoestima das crianças.

Vale ressaltar que a criança nasce com a autoestima fortalecida, confiante e ativa em sua relação com o mundo. São as vivências, ao longo de seu crescimento, que vão moldando a autoimagem, a forma de lidar com os desafios e, em consequência, a forma de se relacionar com a autoestima ao longo da vida.

Os pais podem facilitar para que os filhos se sintam confiantes?

É fato que educar não vem com um manual de instruções que garanta que, seguindo todos aqueles passos, a criança se desenvolverá sem enfrentar desafios. Contudo, sabe-se que as crianças que se sentem seguras e amadas têm maior probabilidade de adquirirem mais confiança em si mesmas.

Lobo *et al.* (1985) ressaltam a importância da família na educação dos filhos. Trazendo como imprescindível para a criança o sentimento de segurança e o amor que os pais podem transmitir.

Obras mais recentes compartilham o mesmo pensamento. Como Bottura (2017, p.19), que traz que "embora seja arriscado afirmar que uma boa relação pai-filho gerará uma vida saudável à criança, podemos garantir que, se isto ocorrer, as chances do indivíduo ter oportunidade e um futuro de qualidade aumentarão" e Martinez (org. 2022, p.68) afirma que "a segurança e a confiança transmitidas pelos pais são de suma importância, sendo cuidadosos nas correções, sem o uso de violência, promovendo condutas adequadas na educação da criança".

A criança, por estar se desenvolvendo, tem pouca percepção sobre ela mesma, pois está ampliando seu repertório de aprendizagens. Então, o que lhe é trazido, principalmente por seus cuidadores diretos, é recebido com grande atenção. Dessa forma, a postura dos pais com os pequenos, seja ela mais afetuosa e positiva ou mais rígida e autoritária, interferirá na construção da autonomia e autoconfiança dos filhos.

Por que evitar os rótulos na hora de educar os pequenos?

Rótulos aprisionam. Colocam as crianças em caixinhas e interferem na forma como se percebem.

Revisitando os exemplos do início deste capítulo, o que Malu pode entender quando as pessoas falam, com frequência, o quanto ela é quietinha e não dá trabalho?

Essas podem ser formas perigosas de "elogiar", pois podem trazer junto a informação de que ela só é amada porque não dá trabalho, ou que expressar as opiniões ou como se sente pode incomodar as pessoas. Percebe como simples palavras podem moldar a forma do seu filho se conectar consigo e com os outros?

De mesmo modo, é possível refletir sobre o cenário do Jorge. O que pode ser comunicado para ele quando os adultos repetem que é danado ou levado?

Esses "comentários" podem, em primeiro momento, parecer inofensivos, mas, na realidade, podem limitar a forma que essa criança se enxerga. Se Jorge acreditar que essas características fazem parte de sua personalidade, pode carregá-las como uma verdade absoluta, resumindo-se a elas e diminuindo todo seu potencial. Como afirma Lobo (1985, p. 22), ao se referir a rótulos, "a criança se sente cada vez mais presa àquele rótulo, desanimada e sem esperança de conseguir ser diferente".

Não raras vezes, esses rótulos passam despercebidos, principalmente por ser um hábito frequente na sociedade, mas seus efeitos podem acompanhar o seu pequeno durante toda a vida, portanto, se você cultiva esse hábito, abandone-o o quanto antes.

Sejam os rótulos que por si sós já se podem identificar como negativos como no exemplo do Jorge, no qual – ao serem trazidas palavras negativas para ele – alimentam-se crenças de incapacidade. Sejam rótulos aparentemente positivos como no exemplo da Malu, que, ao serem trazidos como características positivas, pode-se estar ensinando-a a ser uma criança passiva, com a percepção de que se ela não ficar quieta não será uma boa criança, trazendo consequência para a construção de suas habilidades de resolver problemas, por exemplo.

Camila Santos

Lembrete: é importante ter cuidado com os rótulos para não se transformarem em crenças e dificultar o desenvolvimento das crianças, nem transformá-los em verdades absolutas e reduzir seu pequeno a um título.

Como potencializar a autoestima dos pequenos?

Partindo da premissa de que a criança inicia sua trajetória no mundo com a autoestima fortalecida, compreende-se que ela é nutrida de autoconfiança para experimentar as oportunidades de ser e estar no mundo.

Considerando também que as experiências, ao longo da vida, vão moldando a forma como cada um se vê e se relaciona, são importantes a reflexão e o olhar atento dos adultos para os possíveis cuidados na hora de mediar a relação dos pequenos com o mundo que os cercam.

O estímulo à autonomia é um ponto importante e deve ocorrer desde cedo. Claro, tendo em mente a fase de desenvolvimento e sendo os pais suporte nesse processo. Será que seu pequeno pode guardar o brinquedo na caixa? Que tal ensiná-lo a jogar a embalagem do iogurte no lixo? São pequenos movimentos que transmitem confiança e mostram que você acredita nele.

Nesse ponto cabe a reflexão de quantas vezes parece mais fácil vestir a farda da criança rápido do que, aos poucos, ir mostrando-a como fazer, atribuindo-lhe mais independência. Então, evite fazer pela criança o que você sabe que ela já consegue realizar, mas demonstre como se faz sempre que necessário.

Acolha seu filho como ele é, entendendo que assim como você e todos, ele também não é perfeito. Assim, é possível respeitar os sentimentos do seu pequeno e auxiliá-lo na identificação do que ele está sentindo nas situações.

No lugar de dar um rótulo ao seu filho, abra espaço para pensar com ele e buscar soluções para a dificuldade ali apresentada. Trabalhe com a criança para encontrar possíveis soluções.

Ao se deparar com os desafios – e também com as vitórias de sua criança – valorize e reforce cada esforço. Estimule as possibilidades de seu filho aprender algo novo, sempre que ele demonstrar interesse. Assim, você fortalece a autonomia em seu processo de escolhas.

Todos esses pontos falam de relação. O ponto de partida dessa reflexão deve ser como você se relaciona com seu pequeno. Lembre-se de que não existe fórmula mágica, mas, se você conhece o seu filho, estabelece limites respeitosos e se coloca como suporte no enfrentamento dos desafios da vida, poderá transmitir segurança e confiança para que ele se perceba e se conheça com mais clareza.

Referências

BOTTURA JUNIOR, W. *Filhos saudáveis: autoimagem, autoestima, auto-confiança.* 12. ed. Minas Gerais: República Literária, 2017.

LOBO. L. *Comunico, logo existo – a fala, o gesto, a arte: a criança precisa se expressar.* 2. ed. Rio de Janeiro: Rio Gráfica, 1985.

MARTINEZ, C. (Org.). *O mundo da criança: como ajudá-las a solucionarem seus próprios problemas e entenderem suas emoções.* São Paulo: Literare Books International, 2022.

MENDES, J. *et al. (Re)significando a autoestima: teorias e práticas na psicologia positiva e terapias cognitivo-comportamentais.* Belo Horizonte: Artesã, 2021.

SANTOS, E. *Educação não violenta: como estimular autoestima, autonomia, autodisciplina e resiliência em você e nas crianças.* 13. ed. Rio de Janeiro: Paz e terra, 2021.

6

SUA CRIANÇA NÃO É TODO MUNDO

O que é imagem corporal, como ela se forma e qual o impacto do nosso olhar, da nossa estratégia de criação e até mesmo da transgeracionalidade na formação da imagem corporal das nossas crianças? Entender esse processo é fundamental se queremos ajudar nossas crianças a encontrarem sua essência e se realizarem a partir dela.

CAROLINA PÁDUA

Carolina Pádua

Contatos
carolinaprcarvalho@gmail.com
LinkedIn: linkedin.com/in/carolinapadua
Instagram: @vempracabana
27 99721 0737

Jornalista graduada pela UFRJ, repórter e produtora em veículos como Band TV e Jornal Extra, se realizou ao atuar com o paradesporto, entre 2012 e 2014, no canal SporTV. Após a Copa do Mundo, pediu demissão e resolveu mudar de cidade e também de objetivos profissionais. Mudou-se para o Espírito Santo, cursou MBA em Marketing pela FGV MMurad e começou a gerar conteúdo digital para redes sociais. Em 2017, trabalhou na produção de cursos em uma escola de pais on-line (mundoemcores.com), o que iniciou a reviravolta nos seus conceitos sobre a maternidade. Em 2018, seu filho Miguel nasceu com uma malformação linfática que tirou seu chão. Sentiu uma necessidade enorme de estudar e ser melhor para ele todos os dias. Conforme descobria o potencial dos bebês, viu o quanto ainda faltam informações para os pais e, então, assumiu a missão de levar estímulos de qualidade às crianças e informações transformadoras às famílias. Assim surgiu a Cabana Brincademia e, com ela, a psicomotricidade em sua vida.

Minha entrada na psicomotricidade

Aos 30 anos, quando já havia deixado de atuar no jornalismo, Miguel chegou e me motivou a estudar sobre sua saúde, sobre como potencializar o desenvolvimento de um bebê, sobre maternidade e educação. Estudei muito. Encarei o desafio de empreender em meio a uma pandemia, acreditando poder contribuir com outras famílias e abri uma academia para bebês e crianças. Entendi que precisava estudar mais.

Busquei a Curumim Psicomotricidade, no Rio de Janeiro, pensando que absorveria um conhecimento para aplicar no outro, naquela série de crianças fofas que chegam à Cabana Brincademia todos os dias. Porém, logo no início da minha formação, me deparei com a primeira e principal estrutura psicomotora, a Imagem Corporal, uma importante aquisição dentro do processo de desenvolvimento infantil, fundamental para a estruturação do esquema corporal. O esquema, por sua vez, servirá de substrato para a expressão tônica, equilibração, lateralização e estruturação espaço-temporal. Esses fatores psicomotores têm importância clínica, pois se apresentam como indicadores da integridade dos substratos neurológicos e processos psicológicos, envolvidos na regulação e execução do movimento dos seres humanos (FONSECA, 2014).

Ou seja, tudo começa na Imagem Corporal. E muito podemos contribuir, enquanto pais, se tivermos ciência da influência que exercemos nesse processo de criação de novos seres estruturados, organizados e saudáveis. Meu objetivo com esse texto é informar sobre o poder que temos nas mãos, para que o usemos com responsabilidade.

Imagem corporal

Antes de falar em responsabilidade, é importante conceituar imagem corporal usando como base relevantes autores dessa linha de pesquisa. Paul Schilder, médico e psicanalista austríaco, foi inovador ao apresentar, em 1935, uma perspectiva sistêmica para esse conceito. Defendia que "a imagem corporal sustenta a individualidade e é o ponto de partida para a individualidade da pessoa". Segundo ele, "a imagem corporal reflete a história de uma vida, o percurso de um corpo, cujas percepções integram sua unidade e marcam sua experiência no mundo a cada instante". Maria da Consolação Tavares, também médica e grande estudiosa, diz que ela "engloba todas as formas pelas quais uma pessoa experimenta e se conscientiza do seu próprio corpo".

Pouca gente sabe, mas a imagem corporal começa a ser cunhada antes mesmo do nascimento da criança, quando ela passa a fazer parte do imaginário de seus futuros pais. Minha mãe conta que, desde a adolescência, visualizava uma filha careca e revelou ter estranhado quando nasci repleta de cabelos escuros. Corresponder ou frustrar essas expectativas também faz parte do processo de criação da imagem corporal de cada um de nós. Mesmo assim, cursos para casais à espera de um bebê abordam as fases do parto, os itens indispensáveis do enxoval, técnicas de amamentação e cuidados básicos com o recém-nascido, mas ainda não vi qualquer menção à importância da parentalidade na construção da imagem corporal das crianças.

É óbvio, por tudo que já foi dito aqui, que a imagem corporal não é determinada pelos pais, e sim influenciada por eles. Fatores externos também contribuem. O que quero dizer é que os pais são peças-chave, são os primeiros autores dessa história e não só podem, como devem, buscar informação e conhecimento para iniciá-la com a maior assertividade possível para alcançar um final feliz.

Embora ainda incipientes, pesquisas já demonstraram a influência da vinculação aos pais na imagem corporal de adolescentes e jovens. Barbosa e Costa, em seu artigo, reconhecem que adolescentes e jovens estão cada vez mais expostos a pressões sociais sobre padrões de beleza, de magreza, de condição social; mas que o estilo de vinculação que define as interações entre pais e filhos podem ser centrais na forma como os adolescentes percepcionam essas mensagens ou pressões sociais e constroem imagens de seu próprio corpo mais saudáveis e positivas. E o que fará com que pais e filhos se relacionem de forma mais ou menos saudável? Um fator importante é o estilo parental adotado por cada família.

Estilos parentais e como podem interferir na imagem corporal

O estudo dos estilos parentais teve início com Baumrind (1966), que propôs três modelos teóricos de classificação dos pais (autoritários, autoritativos e permissivos), de acordo com o grau de controle que estes exerciam sobre seus filhos. Alguns anos depois, Maccoby e Martin (1983) dividiram o estilo permissivo em indulgente e negligente, baseados em duas dimensões: a exigência e a responsividade. O termo responsividade, em sua obra, refere-se às atitudes compreensivas, amorosas e de envolvimento dos pais com seus filhos (afeto). Já a exigência refere-se ao estabelecimento e cumprimento de regras (controle), caracterizando os estilos parentais em: autoritários (exigentes e não responsivos); autoritativos (exigentes e responsivos); indulgentes (responsivos e não exigentes) e negligentes (não são exigentes, nem responsivos).

Uma criação autoritária, definida por Maccoby e Martin, como aquela dotada de controle, porém sem afeto, além de reduzir, substancialmente, o potencial criativo da criança – ao lhe furtar o poder de expressão, de escolha no que lhe diz respeito, de voz ativa no ambiente familiar – também lhe nega o afeto. Aspecto fundamental do desenvolvimento da imagem corporal, para além dos aspectos cultural e filosófico.

A imagem corporal, para se desenvolver de maneira saudável, precisa do toque, do carinho, do desejo dos pais, bem como precisa de espaço para que esse novo ser experimente sua singularidade existencial. Tavares faz um alerta importante sobre o excesso de controle em relação à criança: a ação corporal "domada", condicionada, compartimentada, facilita, muitas vezes, uma estruturação social que amplia nossas possibilidades de contatos e produção. No entanto, a homogeneização da ação corporal implica, noutras ocasiões – e mesmo concomitantemente à expansão de nossa atuação social – a perpetuação da mesmice, inibindo a manifestação do movimento individualizado, genuíno e espontâneo, elemento essencial de transformação e desenvolvimento.

Uma criação autoritária não apenas corre o grande risco de desorganizar a imagem corporal da criança pela carência ou ausência de afetividade, como também por limitar, exageradamente, as ações da criança. Sem mencionar as ferramentas utilizadas para tal, como ameaças, castigos físicos e agressões verbais, exacerbando, ainda mais, a desorganização psicomotora.

No outro extremo dessa escala, temos o estilo parental permissivo, que pode ser indulgente ou negligente. E que, de todo modo, também representa um risco para a criança pela ausência de controle, do estabelecimento e cumprimento de regras. Para se tornarem adultos íntegros, cientes e cumpridores de suas responsabilidades, crianças precisam de regras para seguir e referências para respeitar. Essas referências podem e devem ser afetuosas, mas também devem ser firmes quando a situação demandar, havendo acolhimento à imaturidade emocional da criança, porém mantendo as regras inegociáveis pela parentalidade.

Por tudo isso, penso que o estilo parental mais adequado é o autoritativo, que olha para a criança com vontade de enxergá-la em sua individualidade, que a escuta, a acolhe, mas que também ensina sobre regras e impõe limites saudáveis, tanto para sua saúde física quanto para criação de valores, moral e ética. Uma criança ouvida por seus pais, que tem colo e atenção, que não recebe tudo que quer prontamente, mas sim negativas justificadas, cresce entendendo seu lugar no mundo, seu potencial para criar, bem como a importância de respeitar as normas do ambiente em que está inserido.

A imagem corporal observada na psicomotricidade destaca situações que, com certeza, elaboram a identidade, o comportamento, a atitude e a organização de uma criança por conta da relação com o outro. Primeiro a figura materna, o primeiro objeto de amor do bebê, que reconhecerá suas necessidades pulsionais e buscará satisfazê-las. Em seus primeiros meses, o corpo da criança é vivenciado na relação com a mãe, que lhe dá continência, conforto e ternura.

Posteriormente a figura paterna passa a representar um princípio de realidade e de ordem na família e a criança sente que não é mais a única a compartilhar a atenção da mãe. O pai encarna, inicialmente, a "não mãe" e dá forma a tudo que não seja ela, favorecendo assim a individualização da criança. Ambos são fundamentais na aquisição e desenvolvimento da imagem corporal de qualquer indivíduo.

Muitos estudos ainda precisam ser feitos a fim de se concluir a inter-relação entre estilos parentais e imagem corporal, porém o que proponho como reflexão é que observemos as pessoas ao nosso redor, a parentalidade que têm ou tiveram e de que forma isso impactou em sua personalidade, seu caráter, sua realização pessoal e profissional. Onde queremos que nossas crianças se sintam capazes de chegar? De que maneira podemos contribuir com suas conquistas? Essa é a questão.

Criar para ser inteiro

Então, considerando que escolhemos um estilo parental autoritativo, isso significa que estamos no caminho certo e que nossos filhos serão dotados de uma identidade corporal integrada e positiva? Não, esse caminho não é simples nem tão retilíneo assim.

Há muito mais sobre o que refletir como, por exemplo, nosso discurso e as expectativas que depositamos em nossas crianças (filho ideal x filho real). Com certeza, você já ouviu coisas a seu respeito, durante a infância, que geraram bloqueios, medos ou crenças limitantes. Talvez uma de suas características físicas tenha passado a incomodá-la pelo simples fato de ter sido criticada ou enfatizada por seu adulto de referência.

Vejo isso acontecer na Cabana todos os dias. Pais, mães, avós, cuidadores em geral fazendo afirmações sobre as crianças, seus corpos e seu comportamento, diante de uma série de desconhecidos. Muitas vezes, em tom de brincadeira, sem entender que em nada estão contribuindo para sua organização psicomotora. Pelo contrário, esses adjetivos negativos, que até então não correspondiam à realidade daquela criança, podem, com o tempo, começar a retratá-la. Como já disse, é a partir desse olhar do outro que a criança começa a se moldar, a ser.

Para além de rótulos negativos e limitantes, também é comum observar a parentalidade que acha que está acertando ao negligenciar um abraço, ao dizer que "não foi nada" quando uma criança cai e se machuca; ao pedir para que "desgrude", mesmo quando a criança está precisando de aconchego e segurança nesse novo ambiente.

Esses comportamentos não necessariamente têm relação com os estilos parentais, pois é possível ver pais bastante afetuosos sendo rotuladores ou mesmo negando afeto em determinadas situações e lugares, apenas por acreditarem que é essa a postura esperada pela sociedade naquele momento. Também é muito possível que, por termos sido rotulados por nossos pais e demais adultos da família, isso acabe perpassando gerações e interferindo na nossa parentalidade, sem que tenhamos verdadeiramente essa intenção. O que não podemos é criar o que temos de mais importante sem critério, sem estudo, sem autoanálise, sem novas e mais bem fundamentadas referências. As consequências podem ser graves e de longuíssimo prazo.

Para finalizar, gostaria de compartilhar o caso específico do meu filho, Miguel, que para além de uma educação firme e gentil, sempre recebeu dos pais um olhar de completude. Ele nasceu com um grande cisto debaixo do braço esquerdo, removido em uma cirurgia quando tinha dois anos. Ainda hoje tem uma (linda e perfeita) assimetria no peitoral, mas exibe o corpo nu sem qualquer constrangimento. Aos quatro anos, já foi alvo de inúmeras perguntas, feições de medo e até nojo, mas nunca demonstrou sentir que lhe falta um pedaço. Nosso olhar não denota a falha. Quando um adulto diz ao seu filho que ele tem um problema, investe nele essa marca, mas nós sempre fizemos o oposto disso. No final das contas, quem se sente mais completo ao ver o Miguel com uma imagem tão positiva de si mesmo, somos eu e o pai dele.

Referências

BARBOSA, R.; COSTA, M. E. *A influência da vinculação aos pais na imagem corporal de adolescentes e jovens.* 2001.

BAUMRIND, D. *Effects of authoritative parental control on child behavior.* Child development. 1966.

CONSOLAÇÃO, M. G.; CUNHA F. *et al. Imagem corporal – conceito e desenvolvimento.* São Paulo: Manole, 2003.

FONSECA, V. Papel das funções cognitivas, conativas e executivas na aprendizagem: uma abordagem neuropsicopedagógica. *Revista Psicopedagogia*, v. 31, n. 96, pp. 236-253, 2014.

MCCOBY, E. E. Socialization in the context of the family: Parent-child interaction. *Handbook of child psychology*, v. 4, pp. 1-101, 1983.

SCHILDER P.; WERTMAN R. *Imagem do corpo: as energias construtivas da psique.* São Paulo: Martins Fontes, 1994.

7

A IMPORTÂNCIA DA AFETIVIDADE NO CONTEXTO DA EDUCAÇÃO INFANTIL

Neste capítulo, discorre-se sobre a relevância da afetividade no processo de ensino e aprendizagem infantil. Elencam-se os benefícios para o docente, para o aluno e, também, para a assimilação dos conteúdos e auxílio no desenvolvimento infantil.

CÉLIA DE FÁTIMA MACAGNAN

Célia de Fátima Macagnan

Contatos
celiamacagnan@hotmail.com
Facebook: Celia Macagnan
Instagram: @celiamacagnan
41 99953 9873
41 3264 5410

Pedagoga graduada pela Universidade Castelo Branco, com pós-graduação em Educação Especial pela Universidade Cândido Mendes. Pós-graduada em Psicopedagogia pela Universidade Candido Mendes. Mestre em Educação pela Universidad Europea del Atlantico – UNEATLANTICO. Mestre em Formação de Professores pela Universidad Internacional Iberoamericana – UNINI. Doutoranda em Educação pela Universidad Internacional Iberoamericana – UNINI. Proprietária da Clínica Movimento Pedagógico Estimulação & Aprendizagem em Curitiba-PR.

O afeto e o carinho podem ser compreendidos como os elementos mais importantes para a convivência. Eles encontram-se presentes desde a infância. Conforme ocorre o desenvolvimento humano, os familiares e pessoas próximas da criança passam conhecimentos, valores e visões a respeito da vida e do meio em sua volta, de acordo com cada faixa etária.

Partindo desse conhecimento e premissa, este texto demonstra a importância do afeto no processo de ensino e aprendizagem no contexto da educação infantil.

Verifica-se que algumas obras têm demonstrado que a afetividade consiste num elemento muito relevante na aprendizagem do indivíduo. Um dos aspectos que evidenciam essa importância é o fato de que o afeto torna o aprendizado mais prazeroso. Quando o indivíduo aprende num contexto de afetuosidade ele tem mais segurança e seu conhecimento torna-se mais efetivo.

De acordo com alguns pesquisadores, como Galvão (1995), no contexto de ensino e aprendizagem, o valor cognitivo e interpessoal apresenta-se relevante para os lados envolvidos no processo, tanto para o docente quanto para o discente. Isso porque as experiências geradas num contexto de aprendizagem afetiva promovem resultados para ambos.

No mesmo sentido, Azevedo (2018) argumenta que a afetividade no contexto escolar é imprescindível para o desenvolvimento infantil. Entretanto, antes de entrar, propriamente, nessa temática da afetividade, é oportuno destacar que mesmo sendo um aspecto muito presente e importante no cotidiano das pessoas, ainda existem alguns problemas quanto a conceituação do que seria afetividade e de sua caracterização no âmbito escolar.

De acordo com o dicionário de língua portuguesa, a afetividade consiste tão somente numa característica ou qualidade de quem, de alguma maneira, demonstra afeto. Do mesmo modo, afeto pode ser compreendido como um sentimento ou sensação de ternura ou amizade que é espontânea e que uma pessoa oferece para outra.

Sendo assim, as relações entre as pessoas podem, naturalmente, estar envoltas em afeto. O processo de ensino e aprendizagem infantil pode, também, ser relacionado com a afetuosidade. Dependendo da intensidade em que as atividades de sala de aula são desenvolvidas, elas podem ter os resultados ampliados quando não são conduzidas com rispidez e rigidez.

O resultado de uma atividade que é desenvolvida com afeto, além de promover o resultado esperado que é a aprendizagem, também pode gerar emoções e sentimentos de prazer para a criança e, consequentemente, a associação daquela atividade e docente a um momento de prazer.

Os dois teóricos citados acima analisam, identificam e argumentam de que maneira a afetividade pode ser uma estratégia didático-pedagógica, contribuindo para melhores resultados na aprendizagem. Além disso, Cortez (2015) afirma que a afetividade auxilia no processo dando mais celeridade, precisão na assimilação do conteúdo desenvolvido e, também, mais eficácia.

De acordo com Tiba (1996), é necessário prestar atenção em algumas características psicológicas das crianças em seus relacionamentos. Elas são seres interativos. Isso quer dizer que uma ação provoca uma reação. Um professor que não dá a devida atenção ao seu aluno deixa de construir uma ponte para afetividade.

Então, quando o professor ouve seu aluno, está demonstrando afetuosidade, pois está valorizando o que o aluno está falando e isso demonstra uma relação de afetividade. Saber ouvir, pensar a respeito do que foi dito pelo aluno é uma forma de saber valorizar o outro, e é a melhor maneira de se iniciar um relacionamento, pois todas as pessoas sentem necessidade de serem ouvidas.

Agindo dessa forma, cria-se um vínculo de respeito entre professor/aluno de diálogo franco, aberto e com uma grande demonstração de afetividade, pois o professor está demonstrando que o aluno tem importância para ele.

Do mesmo modo, são oportunas as considerações de Piaget (2006) que argumenta que o aspecto cognitivo e afetivo são irredutíveis, indissociáveis e complementares. Sendo assim, para que o aluno aprenda, é necessário que haja uma ponte de afetividade entre aluno e professor.

No mesmo sentido, Novaes (1976) afirma que, na 6ª série do ensino fundamental, a pessoa deve estar entre dez e onze anos de idade e essa fase é chamada de terceira infância. Nessa fase, a criança está começando a conviver com mais pessoas e a ser influenciada pelos outros, ao mesmo tempo em que também está desenvolvendo o seu lado cognitivo, aprendendo o poder do intelecto sobre a emoção. Nessa fase, deve-se evitar qualquer tipo de constrangimento. Se o aluno for excluído ou maltratado, levará isso para o resto de sua vida.

Ao realizar uma análise psicológica nessa fase, pode-se dizer que as principais necessidades e sentimentos típicos do adolescente são: a necessidade de se sentir seguro; necessidade de que as pessoas tenham consideração por ele; necessidade de novas experiências; necessidade de afirmação pessoal e social. O adolescente precisa ser compreendido, gosta de ter liberdade, de ter autonomia, de poder expor suas opiniões.

Portanto, professores devem contribuir no sentido de auxiliar os alunos para que se sintam seguros com seu professor. "Os sentimentos podem ser concretizados tanto nas pessoas ou nas ações externas ao sujeito quanto nas ações do próprio sujeito" (FARIA, 1989, p. 19).

Argumenta-se que um processo de ensino e aprendizagem mais eficaz ocorrerá quando o docente compreender a educação das emoções e entender que há consequências interacionais para a criança quando o ensino ocorre levando-se em consideração a afetuosidade.

O aluno que é ensinado com base no afeto pode se valer dessas relações de interação para o desenvolvimento de habilidades cognitivas e relacionais que são necessárias para o seu desenvolvimento.

Outro aspecto relevante a ser considerado é a participação da escola nesse processo de educação com emoções. Não se pode negar que todo ser humano carece de grupos e contextos em que se sinta plenamente realizado. Quando o grupo que apresenta segurança é a escola, isso acaba transformando o processo de ensino mais prazeroso e as interações são mais intensas, pois se cria um vínculo.

Quando os vínculos construídos nesse processo de ensino e aprendizagem ocorrem de forma natural e respeitosa, o aluno desenvolve o conhecimento com o docente e não é apenas aquele que absorve, mas sim influencia no desenvolvimento humano da criança, tornando-a uma pessoa mais autônoma e menos dependente socialmente, pois tem habilidades para compartilhar os seus conhecimentos.

O afeto é algo tão relevante no contexto educacional que há décadas esse aspecto é estudado por pesquisadores. Esse interesse mostra-se no fato de que a escola é o contexto em que a criança passa mais tempo depois de sua casa. O primeiro agrupamento social em que a criança é inserida é a família, mas o segundo, invariavelmente, é a escola.

No âmbito familiar, a criança se adapta à rotina dos adultos e familiares da casa; por outro lado, no contexto escolar, ela pode ser também autônoma e é o ambiente onde ela inicia seus passos em direção da assimilação, de maneira sistemática, de conceitos, valores e conhecimentos teóricos. Não se pode negar, portanto, que as lições relevantes para um convívio social adequado ocorrem no contexto escolar.

Noções basilares sobre moral e ética são vistas na escola, demonstrando quais são os fundamentos de uma convivência social harmoniosa. Isso poderá auxiliar na visão de mundo que essa criança terá na fase adulta e suas interações (LIBÂNEO, 2018).

Quando esses conhecimentos sociais e, também, técnicos são repassados com afeto, e não com rigidez, a criança acaba auxiliando no desenvolvimento deles e assimilando de maneira mais leve e, consequentemente, terá relações sociais mais tranquilas.

De acordo com Rogers (2018), o desenvolvimento de atividades baseadas no afeto proporciona: a) melhora no reconhecimento das próprias emoções; b) aumento da capacidade de compreender as atividades e de se compreender enquanto ser humano relacional; c) controle das emoções, aprendendo de forma mais assertiva.

Partindo das premissas acima expostas, argumenta-se que há uma necessidade de um desenvolvimento de pesquisas para se avaliar e discutir o papel do fortalecimento das relações afetivas no contexto do processo de ensino e aprendizagem infantil.

O docente não pode tão somente ser visto como um reprodutor de conhecimentos. Ele deve ser um mediador no processo de aprendizagem, utilizando a afetividade como uma ferramenta facilitadora.

Tendo em vista que a afetividade encontra-se presente na vida do ser humano desde o seu nascimento, ela não pode ser desconsiderada no processo de ensino e aprendizagem, pois também é fundamental para a aquisição de conhecimentos e desenvolvimento de habilidades sociais. As emoções são fundamentais para a construção do sujeito.

A afetividade é importante pelo fato de que o aluno sempre se lembrará do professor, seja por fatos ruins ou por lembranças boas. Esta última é reflexa da mediação positiva na relação entre aluno e docente.

As interações no contexto escolar, quando são prazerosas, produzem aprendizados para o aluno que, dificilmente, serão esquecidas. Nesse processo, a afetividade torna-se um fator determinante. Isso porque quando o aluno verifica algum sentido naquilo que está aprendendo, cria uma relação de afeto também com o objeto.

Por fim, acredita-se que as marcas produzidas por um aprendizado baseado na afetividade pode ser contagiante. O aluno que aprendeu com afeto será um adulto mais tolerante e, também, ensinará da mesma forma que aprendeu. Além disso, o que pode ocorrer é que o professor que ensina com base na afetividade passa a se apaixonar pelo objeto de ensino e transmite isso para o aluno que acaba sendo mais receptivo e produz novas experiências.

Portanto, há uma mudança do aluno com o objeto durante o processo de ensino e aprendizagem. Há também influências sobre o sentimento de auto-estima ou baixa autoestima, pois a noção de fracasso é minimizada, uma vez que o objeto torna mais próximo, mais afetivo. Desse modo, ao ensinar com base na afetividade, o docente potencializa a assimilação dos alunos, aproxima-o do objeto. Além de ele mesmo organizar, de maneira mais inteligente, os conteúdos com o fim de favorecer a interação dos alunos, que não serão mais receptores de matérias, mas também produtores de conhecimentos.

Referências

AZEVEDO, H. H. O. de. *Educação infantil e formação de professores: para além da separação cuidar-educar.* 2. ed. Campinas: UNESP, 2018.

CORTEZ, C. *Estudar... Aprender... Ensinar... Mudar... Transformar-se: um processo contínuo.* 6. ed. Campinas: Mercado de Letras, 2015.

FARIA, A. R. *O desenvolvimento da criança e do adolescente segundo Piaget.* São Paulo: Ática, 1989.

GALVÃO, I. *Henri Wallon: uma concepção dialética do desenvolvimento infantil.* 2. ed. Petrópolis: Vozes, 1995.

LIBÂNEO, J. C. *Adeus professor, adeus professora? Novas exigências educacionais e profissão docente.* 3. ed. São Paulo: Cortez, 2018.

MORAIS, R. *O que é ensinar.* 5. ed. São Paulo: EPU, 2016.

NOVAES, H. M. *Psicologia escolar.* 4. ed. Rio de Janeiro: Vozes, 1976.

PIAGET, J.; INHELDER, B. *A psicologia da criança.* 2. ed. Rio de Janeiro: Difel, 2006.

Célia de Fátima Macagnan

ROGERS, B. *A dinâmica do comportamento em sala de aula*. 5. ed. Porto Alegre: Artmed, 2018.

SAVIANI, D. *Pedagogia histórico-crítica: Primeiras aproximações*. 15. ed. Campinas: Autores Associados, 2018.

TIBA, I. *Disciplina: o limite na medida certa*. 11. ed. São Paulo: Gente, 1996.

8

VÍNCULO AFETIVO DE QUALIDADE E SUA RELEVÂNCIA NAS NOVAS CONFIGURAÇÕES FAMILIARES

Neste capítulo, será abordada a importância das figuras de referência na construção de vínculos nos novos modelos familiares da nossa sociedade.

CHRISTIANE PONTES E ROBERTA ALONSO

Christiane Pontes

Contatos
contatoschr███████@hotmail.com
instagram: @chr██nt.a.psico
99577 8918

Psicóloga graduada em psicologia pela Universidade São Marcos(1995), com pós-graduação em Terapia Cognitiva Comportamental e Terapia do Esquema. Trabalhou com crianças Institucionalizadas (Saicas), realizando atendimentos psicológicos às crianças e adolescentes, assim como orientação de pais em processo de adoção. Dedica-se, atualmente, à prática clínica com foco em atendimento a crianças, adolescentes e orientação de pais.

Roberta Alonso

Contatos
www.ecoandopsicologia.com.br
ecoandopsicologia@gmail.com
11 99157 8715

Psicóloga graduada pela USJT (2005), com pós-graduação em Terapia Cognitiva Comportamental (2013) e Neuropsicologia (2020). Apaixonada por desenvolvimento humano, atuou na área corporativa com foco em carreiras, voltado para primeiro emprego, estágios e *trainees* de grandes corporações nacionais e multinacionais. Nos últimos anos, passou a se dedicar apenas à carreira clínica com supervisão, atendimento de crianças, adolescentes e pais, o que demandou vários cursos nessa área, dentre eles, o Desenvolvimento Infantil (CBI Miami) e Engajamento Parental (Universidade de Harvard). É uma entusiasta da educação e da ciência, dedicando-se também à docência superior. Acredita que esse é o único caminho para a mobilidade social que pode desenvolver o potencial humano e gerar uma sociedade mais justa e empática. Escolheu trabalhar com infância para apoiar nesse caminho desde cedo.

Ao pararmos para pensar, é notório que os modelos de família vêm mudando ao longo do tempo. É possível que, ao ler as ideias exploradas neste capítulo, você identifique alguém de seu convívio que não faça parte do que antes tinha-se conhecimento como a família tradicional – pai, mãe e filhos –, assim como na maneira como ela se estabeleceu. É possível que conheça uma família que passou pelo divórcio, uma família monoparental, uma família reconstruída, adoções, relações homoafetivas, entre outras.

Em 2015, a revista *Crescer*, por meio de uma pesquisa, concluiu que, em 1995, o modelo tradicional correspondia a 58% das famílias brasileiras, já 10 anos depois, esse índice passou para 42%.

Em 1977, ano da legalização do divórcio no Brasil, o medo dos filhos serem problemáticos era uma constante, chegando a causar recusa das escolas para alunos nessas configurações familiares.

Entre 2000 e 2010, com base nos indicadores do IBGE, os divórcios no Brasil quase dobraram. Além do divórcio, que abre uma nova configuração para recasamentos, a vida familiar tem passado por modificações consideráveis, como a redução do índice de natalidade, mudança no papel da mulher e aumento da expectativa de vida; o que imprime novos desafios para o sistema familiar, conforme Fonseca (2004), citado por Cano *et al.* (2009).

Ramires (2004) explana a importância da qualidade dos vínculos como um fator que impulsiona a resiliência frente a esses desafios.

Sendo essa mudança causadora de relevante impacto no modelo de sociedade que conhecemos, é importante que a rede de apoio no entorno dessas famílias (escolas, clubes, instituições religiosas etc.) possam rever seus entendimentos sobre o tema. Não olhar para essa mudança amplia ainda mais o preconceito que se alimenta sobre os novos modelos.

Uma pesquisa realizada por Costa e Mota (2012) com jovens de famílias tradicionais e institucionalizadas, com a finalidade de analisar a importância da qualidade de ligações com figuras significativas, assim como analisar a capacidade de desenvolvimento de *coping* desses grupos, apresentam resultados importantes para reflexão.

O *coping* pode ser definido como mecanismos de enfrentamento, a partir de esforços cognitivos e comportamentais, de relevante expressão em situações de possíveis danos, ameaças ou qualquer outro tipo de desafio onde não haja uma resposta automática a ser dada.

O estudo busca entender sobre a qualidade das relações entre os pares e a autoestima, e se elas exercem um efeito positivo que precede o desenvolvimento do *coping*. Dentre vários resultados interessantes, podemos destacar que jovens institucionalizados, com relacionamento de qualidade entre seus pares, apresentam maior desenvolvimento de *coping* quando comparamos às famílias tradicionais. Eles também apresentam menor índice à negação quando comparados aos jovens de famílias tradicionais, cuja tendência é rejeitar a realidade dos acontecimentos estressantes ou mesmo desconhecer as adversidades e possíveis oportunidades de pedir ajuda.

Costa e Mota (2012) concluem que "a instituição de acolhimento constitui um espaço para a construção de novos relacionamentos afetivos significativos. Nessa medida, a ligação com outras figuras de afeto assume papel preponderante na trajetória de desenvolvimento desses jovens, constituindo um fator de proteção diante de suas vulnerabilidades".

Com base no senso comum e no momento histórico-político ao qual o Brasil está inserido atualmente, defender um único modelo familiar, responsabilizando-o como o único capaz de formar indivíduos de valores imprescindíveis à construção de uma sociedade mais adaptada e justa é – além de invalidar os demais modelos – ignorar o fato de que outros modelos sempre existiram – haja vista a quantidade de crianças para adoção –, além de estigmatizar que uma vez fora do "tradicional" não há reversão ou mesmo construção de novos valores em novas configurações.

Essa perspectiva nos apresenta uma nova realidade que merece mais estudos, abrindo a possibilidade de reflexão sobre a afirmação de que a qualidade do vínculo e a construção de autoestima são fatores preditivos para o enfrentamento de adversidades do que a configuração familiar.

A construção psicológica do núcleo familiar no processo de adoção

A adoção é um campo que, com o passar do tempo, ganhou reconhecimento na sociedade, principalmente por oferecer à criança ou ao adolescente a possibilidade de ter uma família. É uma forma de configuração familiar e, como qualquer outra, apresenta suas peculiaridades. Há nesse processo várias questões envolvidas como, por exemplo, a idealização do filho, o conflito entre a criança ideal e a criança real. Esse impasse deve ser bem refletido e resolvido para não interferir na efetivação da adoção, e prevenir frustrações diante de uma idealização (MACHADO, MAGALHÃES & SAMPAIO, 2020).

Na adoção, assim como quando nasce um filho biológico, a família necessitará de um período de adaptação. É preciso que os pais por adoção tenham em mente que não encontrarão, no filho adotivo, a identificação no sentido biológico, nos casos em que esse era o desejo inicial (SANTOS, RASPANTINI & SILVA, 2003). Em vista disso, para que as famílias possam construir dinâmicas favoráveis e mais saudáveis, é de extrema relevância que as vicissitudes do processo adotivo sejam trabalhadas de forma preventiva, sendo necessária, dessa forma, a preparação dos pais para a adoção. Os pais precisam estar conscientes que o filho adotivo teve outro casal como genitor e que carregará consigo uma história que não poderá nem deverá ser ignorada. Pelo contrário, necessita – para a saúde psíquica da criança e da família – que essa história seja integrada à história de vida da criança.

A construção da parentalidade é um processo contínuo, de modo que refletir sobre as motivações, fantasias e medos subjacentes dos pais é fundamental para compreendê-la e favorecer intervenções de promoção de saúde. Investigar como o lugar do bebê inscreve-se no universo simbólico parental é possível pelo discurso que os pais tecem acerca dele. Essa constituição vincula-se também à capacidade subjetiva dos pais de constituírem uma imagem do filho, criarem sonhos e expectativas a seu respeito, atribuindo-lhe características familiares, fatores que interferem na sua constituição como ser, o que ocorre tanto nos casos de filiação biológica como adotiva (KAMERS & BARATTO, 2004; ZORNIG, 2010).

A adoção é uma decisão que implica adaptação e elaboração psíquica por parte de todos os envolvidos; pais, irmãos e demais familiares. Teoricamente, a nova família precisará suprir as condições para o desenvolvimento global (físico, emocional e psicológico) do filho adotivo e, para que isso ocorra, é necessário que a mesma se prepare.

Preparar-se para o exercício da parentalidade adotiva é fundamental para que a mesma ocorra de modo adaptativo e saudável. A chamada adoção suficientemente boa é aquela em que o processo permite transformações na estrutura familiar. Essa dinâmica leva ainda à adaptação de todos, e a construção de laços fortes entre os familiares.

Quando o meio proporciona condições adequadas para o sujeito, sendo as suas necessidades básicas atendidas, como afeto, segurança, amor, carinho, atenção, empatia, validação de sentimentos, então, é considerado um lugar seguro e suficientemente bom.

As motivações que levam os adultos a pleitearem a adoção de uma criança ou adolescentes são diversas. Nos cônjuges, o desejo de ter um filho será constituído de forma distinta em cada um, sendo importante identificar as motivações individuais.

Os pretendentes à adoção costumam fazer algumas exigências referentes à escolha do perfil da criança desejada. A preferência costuma ser por bebês saudáveis – da mesma cor de pele da família (na maioria das vezes, branca) – e meninas, sendo que essas características não correspondem à realidade encontrada nas instituições de acolhimento brasileiras. Quando essas exigências ocorrem, podem indicar que o foco da adoção ainda é a necessidade de imitar a família biológica e, assim, manter o processo de adoção como segredo frente à sociedade.

A preferência por bebês costuma ser justificada pela ilusão de que são mais adaptáveis e fáceis de serem lapidados, porém os pais esquecem que o filho possui uma história pessoal pregressa que não pode ser negada, ocultada ou rejeitada.

Quando se trata de uma adoção tardia ou adoção da criança em idade maior, é comum a crença de que as crianças maiores trazem maus hábitos, apresentam problemas de adaptação, possuem fortes lembranças do passado, o que lhes traria problemas futuros. E importante salientar que a realidade dos abrigos demonstra que, quanto mais as crianças crescem, mais difíceis são as possibilidades de serem adotadas.

Preparar os futuros pais, dentro do contexto da aproximação de crianças institucionalizadas, é de fundamental importância, a fim de trabalhar o enfrentamento de possíveis reações emocionais que as mesmas possam apresentar: medo, insegurança, raiva, saudades de irmãos.

Por outro lado, a insegurança dos pais pode gerar aspectos negativos na educação da criança como, por exemplo, as inúmeras dificuldades de se educar com limites e regras. Como consequência, as crianças podem desenvolver comportamentos disfuncionais que, na verdade, foram gerados pela insegurança dos pais.

O papel do psicólogo, dentro de todo processo de adoção, é de fundamental importância para o acompanhamento dos familiares, auxiliando no fortalecimento dos laços afetivos e na construção de um ser humano emocionalmente forte e preparado para os desafios que o mundo apresentará.

De acordo com a experiência na clínica psicológica, na realização de atendimentos às crianças institucionalizadas, percebe-se o quanto a fragilidade emocional pode ser agravada frente a um novo lar, onde as relações familiares não promovam a segurança e a estabilidade. Sem um real preparo dessas famílias, problemas de ordem psicológica, nessas crianças, podem ser piorados de maneira significativa.

Crianças que foram adotadas por casais que se separam posteriormente podem desenvolver quadros de ansiedade de separação. Portanto, é de extrema importância que haja um trabalho anterior com os futuros pais adotantes, com o objetivo de trabalhar a solidez da relação, a compreensão individual de cada um e a construção de um elo que promoverá o desenvolvimento de um filho com todas as suas potencialidades.

> *Adotar é acreditar que a história é mais forte do que a hereditariedade, que o amor é mais forte que o destino.*
> LIDIA WEBER

Referências

ALVES, J. R.; PERES, A. B.; HUEB, M. D. *A família construída por laços afetivos da adoção.* Sociedade brasileira para o progresso da Ciência, 9. São Paulo, 09 de março de 2022. Disponível em: <https//www.conciencia.brqa-familia-construida-por-lacos-afetivos-da-adocao>. Acesso em: 10 ago. de 2022.

CANO, D. S. *et al.* As transições familiares do divórcio ao recasamento no contexto brasileiro. *Psicologia do desenvolvimento.* Disponível em: <https://doi.org/10.1590/S0102-79722009000200007>. Acesso em: 13 ago. de 2022.

COSTA, M.; MOTA, C. P. Configuração familiar, gênero e coping em adolescentes: papel dos pares. *Psicologia em Estudo*, Maringá.

GOMES, K. *A adoção à luz da teoria winnicottiana.* São Paulo, 2006. Disponível em: <htpp//pepsic.bvsalud.org/scielo.php¿script=sci\=-arttex&pid-S1679-432x2006000200005> Acesso em: 05 abr. de 2023.

MARQUES, C. C. *Fortalecimento de vínculos entre pais e filhos na adoção.* São Paulo, 13 de dezembro de 2018. Disponível em: <htpp//vinculosdeafeto.com.br/2018/12/13/fortalecimento-de-vinculos-entre-pais-e-filhos-na-adocao>. Acesso em: 10 ago. de 2022.

Christiane Pontes e Roberta Alonso

MORELLI, A. B.; SCORSOSOLLINI-COMIM, S. V. T. *Rio de Janeiro, o lugar do filho adotivo na dinâmica parental.* 12 de dezembro de 2013.Disponível em: <http//pepsic.bvsalud.org/scielo.php¿script=sci=-arttex&pid-S0103-56652015000100010>. Acesso em: 10 ago. de 2022.

ZIEMKIEWICZ, N. As várias configurações das famílias brasileiras. *Revista Crescer.* São Paulo, 4 de dez. de 2018. Disponível em: <https://revistacrescer.globo.com/Familia/Novas-familias/noticia/2018/12/varias-configuracoes-das-familias-brasileiras.html>. Acesso em: 17 ago. de 2022.

9

A IMPORTÂNCIA DOS LIMITES NA CONSTRUÇÃO DA AUTONOMIA

É preciso pensar sobre a educação que você quer dar ao seu filho, para não apenas "criar filhos". Amar, proteger, preocupar-se com a saúde, lazer e formação escolar estão entre as responsabilidades dos pais, mas também é preciso ser o pai educador que está sempre envolvido com o objetivo de preparar o filho para a vida.

CHRISTIANE RENATE RESCH

Christiane Renate Resch

Contatos
chris.resch.psi@gmail.com
Instagram: @chrisresch
11 99165 2012

Possui graduação em Psicologia pela Universidade São Marcos (1986), especialização em Psicologia e Psicoterapia da Infância pelo GEPPPI-SP; especialização em Neuropsicologia pelo CEPSIC (HC-FMUSP); Psicoterapia Familiar Sistêmica Estratégica pela ESCOLA VÍNCULO VIDA. Com vasta experiência clínica em instituições privadas e públicas desde 1987, atua, principalmente, com Transtornos do Desenvolvimento, Transtornos de Aprendizagem, Avaliação da Cognição e da Personalidade. Desempenha a função de professora supervisora em cursos de pós-graduação e graduação. Sócia-proprietária da CONECTAR – Psicologia e Neuropsicologia Clínica e Ensino, onde atua como psicóloga técnica, responsável nas intervenções em psicoterapia, avaliações psicológicas, neuropsicológicas e na reabilitação/estimulação cognitiva.

Na minha trajetória como psicóloga no atendimento de crianças, sempre me deparei com pais aflitos e hesitantes para impor regras, rotinas e limites na criação de seus filhos, tão necessários para um bom desenvolvimento.

A família como instituição vem apresentando grandes mudanças econômicas, sociais e políticas ao longo das gerações, mas a tarefa de educar filhos permanece, independentemente da cultura.

Lembrando que a educação, até o final de 1950, estava influenciada pelos valores patriarcais, aos quais a obediência absoluta era um grande valor e era obtida reprimindo as vontades do filho. Além disso, o medo permeava a educação em todas as esferas, dentro das escolas e nas casas, com o uso de castigos e impingindo a culpa.

Com os movimentos libertários, na década de 1960, passamos a viver uma educação mais democrática e afinada com as necessidades das crianças, com a preocupação em não traumatizar, em estimular a autoestima e a confiança, respeitando a individualidade e buscando a felicidade acima de tudo.

Na atualidade, pensadores apontam que as mudanças sociais como a globalização, o uso de eletrônicos, a infinidade de objetos disponíveis e o tempo de trabalho dos pais afrouxaram os vínculos entre as pessoas e deram lugar à importância do "ter" e não do "ser", como forma de suprir as carências familiares.

Minha ideia aqui é abordar a prática de uma educação pensada dentro de um modelo flexível e integrativo: nem a ditadura nem os direitos incondicionais. Uma educação na qual os pais possam munir-se de princípios e valores, combinando e dosando diálogos, limites e ensinamentos, levando em consideração a idade, o temperamento, as condições e pressões ambientais em que vivem.

Na prática

É preciso não somente amar os filhos e desejar que sejam felizes, mas também prepará-los para a vida; e, nessa missão, muitos pais se encontram em apuros. Nas conversas e orientações, observo as dúvidas dos pais sobre como lidar com comportamentos inadequados e maus hábitos e, em geral, acabam aplicando a ação corretiva. Colocam limites por meio de broncas, castigos e advertências. Às vezes, têm sucesso, porém o mais comum é que não consigam construir mudanças nas atitudes dos filhos.

Vamos inverter a posição dos limites na linha das ações a serem adotadas e, em vez de colocar limites como um objetivo final a ser alcançado, pense em trabalhar a partir deles.

Para começar, todos concordamos que não se pode permitir que uma criança cresça acreditando que todas as suas vontades serão atendidas. Afinal, faz parte da educação prepará-la para lidar com os limites e contrariedades que encontrará na vida. Sendo assim, é preciso ensinar a criança a lidar com o sentimento de frustração, algo que, infelizmente, todos nós temos que enfrentar cedo ou tarde na vida.

O limite deve ser o ponto de partida na construção da boa e saudável educação e, como consequência, o alicerce para a construção do respeito e do amor.

Isso fica mais fácil com uma educação pensada, na qual não apenas os limites ocasionais estão em pauta, mas também os limites associados aos seus valores e princípios que permitam antecipar problemas e alcançar mudanças profundas.

Para ter sucesso nessa educação pensada, é mais fácil você se apoiar em limites iniciais, estruturados antecipadamente para dar suporte ao seu projeto de educação. Seu filho crescerá com regras que naturalmente farão parte do cotidiano, evitando muitos problemas.

As ferramentas

Para educar, não basta criar regras e limites como ponto de partida. Regras funcionam como normas cotidianas, mas você precisará desenvolver e dosar algumas ferramentas.

Dialogar: saber dialogar sobre limites não é uma conversa qualquer, pois precisa de atenção, de escuta e de conexão com seu filho. Você precisará explicar e discutir limites com ele. Pode conversar desde muito pequeno, por volta dos quatro anos até a maioridade. Você vai ver que é possível mostrar, por meio de um diálogo, que toda pessoa tem de se submeter a limites e que limites são impedimentos que não dependem da nossa vontade, são regras éticas e restrições que vivemos todos os dias.

Impor limites: não é apenas uma bronca, pois variará entre uma imposição de um limite suave, uma imposição moderada e até fortes limites de contenção. Na verdade, impor limites é uma arte, pois exige que você perceba a diferença entre impor um limite ocasional para coibir um comportamento indesejável de forma isolada e um limite transformador, associado a um projeto de mudança de atitude.

Ensinar: é preciso ensinar como viver com regras e limites, pois dialogar e impor limites podem não ser suficientes. É necessário ensinar como se adaptar e, portanto, viver respeitando limites.

A missão

Dar limites é uma questão de convicção, porque mais importante do que seu filho crescer envolvido em regras, é você ter clareza da sua identidade de pai e mãe educadores.

Quais os pressupostos dos pais educadores?

O primeiro é estar imbuído da sua missão de pai e mãe educadores, o segundo é fazer trocas entre você e seu filho e, por último, saber a posição de cada um quanto aos direitos e deveres. Esses pressupostos formam sua relação com seu filho, ao mesmo tempo que sustentam sua missão de cuidar e educar.

Você pensará que se trata de missões óbvias e que nem merecem serem pautadas aqui, mas o óbvio também precisa ser dito.

A missão inicial como pai e mãe é cuidar da saúde e da segurança, portanto não haverá cara feia ou choro que faça um pai não zelar por isso – desde recusar a tomar o remédio, comer o legume, usar o boné na praia, usar drogas ou se expor a riscos. Seu dever é evitar maus hábitos. Se você permitir esses maus hábitos, não cumprirá sua missão. Você pode negociar a forma, o jeito, mas a missão de cuidar é inegociável. Diga sempre para seu filho e para si mesmo o quanto você está profundamente determinado e decidido a executar sua missão de cuidar e de ensiná-lo a se cuidar. E que se não conseguir fazer isso terá falhado na sua missão.

Uma missão, não menos importante, é de educar seu filho para que ele desenvolva condições de andar com as próprias pernas. Desde muito pequeno, você pode incentivá-lo a realizar tarefas sozinho. Significa ajudá-lo a entender que os adultos não estão ali para servi-lo, mas para ajudá-lo em tudo o que ele não souber, orientando a encontrar fontes e maneiras de aprender. É preciso incentivar a ter a vontade e a dignidade de não depender dos pais, de se desenvolver e um dia viver dos próprios recursos e pensar com a própria cabeça.

Outra missão muito especial na função de pai educador é ver o filho crescer sendo uma pessoa do bem. Alguém que seja altruísta, que saiba respeitar os mais fracos, os mais velhos, os mais pobres, que valorize a honestidade e a verdade. Sem que se torne alguém que humilhe, minta ou maltrate as pessoas. Para isso é preciso que seja rigoroso com a integridade de seu comportamento, ensinando-o a conviver em sociedade, sendo agradável e empático.

O amor e a admiração

Mais uma vez, o óbvio. O amor dos pais pelos filhos é um sentimento incondicional, pais amam seus filhos de qualquer modo. Mesmo diante das derrotas e desajustes dos seus filhos, ainda que sofrendo, os pais amam. Já a admiração tem as suas condições. Para admirar o filho, é preciso que ele faça coisas admiráveis, que se esforce, se empenhe para ser alguém do bem. Caso contrário, você amará, mas não admirará seu filho.

O apoio

Pais sempre apoiam filhos, mas o apoio não é incondicional e infinito. Pais apoiam, mas não podem apoiar malcriação e falta de respeito, uma vez que estariam criando um ditador ou tirano. O apoio não é dado sob qualquer circunstância e é preciso ter a mente aberta e trabalhar com a ideia de dar e receber.

A reciprocidade

A família é uma comunidade baseada em trocas de afeto e ajuda. Se damos algo, precisamos receber também. E não é diferente na criação dos filhos. Viver é dar e receber e é nessa reciprocidade que nasce o sentimento de pertencimento, de necessidade, de importância de um para o outro, costurando o que chamamos de vínculo afetivo.

Desde cedo, é preciso ensinar que precisamos ajudar uns aos outros e isso não significa uma dívida, mas uma troca pela própria condição humana, que convive em família e na sociedade.

As regras

Relação entre poder e regra. É um aprendizado duro, mas essencial. Se você não conseguir mudar a regra, a opção é adaptar-se.

Em todo lugar, em toda cultura, é preciso seguir regras e tem sempre alguém que cuida para que as regras sejam cumpridas e, em casa, esse alguém são os pais.

Aquela máxima quem tem o poder manda se faz na relação entre pais e filhos, uma vez que se trata de uma relação assimétrica, na qual os pais têm a idade, o dinheiro, a força jurídica e a missão para exercer o Pátrio Poder. O poder do bem, que tem por objetivo proteger e preparar os filhos para a vida.

Os pais podem permitir que o filho questione e argumente contra as regras que quiser. mas nem sempre ele poderá ser ouvido na hora que quiser. Entretanto, poderão combinar dia e hora para discutirem a respeito. Em especial com os adolescentes, poderão conversar sobre as baladas, os estudos, as amizades. Diferente do mundo fora de casa, onde quase nunca podemos argumentar, em casa podemos dar a oportunidade para o filho ser ouvido e ser levado em consideração, a partir de seus bons argumentos e de forma respeitosa. Se conseguir convencer que alguma regra é descabida, poderá ser mudada, sempre tendo os pais como responsáveis.

Os direitos

Pais educadores também permitem que seu filho experimente a liberdade e conquiste seus direitos, que serão reconhecidos à medida que crescem e demonstrem saber usufruir deles. Sob o risco de colocar a saúde, a segurança e a formação em risco, os direitos poderão ser revogados, pois não há direitos adquiridos que sejam definitivos.

Os pais não podem ser reféns de direitos adquiridos e, mesmo que o filho seja crescido, poderão intervir e entrar na privacidade dele, restringir a liberdade diante de uma urgência ou situação de grande gravidade.

Considerações finais

Busque desenvolver uma prática educativa em que você possa reencontrar sua autonomia e apropriar-se de seu pátrio poder com confiança e consciência, enfrentando desafios, corrigindo erros para que, a todo momento, possa conduzir melhor o processo de preparar seus filhos para a vida.

Não se esqueça de considerar os limites como ponto de partida e não como um objetivo final para conter o mau comportamento. Esse é o primeiro passo para ser bem-sucedido na missão de pai e mãe educadores.

A missão é desafiadora, mas "os melhores limites são os que estabelecem regras básicas para a interação com os pais e a família" (PEARCE).

Referências

ARAÚJO, C. A. *Pais que educam: uma aventura inesquecível*. São Paulo: Gente, 2005.

BARROSO, R. G.; MACHADO, C. *Definições, dimensões e determinantes da parentalidade*. n. 52. São Paulo: Psychologica, 2010.

BONINI, L.; MAIA D. *Pais! Onde foi que eu acertei?* São Paulo: Sattva, 2019.

HANNS, L. *A arte de dar limites: como mudar atitudes de crianças e adolescentes*. São Paulo: Paralela, 2015.

PEARCE, J. C. *A criança mágica: a redescoberta do plano da natureza para nossas crianças*. Rio de Janeiro: F. Alves, 1989.

84 Disciplina e afeto

10

AMOR E DESAPEGO

É comum confundir amor com apego. O afeto, a amizade e o bem que queremos para nós e para os outros é algo que não é pleno quando acontece de maneira condicional. Quando se tem afeto por um filho e, por conta disso, cobra-se dele a disciplina na obediência às regras da família – ou da cultura contemporânea –, corre-se o risco de desvirtuar o verdadeiro sentido da disciplina, que é a combinação de liberdade e responsabilidade.

CIDINHO MARQUES

Cidinho Marques

Contatos
profcidmarques@gmail.com
Instagram: @profcidinhomarques
98 98114 6021

Pedagogo, pós-graduado em Neuropsicologia, mestre em Educação, doutorando em Psicologia, psicanalista (em formação) e mentor. É certificado em Psicologia Positiva e em designer de Organizações Positivas, além de instrutor de meditação, palestrante e escritor.

Tem muita gente que avança pela vida carregando pesos mortos, de coisas ou de culpas. Falta-lhes desapego. E é impressionante como o apego é confundido com amor.
EUGENIO MUSSAK

Amor e apego, dois sentimentos provavelmente antagônicos. O primeiro é coisa de Deus, o segundo do ego, da espécie humana. O primeiro é essência e o segundo, aparência. O primeiro é espiritual, o segundo, psicossocial. Da filosofia grega aprendemos que amor de verdade é o do nível ágape, que é amar mesmo sem saber a quem (ou a que), e quando não se espera – necessariamente – ser correspondido ou quando a recompensa, mesmo sem ser buscada, reside no próprio ato de amar. Recentemente pesquisas da psicologia ocidental deram conta de que quem dá um presente (com sinceridade) fica mais feliz do que quem recebe. É como quando se faz uma caridade e não se conta para ninguém, apenas se guarda a agradável sensação de ter contribuído para a alegria de outrem. Às vezes penso que o verbo "amar" deveria ser intransitivo, ou seja, amar em si já seria suficiente. O importante é emanar a poderosa energia contida neste sublime verbo. O magistral poeta Mário Quintana escreveu: "Cuide do seu jardim que as borboletas virão". O leitor pode estar se perguntando: "Isso é possível"? Minha resposta é que sim e que cada um de nós, se prestarmos bem atenção, vivemos, aqui e acolá, experiências dessa natureza. O problema é que, na maioria das vezes, não é assim que acontece. Não é assim que nos comportamos e não foi assim que nos ensinaram a viver, muito pelo contrário: nossos pais, nossos professores, amigos, enfim, a maioria das pessoas que tem significativa influência sobre nosso comportamento tem outra expectativa com nossas atitudes nesse sentido. Elas esperam que seus elogios, seus reconhecimentos em público e até seus presentes sejam instrumentos que ajudem a criar ou aumentar nossa autoestima e que lhes agradeçamos por isso. Nada de errado em demonstrar gratidão e sabemos que a autoestima nasce aí. Até aí tudo bem, se isso não

Cidinho Marques

significasse também que corremos o risco de estar plantando uma inversão de valores, colocando como secundária a missionária e verdadeira razão de fazermos algo, que é a de servir. Se, como estudantes, cumprimos nosso dever de estudar e somos agraciados com presentes dos nossos pais, poderemos aprender a estudar somente para merecer tais presentes e não, primordialmente, para entender melhor o mundo e a vida, e para fazê-los melhor. Se como trabalhadores desempenhamos bem o nosso papel pensando em nos destacar perante os outros e, assim, receber a admiração e os elogios do chefe, corremos o risco de desatrelarmos nosso labor da missão de vida que aqui, na Terra, viemos cumprir. É claro que a primeira premissa não invalida o esforço empreendido ao fazermos algo, apenas pode indicar que estamos colocando a vaidade (coisa do ego) como principal motivação. Isso pode ser perigoso, posto que sendo uma motivação periférica, superficial (e até, talvez, falsa) põe-nos em grande risco de nos decepcionarmos quando, mesmo tendo feito um bom trabalho, não recebermos o reconhecimento – sobretudo público – dos outros, e daí sofrermos desnecessariamente.

Na Índia, ao estudar Raja Yoga, aprendi que as leis da física são iguais às da metafísica. A lei da ação e da reação (3ª lei de Newton), por exemplo, é verdadeira para os movimentos que empreendemos com os objetos. Se impusermos uma força num objeto na direção A (para) B, teremos como reação a mesma força vetorial no sentido B (para) A. Para o budismo essa é, metafisicamente, a lei cármica, que significa que tudo na vida é movimento e o que quer que façamos terá, da inteligência do universo, reações matematicamente iguais às nossas ações. Se isso é verdade, por que nos preocuparmos com o reconhecimento dos outros se, de alguma forma, algo ou alguém vai dar retorno?

Ao entendermos que apego é coisa do ego também podemos compreender melhor como nos tornamos independentes dos reconhecimentos explícitos e, preferivelmente, feitos em público. Mas não são somente aos reconhecimentos, aprendemos a ser apegados a tudo, até ao sofrimento. Às vezes, pensamos: "Está tudo tão bem!... Estou até desconfiado!" Ah... o desapego nos aliviaria de tantos fardos! Se pensarmos bem, guardamos coisas demais, muitas das quais nunca vamos mais usar. Isso é apego. Às vezes mantemos na memória e em nossos corações tanta coisa triste de longínquo passado que, ao trazermos de volta para o presente, só nos fazem sofrer. Se estamos relembrando o passado para com ele aprender e nos ajudar a evoluir, tudo bem. Mas se for para remoer, ruminar e alimentar nosso sentimento de autopiedade, cabe a pergunta: em que isso me constrói? É importante treinar, aprender a praticar o desapego. Há uma seita de monges que proíbe seus adeptos de possuírem mais do que 22 coisas. Outra seita faz trabalhos artesanais que duram dias para serem executados e, logo após terminarem, apagam tudo só para treinar a arte do desapego.

Nosso ego é nosso poço de vaidade, é a falsa identidade que julgamos ter, é coisa da mente. Tenhamos muito cuidado nessa questão, pois a mente mente. Nosso cérebro, inteligentemente, cuida para que forneçamos aquilo que lhe é mais confortável, que lhe custe menos oxigênio e, nessa operação, sempre há a tendência de nos levar por caminhos já conhecidos, pois a criação de sinapses lhe custa mais esforço e consumo de oxigênio. Daí, da repetição dos mesmos hábitos, criamos um padrão de maneiras de pensar e agir que se fortalece a cada repetição, criando o que entendemos ser o apego. Somos apegados à nossa cama, nossa casa, nossas sandálias, nossos filhos e tudo que se torna parte de nossas vidas. Se torço por um determinado time de futebol, ofendo-me quando alguém o critica. Se nosso carro é abalroado por outro, sofremos como se fôssemos nós os atingidos, na alma e no corpo.

Mas além das coisas e das pessoas, o maior problema é que também ficamos apegados às nossas ideias, aos nossos hábitos e à nossa maneira de ver e viver a vida. Da mesma forma como defendo que é preciso amar o mundo sem a ele se apegar, também entendo que precisamos nos amar sem nos apegar a nada que acreditemos ser nossa identidade. Somos seres cármicos, em eterno movimento, e em nossa passagem por esta vida temos a oportunidade de nos melhorarmos. Viemos aqui para viver como humanos em busca de uma provável divinização e para isso temos que aceitar a possibilidade de mudança contínua. Como dizia Heráclito (540-470 a.C.), um filósofo pré-socrático da Ásia Menor: "A única garantia de estabilidade é a mudança contínua". Mas a mudança sempre nos é difícil porque estamos sempre muito apegados aos caminhos sinápticos que uma vez desenhamos e lhes demos autonomia em nossa personalidade. Conta-se que um turista, ao se hospedar na casa de um aldeão no oriente, foi questionado por esse, que lhe perguntou: "Por que você trouxe tão pouca bagagem?" ao que lhe respondeu: "Estou só de passagem" e continuou: "e o amigo por que tem tão poucas coisas em casa?". O aldeão, olhando em sua volta, respondeu: "Eu também estou só de passagem nesta vida".

Lendo sobre a vida e os ensinamentos de Buda, descobri que uma de suas maiores forças em busca da iluminação (aliás, "Buda" não é um nome próprio, significa "Iluminado") era a luta contra o desapego, o que ele considerava a razão maior do sofrimento. Ele ensinava que, enquanto estivermos apegados às coisas do plano físico, do tangível, estaremos captando e emitindo energia às coisas que não são essenciais, nas quais não estaria a verdadeira felicidade. Para os budistas, o desapego tem a ver com a evolução espiritual, para o desenvolvimento da elevação deste plano e, consequentemente, movendo-se para longe do que é volátil. Na hora do "Afasta de mim esse cálice", imagino que Cristo teve que "desapegar-se" de ser humano para poder ascender ao divino total.

Interessante notar o quão fácil e comum é confundir amor com apego. Nesse sentido, prefiro ouvir os povos de língua espanhola que preferem dizer *te quiero* em vez de "te amo". Não sei se eles, quando assim desejam expressar seu amor por outra pessoa, têm a consciência de que "querer" alguém é mesmo bem diferente de "amar" alguém. Se tiverem, pelo menos soa melhor, porque estão sendo sinceros. Muitos quando dizem "te amo", na verdade, querem dizer "te quero". A diferença existe. Amar não é querer o outro para si, mas dar ao outro a liberdade de ser e existir. Querer o outro para si é estabelecer uma relação de posse, o que é incongruente com o ato de amar. Depois, se ou quando a relação se desfaz, costumamos dizer que "perdemos" o outro. Ora, como diz o budismo, "toda sensação de perda vem da falsa sensação de posse". Nesse sentido, o apego seria o oposto do amor, pois quem ama com o sentimento de posse, imagina e espera que o outro o faça feliz ou que lhe seja possível fazer o outro feliz. Penso que ninguém seja capaz de fazer ninguém feliz ou infeliz. O ego diz: "Eu quero que você me faça feliz", enquanto o amor declara: "Eu quero que você seja feliz!".

A gente é que se faz assim. Os outros podem ajudar, inspirar ou atrapalhar, mas a história de cada um de nós é escrita por nós mesmos. Embora estejamos inseridos no caldo social de onde também construímos nossa identidade, acredito piamente que colhemos exatamente o que plantamos.

Qual o sentido de passarmos a vida apegados a coisas que só estarão conosco enquanto aqui estivermos? Quanta energia gastamos para guardar, acumular e defender aquilo que dizemos que nos pertence? É preciso perguntar: o que na verdade nos pertence? Talvez nem nossa vida nos pertença, quanto mais as coisas, as pessoas e as ideias. Quem pode garantir que uma ideia que acabou de conceber não pousou também na mente de outros, entre os oito bilhões de habitantes deste planeta? As ideias são fagulhas de Deus que flutuam na atmosfera espiritual e navegam em busca de mentes abertas e espíritos férteis onde possam pousar, se aninharem e se reproduzirem para a evolução da existência. Há um pensamento que diz: "Se amas alguém, deixe-o livre. Se ele ficar ou voltar, é porque é para estar com você; caso contrário, contente-se em não insistir em reter o que não lhe pertence".

A gente crê e alimenta a premissa de que temos posses. O pior é que isso se estende para os nossos próximos. Se pensarmos bem é incongruente dizermos "meu marido", "meu filho", meu isso e meu aquilo. Khalil Gibran (1883-1931) – filósofo, poeta e ensaísta libanês – já dizia:

> Vossos filhos não são vossos.
> São os filhos e as filhas da ânsia da vida por si mesma.
> Vêm através de vós, mas não de vós.
> E embora vivam convosco, não vos pertencem.
> Podeis outorgar-lhes vosso amor, mas não
> vossos pensamentos,
> Porque eles têm seus próprios pensamentos.
> Podeis abrigar seus corpos, mas não suas almas;
> Pois suas almas moram na mansão do amanhã,
> Que vós não podeis visitar nem mesmo em sonho.
> Podeis esforçar-vos por ser como eles, mas não procureis
> fazê-los como vós,
> Porque a vida não anda para trás e não se demora com
> os dias passados.
> Vós sois os arcos dos quais vossos filhos são arremessados
> como flechas vivas.
> O arqueiro mira o alvo na senda do infinito e vos estica
> com toda a sua força.
> Para que suas flechas se projetem, rápidas e para longe.
> Que vosso encurvamento na mão do arqueiro
> seja vossa alegria:
> Pois assim como ele ama a flecha que voa, ama também o
> arco que permanece estável.

Referências

CURY, A. *A fascinante construção do Eu*. São Paulo: Academia de Inteligência, 2011.

DISPENZA, J. *Quebrando o hábito de ser você mesmo – como reconstruir sua mente e criar um novo Eu*. Porto Alegre: Citadel, 2019.

HOLIDAY, R. *Ego is the Enemy.* New York: Penguin House, 2016.

MIKE, G. *Os 7 mitos do amor: uma viagem ao fundo da alma.* São Paulo: Integrare, 2011.

MOSS, R. *A mandala do Ser.* Rio de Janeiro: Qualitymark, 2008.

ZOHAR, D.; MARSHALL, I. Q. S. *Inteligencia espiritual.* Rio de Janeiro: BestBolso, 2012.

11

AMORA E SUAS VITÓRIAS

O conto narra a história da pequena Amora Vitória, uma criança que tem alguns medos e, no momento de mais medo, a sabedoria de uma professora demonstra a importância do olhar diferenciado, com empatia, para todas as dificuldades e medos de uma criança.

CLÁUDIA HERING ÁVILA DOS SANTOS

Cláudia Hering Ávila dos Santos

Contatos
escolaraizes@terra.com.br
47 99959 7612

Professora, formada no magistério, com graduações em Geografia e Pedagogia. Especializações em Psicopedagogia, Pedagogia Escolar (com foco em supervisão, orientação e administração), Transtorno do Espectro Autista, Neuropsicopedagogia Clínica, *Coaching* Educacional e em Escola do Futuro. Coordenadora pedagógica, orientadora educacional e diretora escolar. Diretora do Colégio Raízes desde 1995. Nascida em Blumenau, mas, desde 1967, reside em Balneário Camboriú. Esposa de Nivaldo Ávila dos Santos; mãe de Laudelino Alfredo Ávila dos Santos e Francisco Hering Ávila dos Santos; avó da Alice. A partir da sua prática como professora, coordenadora e diretora escolar, só escreve aquilo que vivenciou, aquilo que, quando usa as ferramentas corretas no processo de orientação, dá certo, mas, para cada pessoa, os resultados sempre serão diferentes, pois envolvem emoções, angústias, dúvidas, vivências diferentes e inseguranças.

Enquanto o sol deita no seu sono profundo, em um lugar distante, existe uma pequena escola de educação infantil onde todas as professoras e alunos aprendiam uns com os outros sobre a vida e sobre si mesmos, e nessa escola aconteciam coisas inacreditáveis...

Era início da primavera e o clima estava muito doido... Dia de sol, tarde de frio, mas quando chegava a noite, se formava uma tempestade, um temporal de verão, coisas que o tempo faz durante o ano... E ainda era primavera.

Em meio à chuva, granizo e intenso vento, na escola de educação infantil, havia uma garotinha especial, uma aluninha com seus cabelos negros, pele com tom suave e olhos castanhos; linda, sempre chamada Amora dos Anjos... Uma frágil garotinha que sofria muito com barulhos altos, gritos e com os trovões em dia de tempestade.

Amora tinha alguns amiguinhos, o Pedro, o Henrique, o José e as amiguinhas Patrícia, Katherine, Fabiana, Iracema, Fabíola, Mariana, Isabela, Melina e Rafaela.

Amora vai para a escola desde os seus dois aninhos. Hoje ela está com quatro anos, estuda com os mesmos amiguinhos, ela os conheceu no nível dois.

Amora tem tanto medo que, desde bem pequena, ao colocar uma música mais alta – na hora da festinha de aniversário ou na sala para cantar e brincar – ela sempre chorava. A professora, sempre atenta, corria e colocava-a nos braços para acalmá-la.

Talita era a professora, uma jovem com cabelos ruivos encaracolados, cheia de pintinhas no rosto, com um sorriso nos lábios e um coração cheio de amor. Ela dava aulas no nível quatro.

Cláudia Hering Ávila dos Santos

Talita era professora desde os dezoito anos e sonhava em ter uma sala de aula onde seus alunos fossem todos felizes, mas a pequena Amora não conseguia ser feliz. Sentir medo de barulho costuma aparecer por volta dos dois anos, na fase em que as emoções começam a se transformar em imagens, como balão, fogos de artifício e trovão. Talita sabia muito, mas mesmo com carinho e atenção não conseguia chegar ao coraçãozinho de Amora e tirar esse pânico.

Então, aquele final de tarde início da noite, em que o sol já estava sumindo no horizonte, aconteceu um momento de grande desespero e pânico para a pequena Amora. Começou a escurecer e o vento soprava forte, tão forte, que as árvores sacudiam, as folhas e galhos caíam, as portas da escola batiam, a chuva caia e, com ela, granizo; no céu, os trovões e raios estouravam tão alto que a pequena Amora começou a gritar e chorar muito assustada, com desespero.

Talita chamou todos os alunos e colocou-os embaixo da mesa da professora. Ficou muito apertado, mas a professora deu um jeitinho e abraçou-os a todos e a pequena Amora ficou no centro. Ela se sentiu abraçada por todos.

Aos poucos, Amora foi ficando mais calma, sentindo-se protegida e confortada pelos seus coleguinhas de sala.

A tempestade demorou mais uns quinze minutos, o suficiente para fazer um grande estrago na escola.

A professora Talita levantou com as crianças e sentiu uma alegria pairar naqueles rostinhos assustados. Amora estava com lágrimas caindo dos olhos, mas com um sorriso nos lábios.

Talita abraçou-os com força, disse que estava feliz em ver a alegria e a vitória que essa turminha do nível quatro conseguiu superar.

Trouxe água, biscoitos e acalmou-os mais um pouco. O medo das crianças passou.

Talita explicou que, quando todos se abraçaram, fizeram uma mágica, a mágica da união, fizeram a corrente que os protegeu como um grande escudo.

Amora perguntou:

— O escudo do Capitão América, professora?

A professora respondeu:

— Sim, querida Amora. E através desse escudo perdemos o medo do trovão e seu grande barulho.

As crianças compreenderam que, quando estamos juntos, somos sempre mais fortes, e que tudo melhora.

Aos poucos, os pais vieram buscar seus filhos. Todas as famílias estavam apavoradas com medo de não chegar a tempo de salvar seus pequenos.

A professora explicou como protegeu seus alunos.

Quando os pais da pequena Amora chegaram, ela, bem mais calma, correu para os braços da mãe e logo foi contando as novidades daquela tarde.

— Mamãe, papai, eu fiquei com medo, muito medo, chorei muito, mas meus amigos e a professora fizeram um escudo igual ao do Capitão América e nós nos protegemos uns aos outros. Eles me esconderam dentro do abraço!

— Minha filha, você está mais calma?

— Sim, mamãe, não tenho mais medo. Agora sei que tenho amigos e que eles me amam e sempre estaremos juntos.

Quando as crianças foram embora, a professora Talita ficou sozinha, começou a organizar a escola, a sala, fechar as janelas, e sentiu uma sensação de dever cumprido.

Pensando sozinha, os olhos varados de lágrimas, as mãos trêmulas, sentia-se aliviada por tudo ter terminado bem. Mas lá no fundinho do seu coração pensou na superação e na vitória da pequena Amora. Ela sabia que, depois desse dia, Amora aprendeu a superar seus medos.

Quando estamos com medo, dificuldade de enfrentar problemas, inseguros, assustados ou traumatizados, o importante é descobrir o motivo real, o que desencadeou aquela emoção; em seguida, buscar ressignificar e mudar o foco. Encarar a vida com leveza e agradecer aquilo que muitas vezes já superamos.

Quando observamos um atraso nas primeiras palavras, o hábito de falar muito alto ou demorar a responder, rouquidão, hábito de respirar pela boca, ronco ou sono agitado, procure um otorrinolaringologista ou um profissional médico pediatra. Os adultos têm obrigação de solucionar pequenos problemas nas crianças para que elas consigam se desenvolver naturalmente e feliz.

A família precisa enxergar seus filhos, escutar seus medos e amar de verdade.

Cláudia Hering Ávila dos Santos

12

O AFETO CONECTA E POTENCIALIZA O DESENVOLVIMENTO INFANTIL

Brincar é muito bom quando estou junto com você
Abraçar é muito bom quando estou junto com você
Eu te amo! Eu te amo!
(ROBSON MATOS, Bebê do papai)

Neste capítulo, partilharei sobre a música e a conexão que essa linguagem não verbal pode estabelecer como ferramenta poderosa na construção do afeto e no fortalecimento de vínculo desde a gestação até a primeira infância. Dedico este capítulo ao meu filho Yan e ao Robson, meu esposo, que me inspiram a escrever com afeto os capítulos da minha vida e me apoiam e incentivam a levar o bem-estar e o fortalecimento de vínculo às famílias que atendo diariamente com o programa Musicriando, de acolhimento e afeto materno infantil da gestação à primeira infância.

EDÍ HOLANDA

Edí Holanda

Contatos
edimusical.wixsite.com/musicriando
edimusical@gmail.com
Facebook: Edi Holanda
Instagram: @musicriando
YouTube: Musicriando
11 95217 2383

Mãe do Yan, educadora musical há 29 anos. Certificada em Educação Musical e docência pela UERGS. Professora steineriana, especialista em Primeiríssima Infância, autora de artigos, materiais didáticos, palestrante e pesquisadora sobre Educação e Desenvolvimento. Multi-instrumentista, cantora, produtora do grupo Cirandando no Quintal, arranjadora do CD *Mantras com cantigas de ninar e Histórias de encantar*, 2013 (em parceria com o Yoga com histórias) e preparadora vocal infantil no episódio do coro infantil do "Yoga com Histórias" na TV Cultura e TV Rá-Tim-Bum. Compositora indicada ao Prêmio Funarte (2020) da música *Bebê do papai*. Certificada em *Le Chant* - Pré-natal - Canto na Gestação, com certificação internacional da Envie de Chanter (França). Terapeuta integrativa com Certificação Internacional do Instituto Bach Centre. Educadora parental certificada em Parentalidade Consciente por Iara Mastine. *Parent Coaching* certificado por Lorraine Thomas, CEO da The Parent Coaching Academy (UK). Fundadora do Programa Musicriando de Acolhimento e Afeto Materno Infantil da Gestação à Primeira Infância. Editora de conteúdos para a página Musicriando, que presta consultoria e assessoria educacional, escolar e familiar. Diretora do Musicriando – escola de capacitação musical para educadores da primeiríssima infância, on-line e presencial.

> Não há, basicamente, em nenhum nível, outra educação que não seja a autoeducação. [...] Toda educação é autoeducação e nós, como professores e educadores, somos, em realidade, apenas o entorno da criança educando-se a si própria. Devemos criar o ambiente mais propício para que a criança eduque-se junto a nós, da maneira como ela precisa educar-se por meio de seu destino interior.
>
> RUDOLF STEINER

Nesses 29 anos trabalhando com famílias, com as rodas de gestantes, mães no pós-parto, com recém-nascidos, bebês e crianças no acolhimento materno-infantil no projeto Musicriando, proposta pedagógico-musical, lúdica e terapêutica que trabalha com a música e a terapia do som como ferramenta que fortalece o vínculo e constrói afeto.

Com esse público, pude presenciar o quão importante é para nós – pais, mães, educadores e demais profissionais que cuidam do desenvolvimento infantil – nos preocuparmos em ser um adulto referência para as crianças e estarmos atentos à autoeducação também. Atualmente, os estudos da neurociência nos diz que tudo o que o bebê vivencia em seus primeiros anos de vida é determinante para moldar a arquitetura do cérebro e como essa criança gerenciará suas emoções por toda a vida. Tendo em vista essas premissas, convido o leitor deste capítulo para refletir sobre essa profunda frase do Steiner sobre a autoeducação, e em como podemos nos preparar emocional e afetivamente para ofertar o nosso melhor sendo referência para os pequenos.

Os bebês chegam ao mundo externo cheio de memórias. Observemos uma criança e veremos se faz sentido o que essa primorosa frase nos diz:

> Antes de uma criança começar a falar, ela canta.
> Antes de escrever, ela desenha.
> No momento que consegue ficar de pé, ela dança.
> Arte é fundamental para a expressão humana.
>
> PHYLICIA RASHAD

Deixo aqui como reflexão aos leitores: o que norteia uma autoeducação e a educação propriamente de uma criança? A presença plena? O afeto? O vínculo? O carinho? A atenção? O amor?

Você deve se recordar como é tentar tirar uma criança de uma brincadeira para fazer outra atividade. Ela não quer interromper algo que para ela é de extrema importância: o brincar. Observando essa necessidade natural da criança de viver em presença plena (pois ela vive cada momento intensamente) e a importância do brincar, é que comecei a observar os adultos referência que cuidam de uma criança, seja um adulto da família ou um educador. Todos sentem a necessidade de ferramentas que acolham, que conectem, portanto, que construam memória afetiva para a vida dessa criança cuidada e que, naturalmente, passem segurança fortalecendo-a emocionalmente para a vida adulta.

Naquele velho ditado: "Quem canta seus males espanta", existe muita verdade e podemos estabelecer algumas relações com a prática do brincar, com a música, com a presença plena e a construção do afeto.

Música: Forte ferramenta que conecta e fortalece vínculos, constrói afetos.

John A. Logan diz: "A música é a medicina da alma".

Richard Lindgard: "Você conhece muito mais uma pessoa em uma hora de brincadeira do que em um ano de conversa".

Heitor Villa-Lobos: "A música folclórica é a expansão, o desenvolvimento livre do próprio povo expresso pelo som".

Os mais recentes estudos e descobertas no campo da música, neurologia e neurociência têm despertado especialistas a tentarem desvendar os benefícios para o desenvolvimento humano que a educação musical ou a imersão da criança desde cedo nessa linguagem podem trazer.

A música estimula e traz benefícios fisiológicos, emocionais e cognitivos.

Desde muito cedo o ser humano, em contato com a música, começa a sentir o bem-estar que ela desencadeia. A música traz tranquilidade para a mãe com bebê ainda no ventre; para o bebê, quando nasce, pois é aí que começa a sensibilização aos sons.

Vivemos em um mundo sonoro e, desde o ventre, um bebê já tem contato com esse mundo sonoro, a princípio o da mãe (sons como a circulação periférica ao útero, circulação do cordão umbilical, o pulsar rítmico dos batimentos cardíacos da mãe, movimentos peristálticos da digestão) já são ouvidos e sentidos em forma de vibração pelo bebê. Alguns sons externos com mais intensidade são ouvidos, como também os passos da mãe, a respiração dela, a articulação do esqueleto e a voz humana da mãe. Por volta das 21 semanas de gestação, o bebê é capaz de memorizar e reconhecer outros sons externos como as vozes de pessoas próximas.

O estímulo sonoro desde o ventre é um dos primeiros contatos com vibração que o bebê vivencia, por isso as crianças têm uma enorme predisposição para os sons, para a música e possuem o chamado "ouvido absoluto", isto é, a capacidade de reconhecer uma nota singular.

Quando a criança cresce e esse estímulo não mais é ofertado (melodia, ritmo, harmonia e elementos que constituem a linguagem musical, como altura, intensidade, timbre e duração), a capacidade de reconhecer os sons singulares torna-se relativo, chamado de "ouvido relativo". Por volta dos oito anos, em média, se adquire a capacidade de aprender harmonia também, caso seja ofertado os estímulos necessários para essa habilidade.

Se observarmos os bebês, podemos já perceber que os primeiros alicerces para as aprendizagens ou fundamentos da aquisição da fala acontecem, porém de forma diferente. Podemos, tranquilamente, perceber que eles cantam antes de falar e dançam antes de andar todas as vezes que os estimulamos com alguma brincadeira musical, rimas, cantigas, parlendas, acalantos. Ou até mesmo quando brincamos com as nuances da nossa voz etc.

Musicriando famílias, crianças, acolhendo e construindo o afeto

Vou falar agora da contribuição da música e a conexão que essa linguagem estabelece na construção do afeto e como podemos utilizar a música para fortalecer vínculo, socializar, conectar a família, estreitar laços e construir o afeto nessa interface.

Deixarei aqui algumas sugestões de ferramentas musicais para que pais, educadores e cuidadores possam utilizar na construção de laços afetivos e no fortalecimento de vínculos.

Vamos, juntos, mergulhar neste capítulo que propõe uma imersão na música e na expressão sensorial como ferramenta para construir o afeto nas relações criança e cuidador, ou criança e educador. Sinta-se convidado a trazer sua criança interior também para juntos, pais e filhos, interagirem e desenharem um universo lúdico imaginativo proposto por dinâmicas sonoro-musicais sugerido pelo programa Musicriando. A música possui benefícios para o desenvolvimento e, além disso, é um recurso que potencializa o bebê, a criança e até mesmo os adultos a se acalmarem, a expressarem-se e regularem suas emoções. Para as crianças, potencializa até mesmo a organização da rotina, regada de canções que as façam lembrar determinados momentos, como,

Edí Holanda

por exemplo: quando os pais, cuidadores ou educadores cantam uma canção que fale em brincar, tomar banho, guardar os brinquedos, hora do tchau, hora de dormir etc.

A música traz memória afetiva e comunica algo de forma gentil, sem deixar traumas. Mostrarei logo mais em "Sugestões de Vivências Musicriando" que conectam e potencializam a construção do afeto.

Trabalho há 29 anos dentro de escolas bilíngues, com diversas pedagogias e abordagens, dos quais dez anos são atuando em clínicas no acolhimento materno-infantil no Programa Musicriando de Acolhimento e Afeto Materno-infantil, da Gestação à Primeira Infância; e comprovo a importância da construção do afeto na vida das famílias.

Atualmente, em meu trabalho em escolas ou em parceria nas clínicas de pediatria humanizada, casas de parto ou pós-parto, vivencio essa construção do Afeto que começa ainda na gestação e se fortalece ao longo do cuidado e acompanhamento nas fases da vida do ser humano .

No meu dia a dia, nos atendimentos da prática Musicriando, vejo as inseguranças e conquistas das recém-mães e famílias ainda começando a perceber esse afeto e esse vínculo que se fortalece com a convivência ao receberem os filhos quando chegam a este mundo. Todos os dias vejo as lágrimas de emoção nos olhos das mães em verem seus bebês nas suas primeiras conquistas de desenvolvimento como seres humanos:

- Aprendendo a rolar, sentar, engatinhar e balbuciar.
- Começando a falar, soltar pequenos estalos na língua quando estimulados a cantar determinadas canções pela primeira vez, enfim, semeando amor em forma de música e expressão, estreitando laços, mostrando às famílias o quão essa experiência diária com as crianças deixa memórias afetivas para toda a vida delas.

A infância passa rápido e depois teremos somente a vida adulta pela frente, mas os caminhos construídos pelo afeto deixam recordações comunicadas por meio dos sentidos, ao ponto de nos recordarmos, muitas vezes, do cheiro da comida da casa da avó, entre outras recordações afetivas. Essas recordações, promovidas com amor e carinho, auxiliam na socialização, na organização e ensinam a respeitar o espaço do outro, ora convivendo no coletivo, ora convivendo individualmente.

O simples cantar uma canção, movimentar-se com essa canção, o dançar sentindo a rítmica dessa canção são ferramentas encantadoras e envolventes que promovem interação, seja com adultos ou com crianças.

Os benefícios entre a música, a construção da memória afetiva e os efeitos dessas vivências para o desenvolvimento infantil já é objeto de pesquisa no mundo todo, em especial pela neurociência. Não somente observando os aspectos cognitivos, mas afetivo, interativo e socioemocional.

Para os adultos, vivenciar o afeto, pela interação que a música provoca pode ser uma trilha que o conecta com a sua criança interior. Já o simples brincar com uma criança ou aluno ou cantarolar uma canção da cultura de sua infância – como, por exemplo, Cai, cai, balão – para essa criança pode ser uma forte ferramenta que está, naquele momento, construindo uma memória afetiva com seu cuidador ou seu adulto referência. Essa criança carregará essa memória afetiva consigo para a vida toda, muitas vezes, de forma clara como lembrança ou apenas como uma sensação boa, construída ainda na infância ou em fase de Bebê.

Estudos revelam que a genética não é a única responsável na determinação do potencial do crescimento e desenvolvimento do ser humano. A genética determina apenas 20% do que somos. Os outros 80% são determinados pelo ambiente em que vivemos.

O neurologista Luiz Celso Vilanova, chefe do setor de Neurologia Infantil da Unifesp, nos traz um dado muito interessante que complementa nossa reflexão aqui sobre a construção do afeto e o fortalecimento de vínculo por meio de diversas ferramentas de convivência e interação como as que deixarei como sugestão neste capítulo de Vivências Lúdicas Musicais em família. Ele nos fala que: "Os estímulos do ambiente não acontecem apenas após o nascimento, podemos supor que haja formação de sinapses já dentro da barriga".

Podemos concluir que o afeto é construído ainda na gestação. O amor, o carinho, os cuidados ao nascer são extremamente importantes para o desenvolvimento orgânico e saudável do bebê.

Um dos estudos publicados pela Child Psychoterapy Trust, na Inglaterra, relata que as demonstrações de carinho, amor e afeto impactam no desenvolvimento da criança e contribuem na formação do cérebro, principalmente nas áreas relacionadas à empatia e às emoções, nos primeiros anos de vida e até nas próximas gerações.

O pediatra Marcelo Iamposkly, professor de medicina do Centro Universitário São Camilo (SP), comenta que "ao receber afeto, a criança tem um ambiente de segurança, sente que é amada, que tem alguém responsável que cuida dela. Isso é essencial para o desenvolvimento, para a autoestima, para que tenha tranquilidade e confiança nela mesma".

Edí Holanda

O fortalecimento de vínculo ainda na gestação, ao nascer e durante toda a primeira infância prepara a conexão que queremos vivenciar no futuro com as crianças ou com os filhos. É uma rica oportunidade de nos conectarmos.

> *Necessitamos de um conhecimento do ser humano que nos proporcione sangue anímico, que não consiga apenas fazer-nos inteligentes, compreensivos e ajuizados, mas tornar-nos entusiasmados, interiormente ativos; que possa estimular o amor, pois a pedagogia oriunda do verdadeiro conhecimento do ser humano deve apoiar-se no amor.*
>
> STEINER, R.

A música integra corpo e mente e possui fortes ferramentas que contribuem para o desenvolvimento de forma global. Sem contraindicação, ela pode ser praticada como ferramenta de fortalecimento de laços e construção do afeto ainda na gestação e durante toda a infância.

Nos bebês e nas crianças, a música favorece a aquisição da fala, exercita a musicalidade, a motricidade, a concentração, a memória, o raciocínio abstrato e, também, o lógico-matemático, a consciência corporal, os sentidos, a percepção auditiva, a afetividade e o vínculo criança/cuidadores.

Sugestões de momentos de conexão brincante com a música que favoreçem o afeto:

1. "Qual som você está ouvindo?"

Tempo de qualidade é algo muito importante na construção do afeto e do fortalecimento de vínculo. Na vida atual com tantas demandas de trabalho e outras necessidades que a vida adulta nos coloca, tirar pequenos momentos em presença plena, longe de distrações com aparelhos tecnológicos e propor estar em contato com a natureza para apreciar a paisagem e fazer um simples exercício de escuta ativa já será uma rica ferramenta de construção de memórias afetivas. A simples brincadeira de perguntar "Qual som você está ouvindo?". Esse simples, mas profundo exercício traz o adulto e a criança para a presença plena e tempo de qualidade. Nesse momento, a criança ou até mesmo o bebê entra em estado de contemplação, observação, atenção ao ouvir o som para poder descrevê-lo, podendo ser o som do passarinho, de um cachorro, carro, vento, chuva etc.

Após descrever o som que ouviu, podemos perguntar para a criança se conhece alguma canção referente a esse som. Por exemplo: a criança ouviu um passarinho cantando, após ela ter reconhecido esse som, pode-se cantar uma canção de passarinho com gestos. E assim, uma atividade de presença plena construindo memórias afetivas foi exercitada. Essa atividade pode ser praticada com bebês que ainda estão em aquisição da fala, pois é ouvindo a voz materna ou do cuidador que ele constrói um acervo sonoro em sua memória e estimula a fala de forma lúdica.

2. Música na rotina familiar

Os bebês e as crianças mais novas sentem-se mais seguras com o estabelecer de rotinas e horários definidos. Pode-se incluir momentos de construção de vínculo e afeto nas atividades do dia como, por exemplo, cantar uma música na hora do banho, cantar outra na hora de brincar, cantar canções que mexam o corpo com palmas, pés, gestos etc.

3. Contar histórias com música

Escolha uma história para a faixa etária que contará. Selecione uma música para cantar antes da história começar, essa prática auxilia na calma e na preparação da escuta, antes da história ser iniciada. Pode-se também cantar outra canção para outra parte importante da história e, por fim, uma canção de encerramento da história.

4. Cancioneiro da cultura da infância

Cantigas de acolhida, de bom dia, boa tarde, boa noite, cantigas de brincar com as partes e nomes do corpo, cantigas que falam em bichos, frutas etc. O importante é interagir com as canções e as crianças, tornando o momento dessa vivência único, amoroso e de memória afetiva.

Por exemplo, na canção *O trem de ferro*:

> O trem de ferro (maluco) quando sai de Pernambuco,
> Vai fazendo chique, chique, até chegar no Ceará
> Rebola, bola, você diz que dá que dá, você diz que dá na
> Bola, na bola você não dá.
> Rebola pai, rebola mãe, rebola filha, eu também sou da
> Família, também quero rebolar!

Como evoluir a brincadeira: o trem é um veículo de locomoção que pode gerar um vasto cenário e ambientes diferentes como, por exemplo " Esse trem maluco faz viagens fantásticas e em cada estação em que ele para, entra um personagem para fazer a viagem; ou então, o trem atravessa países, florestas encantadas, sobe montanhas, entra em túneis. E tudo isso gera imagens que podem ser ferramentas de brincadeiras como, por exemplo, de teatro, de gestos e mímicas, de montagem de uma coreografia, de um desenho plástico sobre a canção e outras infinitas possibilidades criativas para brincar e imaginar.

5. Parlendas

Parlendas são rimas infantis divertidas que exercitam a memorização e agregam alguns aprendizados. Pode-se brincar com elas com movimentos ou gestos. Veja alguns exemplos:

a. "Corre cutia, na casa da tia.
Corre cipó, na casa da avó.
Lencinho na mão, caiu no chão.
Moça bonita, do meu coração...
Um, dois, três!"

b. "Dedo mindinho,
Seu vizinho,
Pai de todos,
Fura bolo,
Mata piolho."

c. "A casinha da vovó,
Cercadinha de cipó,
O café está demorando,
Com certeza não tem pó."

d. "Um, dois, feijão com arroz,
Três, quatro, feijão no prato,
"Cinco, seis, falar inglês,
Sete, oito, comer biscoito,
Nove, dez, comer pastéis."

6. Canção cumulativa

São cantigas da cultura popular, de tradição oral, transmitidas de geração em geração. Fazem parte da cultura da infância e são muito utilizadas em brincadeiras. Essas cantigas podem ser gesticuladas, simulando trechos dos versos. A forma de cantar é sempre repetindo os versos das estrofes anteriores, assim, acumulando versos. Por isso são chamadas de canções ou cantigas cumulativas. Esse tipo de brincadeira cantada, além de ter gestos e movimentos, também exercita a memorização do texto cantado, estimula a rapidez do raciocínio e trabalha a antecipação da narrativa que a canção quer contar. As cantigas cumulativas parecem que não acabam pelo acúmulo de estrofes e provocam o brincante a memorizar todas as partes da música, de forma divertida, com repetição de sons semelhantes nos versos ou nas frases.

Citarei três canções cumulativas bem conhecidas do cancioneiro da cultura da infância.

Pesquisando na internet, o leitor deste capítulo poderá encontrar as versões e formas de como brincar e cantar as Parlendas, as canções cumulativas, as canções de rotina, do cancioneiro da cultura popular, rodas, cirandas, músicas que contam histórias etc. Mas também busquem nos contatos que deixarei neste capítulo, nas páginas do YouTube e do Instagram do Musicriando.

Sugestões de canções cumulativas:

- *La Bella Polenta* trazida pelos imigrantes italianos que vieram aqui para o sul do Brasil.
- *A velha a fiar* (domínio público).
- *A árvore da montanha* (domínio público).

7. Frequentando uma aula de música ou vivências musicais

Proporcionar essa experiência para o bebê, criança – ou até mesmo uma aula de música para você adulto, educador, pai, mãe ou cuidador – trará um olhar para esse momento de presença plena, de conexão e construção de laços afetivos que ficarão registrados na memória para toda a vida.

Há quem pergunte se não é muito cedo levar um bebê para uma aula de música. Eu costumo responder que o objetivo dessas vivências como as que o programa Musicriando de acolhimento e afeto materno-infantil da gestação à primeira infância promove tem o objetivo de vivenciar a música como forte ferramenta reguladora das emoções, favorecendo o desenvolvimento saudável e a construção do afeto. Caso essa vivência estimule uma apego ou afinidade maior pela música, será uma consequência benéfica dessas vivências para dar continuidade de aprendizado musical se assim desejar o adulto ou a criança.

Um presente aos leitores

Se você desejar conhecer mais ferramentas musicais de conexão e afeto em vídeo e áudio, pesquise no canal do YouTube Musicriando. Você encontrará essas e outras sugestões, por meio da música, para se conectar com as crianças ou mesmo fortalecer o afeto. Na sua pesquisa, digite também "Canções e brincadeiras musicais que constroem e fortalecem o afeto". Esse conteúdo, que disponibilizo no, YouTube, Musicriando, é um conteúdo complementar a este capítulo, que presenteio a você, leitor, cuidador, pai, mãe ou educador.

Espero que essa ferramenta de construção de afeto, vínculo, laços que é a música possa trazer bons e leves momentos com sua criança interior e, consequentemente, com a criança que você cuida. E que essas vivências, sugeridas aqui ou nas páginas do Musicriando, proporcionem presença plena, tempo de qualidade e memórias afetivas positivas para toda a vida futura do seu filho, do seu aluno ou da criança que você cuida. Deixe a música e suas experiências sensoriais afetarem e conectarem você a quem você ama e cuida.

Referências

Cantigas, parlendas e canções da cultura da infância consultadas no acervo de pesquisa Musicriando de Cultura Popular.

GUTMAN, L. *A maternidade e o encontro com a própria sombra.* Rio de Janeiro: Best Seller, 2018.

HARTMANN, F. *Caretime.* Disponível em: <https://www.caretime.com.br/>. Acesso em: 23 fev. de 2023.

LANZ, R. *A pedagogia Waldorf – caminho para um ensino mais humano.* São Paulo: Editora Antroposófica, 2016.

STEINER, R. *A prática pedagógica.* Antroposófica, 2013.

13

AUTOCONHECIMENTO
O QUE ISSO INFLUENCIA NA EDUCAÇÃO DOS NOSSOS FILHOS?

Neste capítulo, trago considerações sobre o autoconhecimento como uma ferramenta de reflexão sobre suas próprias experiências na infância, as quais podem ser ressignificadas, para oportunizar uma transformação saudável no relacionamento entre pais e filhos.

ELAINE MARQUES

Elaine Marques

Contatos
elainecm40@gmail.com
Instagram: @elaineeducadoraparental
62 98448 4430

Professora de inglês. Especialista em Educação Infantil. Educadora Parental, certificada em Educação e Parentalidade Encorajadora. Facilitadora do Programa Encorajando Pais. Certificada pela PDA – Positive Discipline Association em Disciplina Positiva em Sala de Aula. Educadora socioemocional. Coautora do livro: *Encorajando pais II: a parentalidade encorajadora como peça fundamental no desenvolvimento humano* . Mãe de adolescente LGBTQIAP+. Empenhada no encorajamento parental.

Quanto mais eu me conheço, mais eu me potencializo e me curo.
JOSÉ ROBERTO MARQUES

Antes de mais nada, vamos começar este bate-papo apresentando o conceito de autoconhecimento, que nada mais é que o conhecimento de si próprio, das suas características, qualidades, imperfeições, sentimentos. E quando realizamos a prática do autoconhecimento, desenvolvemos a habilidade de regular nossas emoções, independentemente se são agradáveis ou não. Como resultado, vemos ao longo da vida, um aprendizado que nos possibilita exercer a parentalidade com a mente aberta, como numa jornada de descobertas.

Nós, seres humanos, nascemos com um conjunto básico de emoções: alegria, tristeza, medo, nojo, raiva e surpresa. E essas emoções são formas de comunicação e podem adquirir novos significados a partir da interação com o ambiente. Assim sendo, ao nos conectarmos emocionalmente com nossos filhos, temos como resultado um desenvolvimento de senso mais profundo de nós mesmos e da capacidade de nos relacionarmos.

Pesquisas afirmam que questões do passado podem influenciar nosso presente e alterar como nos comportaremos no futuro, moldando diretamente nossa percepção do que está acontecendo à nossa volta e dentro de nós. Portanto, reservar um tempo para reflexões nos permite crescer, abre a porta para a consciência plena, havendo assim uma possibilidade de mudança. É importante termos um novo olhar sobre nós, sobre nossa história, sobre nossas emoções. O autoconhecimento pode nos ajudar a alterar a convivência conosco e com os outros.

Os traumas e as feridas emocionais ocorrem com todo ser humano e têm uma tendência natural para desenvolverem uma série de condições físicas e psicológicas em nós como, por exemplo, obesidade, depressão,

Elaine Marques

ansiedade, câncer. Nosso corpo é um sistema de *biofeedback*, ele acaba nos alertando sempre que algo não vai bem. Acontece que não fomos educados emocionalmente para observar esses "sinais", o que consequentemente têm nos causado muitos danos na forma como nos vemos e nos relacionamos. Sem dúvida, as emoções se manifestam no nosso corpo, no que atraímos para nós e para nossa vida.

Certamente, a forma como interpretamos o que vivemos, enquanto criança, é algo que determinará nossa estrutura de personalidade, o tipo de estratégias que o nosso ego desenvolverá para sobreviver e para se proteger. Em algum momento na infância, todos nós passamos por situações que nos sentimos não ouvidos, invisíveis, não amados, abandonados, e que de algum modo carregamos dores conosco. Desse modo, não olhar, nos recalcar, não vai nos ajudar. Precisamos deixar de ser crianças em corpos de adultos e fazermos um trabalho mais profundo, nos perdoar, nos aceitar, nos reprogramar, atentando aos "sinais", observando, refletindo e ressignificando. Só assim, nos libertaremos das marcas do passado e criaremos uma vida melhor, quer individualmente ou nas nossas relações.

E o que isso influencia na educação dos nossos filhos? Quando entramos num processo de conhecimento e amadurecimento da nossa verdade emocional, isso nos traz saúde, relações saudáveis e nos tornamos mais conscientes de quem somos. Então, nós, pais, conseguimos criar vínculos emocionais saudáveis com nossos filhos, uma base segura. É ouvindo a criança e o adolescente que nos conectamos com eles. É preciso conhecê-los profundamente. Saber qual a comida favorita, a série preferida, os sonhos, os lugares que gostariam de conhecer, aprender a gostar do que gostam, como pensam, conhecer mais sobre a personalidade deles. Sempre que puder, participe daquilo que é do interesse deles. E lembrem-se, nossos filhos não são nossas expectativas, eles são o que são, não nasceram para realizar nossos sonhos e a nossa missão é auxiliá-los a ser e acreditar em tudo aquilo que eles têm potencial de ser.

É comum não haver diálogo nem acolhimento entre pais e filhos, talvez até pelo distanciamento. Em virtude disso, nossos jovens buscam serem vistos de forma equivocada, pelo uso abusivo de álcool, drogas, autolesão. Em outras palavras, a falta de recurso interno dos pais, bem como a falta de habilidade socioemocional, acaba por educar filhos que também não conseguem lidar com suas emoções, com o sofrimento, com as situações difíceis da vida. Na busca por um alívio emocional, buscam a dor física para se anestesiarem, ou outros vícios como válvulas de escape.

Seguramente, quando crianças e adolescentes apresentam comportamentos desafiadores, é necessário nos perguntar qual o objetivo por trás disso. Assim, metaforicamente, esse tipo de comportamento é sempre a ponta de um iceberg que leva a questões bem profundas. Entretanto, nosso olhar deve-se voltar para a base desse iceberg para podermos ajudá-los, seja em casa (pais) ou na escola (professores). Eles necessitam de um olhar mais atento, ouvir suas vozes, observar seus corpos, respeitar suas ideias, seus pensamentos e sentimentos. Não ser visto, não ser conhecido e não ter onde se sentir em segurança são ruins em qualquer idade, porém, particularmente destrutivo no caso de crianças e adolescentes que ainda procuram o seu lugar no mundo.

É claro que mudar atitudes é um processo e não acontece do dia para noite. Para ilustrar, podemos dizer que há quatro passos para que a mudança ocorra: desejo, conscientização, aceitação e realização de escolhas diferentes. É preciso tempo para absorver novas ideias e comportamentos. E também é preciso prática, pois aprendemos com nossos erros, os quais fazem parte de todo processo. Às vezes, ao refletirmos, sentimos culpa pelas nossas "faltas", porém isso não vai ajudar, uma vez que nossos filhos não precisam de pais perfeitos, e sim de pais encorajados, encorajadores, respeitosos, dispostos ao diálogo, dispostos a mostrar sua vulnerabilidade, dispostos a pedir desculpas.

Pais, inspirem seus filhos a darem o seu melhor, a se respeitarem, a se amarem, a se aceitarem, bem como ao seu próximo. Sejam mais que inspiradores, sejam exemplos! Validem seus sentimentos. Deixem-os saberem que são importantes, que são amados. É fundamental nas relações humanas criar vínculos com as pessoas, se conectarem uns com os outros, pois é o que dá sentido à nossa vida. E sem essa conexão, sofremos.

Todos nós queremos ter importância e sermos aceitos. Envolvam-se com seus filhos, se esforcem em entender o mundo deles, os seus interesses e suas histórias, o que consequentemente os tornarão mais receptivos. Deixem seus filhos saberem que você não é perfeito, que nem sempre está certo, mas que está ali, presente, aberto, prestando atenção, amando-os e estando completamente presente. Eles precisam ter certeza de que são aceitos pela família do jeito que são.

É importante darmos uma atenção respeitosa e empática para nossos filhos. Nossos diálogos não devem conter palavras repetitivas e automáticas, mas sim respostas conscientes do que percebemos, sentimos e desejamos. Devemos nos expressar com sinceridade e clareza, captando nossas necessidades e a dos nossos filhos, sem julgamento. Lembrando que culpa, insulto, depreciação, rotulação, crítica, comparação e análises são formas de julgamento. E ao nos comunicarmos assim, perdemos a oportunidade de realizar conexões de proximidade com a criança e o adolescente, que, consequentemente, tendem a empregar energia na autodefesa ou no contra-ataque.

É o autoconhecimento que nos oferece a capacidade de distinguir nossos próprios sentimentos e necessidades, de se relacionar bem consigo mesmo e extrair o melhor de si, assim como de se relacionar bem com o outro e extrair o melhor dessa relação. Liberte-se de qualquer culpa. Talvez esteja repetindo com seus filhos o mesmo padrão que viveu na sua infância. Decida por uma nova oportunidade de fazer diferente, de trazer uma educação mais encora-jadora. Construa uma nova história para você e para sua família.

Em síntese, nós, pais, precisamos de ajuda, precisamos aprender a comunicar amor. Dessa maneira, alimentamos a autoestima dos filhos e transformamos o lar em um ambiente de afeto, pois as dores emocionais são difíceis de iden-tificar e raramente nossos filhos chegam para nós e falam. O mais comum é que mostrem esse adoecimento pelo corpo. Assim, demonstre por meio de atos, palavras e ações, o que eles representam em sua vida. Filhos que sabem que são amados pelos pais, aceitos e pertencentes à família têm a sustentação de que necessitam para desbravar o mundo. Pensem nisso!

Referências

BROWN, B. *A coragem de ser imperfeito.* Rio de Janeiro: Sextante, 2016.

FABER, A.; MAZLISH, E. *Como falar para seu filho ouvir e como ouvir para seu filho falar.* São Paulo: Summus, 2003.

FERREIRA, H. M. *A geração do quarto.* Rio de Janeiro: Record, 2022.

GUTMAN, S. *Uma civilização centrada na criança.* Rio de Janeiro: Best Seller, 2021.

KOLK, B. V. D. *O corpo guarda as marcas.* Rio de Janeiro: Sextante, 2020.

NELSEN, J.; LOTT, L. *Disciplina positiva para adolescentes.* Barueri: Manole, 2019

ROSENBERG, M. B. *Comunicação não violenta.* São Paulo: Ágora, 2021.

SIEGEL, D. J.; HARTZELL, M. *Parentalidade consciente*. São Paulo: nVersos, 2020.

VIEIRA, P.; BRAGA, S. *Educar, amar e dar limites: os princípios para criar filhos vitoriosos*. São Paulo: Editora Gente, 2021.

14

QUAIS SÃO OS MOTIVOS DAS CRIANÇAS CORREREM PELO MUNDO AFORA?

Neste capítulo, você lerá um texto provavelmente já visualizado dezenas de vezes e em vários lugares, não somente em uma escola de educação infantil, mas dentro das casas e parques. Quais são os motivos das crianças correrem pelo mundo afora? Qual é o gatilho que há no cérebro delas para realizarem esse comportamento que pode estar associado ao desenvolvimento, ao estímulo necessário para motricidade e ao caminho emocional da infância.

FERNANDA DE CERQUEIRA LIMA RIBEIRO LUGGERI

Fernanda de Cerqueira Lima Ribeiro Luggeri

Contatos
flimaluggeri@gmail.com
Instagram: @psi_limaluggeri
11 99258 2909

Graduada em Pedagogia pela Universidade Anhembi Morumbi (SP), pós-graduada em Gestão de Pessoas pela Universidade de Santo Amaro (São Paulo). Especialista em Psicanálise pela Escola Paulista de Psicanálise e pós-graduada em Neuropsicopedagogia pela Unimax (Indaiatuba/SP); e em cursos de aperfeiçoamento, como *Teen Coaching* e DISC para adolescentes.

Caro leitor, feche os olhos e relembre quantas crianças você conhece que possuem a iniciativa de correr ao abrirmos uma porta. Esse comportamento, muito visto na primeira infância e nas casas de milhares de famílias e escolas pelo mundo todo, tem um caminho muito curioso entre o sistema neural, motor e emocional.

O desenvolvimento do cérebro da criança depende muito dos estímulos vivenciados desde o primeiro dia de vida. E quanto mais exercícios praticar, mais saudáveis serão, emocional e fisicamente.

Os neurônios são células que aceleram seu crescimento por meio dos estímulos e, dessa forma, modificam-se eletricamente, aumentando seu potencial. Hoje, a neurociência nos define como seres com altas habilidades: associamos um maior número de conexões neurais e não somente o número de neurônios.

Antes de nascermos, o nosso complexo neural ainda não está completo, provavelmente se nascêssemos de doze meses sairíamos do ventre falando as primeiras palavras e não apenas *gugu dada*.

Quando nasce uma criança, ela é regida por instintos arcaicos, como o choro da fome, o fecho da mão ao tocar a palma, o pré-sorriso ou breve espasmo muscular (quando acreditamos que a criança sorri). Porém, à medida que a criança evolui, a maturação do sistema nervoso modifica suas respostas, deixando-as menos automatizadas e, consequentemente, menos arcaicas. Dessa forma, uma criança que recebe em abundância estímulos do meio familiar e social será uma criança com o pensamento lógico melhor formado e fortalecido, como também a função emocional e motora claramente mais apropriada para o enfrentamento das questões da vida.

O neuropsicólogo russo, Alexander Luria, desenvolveu um estudo nos apresentando as três unidades funcionais motoras em que essas funções precisam ser estimuladas pelo grupo em que a criança vive. A unidade primeira é composta pelo tronco cortical, medula espinhal, onde encontramos o pensamento no estado de vigília e atenção. É a formação reticulada responsável pelos movimentos dos estímulos nervosos, localizada no tálamo, hipotálamo e cerebelo, onde temos a formação corporal da tonicidade (contração muscular) e postura bípede.

A segunda unidade funcional de Luria está entre as localidades cerebrais: laterais, occipitais, parietais e temporais dos hemisférios, que compõem o pensamento de análise, que recebe informações, armazena e integra essa engrenagem esplêndida utilizando-se dos cinco sentidos externos, como a visão, a audição, o tato, o paladar e o olfato. Essa unidade funcional está associada a três funções psicomotoras, nas quais encontramos a lateralização, noção do corpo e estruturação do espaço temporal.

A terceira unidade está localizada na parte cerebral do lobo frontal (córtex frontal) e nos oferece o pensamento. É a responsável pela nossa capacidade de nos programar, pela atividade intencional (o desejo de pular a corda), também regula e verifica a atividade em questão. As partes que envolvem essa estrutura são as praxias finas e globais, em que trabalhamos a memória, o planejamento, a tomada de decisão, imaginação, avaliação e a organização.

A criança encontra-se em um mundo diferente no início de sua vida e percebe o outro como ser na proximidade dos seus seis meses de existência, bem como os objetos à sua volta. Buscando a consciência de si e a expansão do universo social interativo, a criança passa a ter uma pequena amplitude de sua existência e do outro. O jogo do faz de conta, as brincadeiras individuais, em dupla ou em grupo e as fantasias são os conjuntos mais importantes para o desenvolvimento psicológico e estrutural. Também para a busca do desenvolvimento do eu pensante, o eu que idealiza, faz e opera, constrói, destrói e cresce.

E é nesse jogo salutar do faz de conta que a criança tem a chance de vivenciar várias emoções, traduzindo personagens de sua realidade e resolvendo no mundo fantasioso; depurando com significados o que a vida oferecerá, como a tomada de decisões, frustrações, vitórias, perdas, alegrias, tristezas, entre outras.

A construção da área frontal do cérebro infantil necessita dos movimentos motores (pernas, braços, troncos etc), com os quais organiza e completa esse todo.

A frase do poeta romano: "uma mente sã, num corpo são" nos auxilia nesse estudo. Quanto mais movimentos a criança realiza, mais construção de neurônios e conexões neurais ela fará. Isso acontece sem ter uma única consciência, apenas instintivamente.

É importante salientar que a criança, na primeira infância, apresenta uma estrutura (praxia global) em desenvolvimento. Firmar pés e colocar pernas em processos alternados, requer habilidade e muito treino. Pois bem, nesse caminho, vale lembrar que correr para a criança é fundamental e vital, assim, é necessário estarem acompanhadas pelos pais ou responsáveis, sendo essa máxima atenção também no ambiente escolar.

Um trabalho recente, publicado pela revista *Frontiers in Human Neuroscience*, confirma que as pessoas que adotam a corrida como parte de sua rotina diária apresentam conexões cerebrais diferentes de pessoas completamente saudáveis, mas ainda assim sedentárias. Os estudos apresentados demonstraram que a parte do encéfalo que apresentava conexões diferenciadas eram as regiões que compreendiam a cognição sofisticada. Vale ressaltar que a essa área compete a responsabilidade da memória de trabalho, potencialização da atenção, aumento da capacidade de multitarefas, processamento de informações sensoriais e maior agilidade na tomada de decisão.

Correr, para infância, é um processo instintivo. O córtex frontal encontra-se com o córtex motor, eles caminham juntos, lado a lado, na completude do sistema nervoso central. A formação de alguns neurônios acontece durante a infância e, para a construção saudável do pensamento lógico, a criança necessita correr, brincar, pular, imitar, observar, fantasiar, sonhar e espelhar-se em bons comportamentos e atitudes todos os dias. Compreendeu os motivos pelos quais a criança corre? Professores, cuidadores, pais e demais profissionais da área infantil: impedir uma criança de correr é interromper, limitar o seu crescimento neural. A criança impedida de correr é como um pássaro murchando tristemente dentro de uma gaiola.

Referências

CONZENZA, R. M.; GUERRA, L. B. *Neurociência e educação: como o cérebro aprende.* Porto Alegre: Artmed Editora, 2011.

OLIVARES, I. C. *Neuroaprendizagem e inteligência emocional.* Rio de Janeiro: Qualitymark, 2009.

SILVESTRINI, J. P. Slides da Universidade Max Planck, 2021.

15

EDUCAR COM LIMITES, DE FORMA CONSCIENTE

Colocar limites é importante e fundamental na educação de um filho, porém muitos pais ainda ficam perdidos sem saber como fazer. Este capítulo engloba tudo aquilo que você precisa saber sobre os limites e a prática.

GABRIELA MORAIS

Gabriela Morais

Contatos
gabmorais.educadora@gmail.com
Instagram: @gabrielamorais.educadora
81 99419 7927

Administradora formada pela Universidade Potiguar (2011) e MBA em Gestão de Pessoas (2012). Fez formação em Educação Parental em Criação Consciente (2021) e os demais cursos complementares: Comunicação Não Violenta e Vulnerabilidade (FENAE), Educação Sexual Infantil (Meu corpo, meu corpinho), Psicologia Aplicada a Dependências Tecnológicas (AMATEC), Inteligência Emocional (CONQUER) e Criando Crianças Criativas (Keep Learning School).

A liberdade da criança tem por limite o interesse coletivo da comunidade na qual ela está inserida; isso é expresso no que chamamos de boas maneiras e bom comportamento.
MARIA MONTESSORI

A pesar de ser importante e fazer parte termos noção de quais são os nossos limites, temos que ter consciência de que colocar limite é, principalmente, sobre a criança. A partir do momento em que estamos conscientes que é mais sobre ela do que sobre nós, conseguimos mudar a perspectiva com a qual olhamos uma situação em que vai ser necessário intervir.

Se o foco é na criança, não levamos para o lado pessoal os comportamentos inadequados e não nos sentimos atacados e ofendidos, assim, conseguimos agir de forma racional para ajudá-la. Se achamos que a criança agiu de tal forma para nos enfrentar, nosso ego assume o controle e tomamos atitudes que nos arrependemos depois.

Então, nosso ponto de partida é ter em mente que, quando estivermos diante de um mau comportamento da criança, não adicionemos as nossas emoções no que já está caótico. Devemos dar um passo para trás e nos perguntarmos: "Como posso ajudar meu filho nesse momento? Como posso ensinar e ser guia de como lidar nessas situações que não seja de forma destrutiva?

O cérebro do nosso filho é imaturo, o nosso, não. Precisamos controlar nossas próprias emoções para termos condições de ensinar como ele controlará as dele. Respire fundo e tenha um mantra. Por exemplo, este que eu uso: "Eu estou no comando e consigo lidar com essa situação".

Ok, já sabemos que precisamos começar controlando nossas emoções e nos tornarmos conscientes de que não se trata de nós, e sim da criança à nossa frente, e agora? Agora, precisamos entender o que são limites, porque são importantes para, então, conseguirmos criar nosso plano de como agir, e isso nos auxiliará quando for necessário.

Gabriela Morais

O que, afinal, são limites?

A palavra limite pode ser definida, no sentido figurado, como "marca a partir da qual não se pode continuar" (dicio.com). Podemos dizer que, no nosso contexto, o limite é a delimitação do comportamento da criança.

É importante frisar que nós colocamos limite no comportamento e não nas emoções que estão causando o comportamento. De acordo com a dra. Siggie, "comportamentos são demonstrações externas de emoções. Nossas emoções internas e invisíveis que sentimos por dentro causam nossos comportamentos externos e visíveis". De novo, nós agimos no comportamento, no externo. As emoções a gente valida e acolhe.

Comportamento:	**bater + gritar**	→	**limite**
Emoção:	**raiva + frustração**	→	**validação**

Por que é tão importante ter isso claro? Porque não tem problema nenhum a criança sentir raiva, mas ela precisa saber que a raiva não precisa ser destrutiva. Ela pode sentir, mas não pode bater. O que nós fazemos é ensiná-la a se expressar com palavras para que não precise recorrer a um comportamento negativo.

E por que não usar um castigo para limitar o comportamento inadequado? Apesar de interromper o que a criança está fazendo errado, algumas vezes sim, outras não, o castigo não ensina a criança a substituir sua forma de agir por outra aceitável. O comportamento é interrompido por medo ou culpa, não por entender o que está errado e qual é a alternativa.

Da mesma forma, também não é a melhor opção querer ensinar nossos filhos, enquanto estamos no auge do caos. Você deve limitar o comportamento, mas para modelar o comportamento da criança, devemos esperar que o cérebro dela esteja aberto para receber o que estamos falando e isso só vai acontecer quando elas estiverem calmas.

Por que colocar limites?

Assim como nós, as crianças precisam aprender a viver em sociedade, e, para isso, nós precisamos ensiná-las que não podem ofender ou magoar os outros e que a sua liberdade termina onde a da outra pessoa começa. Elas aprendem a ser respeitosas e responsáveis.

Os limites também trazem segurança para a criança, além de bem-estar emocional e físico. Muitos se enganam imaginando que a criança precisa ter tudo, fazer tudo e acabam se tornando pais permissivos, o que pode ter como consequência crianças mimadas e desrespeitosas.

Quando praticamos uma abordagem parental consciente, isso significa que os limites farão parte, pois educar com respeito não quer dizer que você aceita todos os comportamentos da criança, mas sim que respeita quem ela é e colocará limites de forma não punitiva nos comportamentos.

O que as crianças aprendem com os limites

Além de aprender a respeitar a si mesmo, o próximo e o ambiente, os momentos em que é necessário colocar limite no comportamento dos nossos filhos também é uma oportunidade para ensinar a arte da negociação. A autora Shefali Tsabary fala sobre como podemos usar dessas situações para ensinar aos nossos filhos a arte de ganhar, de perder e de negociar.

Vai depender do tipo de regra que está sendo quebrada no momento, se é um limite negociável ou não (falaremos sobre isso mais adiante). O que eu quero dizer é que temos oportunidades de trabalhar com nossos filhos essa importante habilidade que vai ser muito útil em sua vida adulta: a de encontrar soluções criativas que funcione para si e para o próximo.

Sim, colocar limites não quer dizer ser rígido e não ceder nunca. Em algumas situações, realmente não têm como abrir mão, mas a maioria dos conflitos surgem de situações em que é possível achar um meio termo e não tem problema nenhum nisso; pelo contrário, é até saudável.

Tenha um plano

Agora que já falamos sobre a parte mais teórica dos limites, vamos entrar na parte prática.

Tenha um plano, uma listinha de limites negociáveis e não negociáveis. Um dos maiores erros que podemos cometer é não ter ideia de quais são os limites, porque se não temos isso claro, dificilmente teremos consistência. E nós precisamos ser consistentes para obtermos bons resultados.

Preciso ter uma lista enormes de limites? Não, e isso nem seria saudável. Uma casa cheia de regras pode acabar sufocando a criança. Eu gosto de pensar da seguinte forma: defina quais são os principais limites negociáveis e quais são os limites não negociáveis.

Gabriela Morais

Os limites não negociáveis envolvem segurança, saúde, higiene e respeito por si mesmo, pelo outro e pelo ambiente. Andar na cadeirinha do carro não é uma regra negociável, tem que fazer. Mesmo com choro, mesmo a contragosto da criança. Envolve a segurança e, portanto, precisa ser feito.

Já os limites negociáveis, se forem negociados, não afetarão a segurança, bem-estar e saúde de ninguém. A criança escolher qual livro ler, qual roupa vestir, qual atividade fazer são exemplos de limites que podem ser negociados para que seja bom para todos.

Limites não negociáveis	Limites negociáveis
Escovar os dentes	Escolher o livro que vai ler
Andar na cadeirinha do carro	Roupas que vai usar

Como diz a autora Shefali Tsabary:

> Quando estamos cientes do equilíbrio entre flexibilidade e estrutura, somos capazes de deixar nossos filhos brincarem à vontade e serem, naturalmente, expressivos dentro dos limites do que é apropriado. Se ultrapassarem os limites, devem lhe proporcionar uma estrutura. É na contínua dança entre permitir e interferir que os pais têm a oportunidade de ensinar seus filhos a serem os seus próprios controladores.

Para nortear o seu plano, leve em consideração que os limites precisam ser:

- **Respeitosos:** limites respeitosos são aqueles em que não há maus-tratos, culpa, ameaças, ofensas, mentiras.
- **Razoáveis:** os limites precisam ser realistas de acordo com a idade e o desenvolvimento da criança e, por isso mesmo, precisam ser atualizados.
- **Claros:** precisam ficar muito claros para todos, não só na sua cabeça. Quando tiver o seu plano, comunique às crianças quais são, o porquê e como você agirá.

E a palavra que mais precisa ter em mente: constância. É o mais difícil, porém, necessário. Não dá para ficar agindo de formas diferentes para os mesmos limites. Ter o plano em um lugar visível vai ajudar a memorizar e saber como agir.

Disciplina e afeto

Você vai precisar repetir várias e várias vezes para o seu filho? Sim! Lembre-se de que ele está em processo de aprendizagem e amadurecimento e que testará para ver se os limites permanecem os mesmos ou não.

Envolva a criança

Dependendo da idade da criança, a partir dos quatro anos, já é possível envolvê-la quando for listar os limites (hora da televisão, lição de casa, ajuda em casa, brincar).

Explique para a criança a importância dos limites, quais são as atividades que devem fazer parte do dia dela e como vão ser esses limites. Quando envolvemos as pessoas nos limites que pretendemos criar, elas ficam mais dispostas a ajudar.

Pode ser que ela não concorde com os limites e haja protestos? Sim, mas você é o pai ou mãe e sabe o que é melhor para ela, então, o que não for negociável, cabe a você definir com base em sua experiência, conhecimento e discernimento.

Nossa linguagem corporal

A linguagem corporal é um tipo de comunicação não verbal. Ela está presente, principalmente, em nossos gestos, postura, expressões faciais, movimentação dos olhos e, até mesmo, no quão próximo está o locutor do interlocutor.

A linguagem corporal é importante para transmitir a mensagem de forma correta e respeitosa para a nossa criança. Então, aqui vão algumas dicas:

- Primeiro de tudo, controle as próprias emoções. Lembre-se de que é sobre a criança, não sobre você;
- Quando for colocar um limite, abaixe na altura da criança;
- Use um tom de voz claro, firme e gentil;
- Valide os sentimentos. Isso não quer dizer que você concorda, mas que a criança pode expressar sentimentos e que são permitidos;
- Caso a criança se descontrole, esteja por perto para segurá-la para que ela não se machuque, não machuque ninguém e não destrua nada.

Sustentando as emoções que surgirem

Quando fazemos cumprir os limites que determinamos para os nossos filhos, é normal que eles protestem e que emoções fluam, como a frustração

Gabriela Morais

por exemplo. E tudo bem! É normal e esperado que isso aconteça, afinal, nossas crianças estão em processo de aprendizado e amadurecimento.

Nosso papel é sustentar essas emoções permitindo que eles as expressem e coloquem para fora. Fazemos isso quando validamos o que eles estão sentindo: "tudo bem se sentir frustrado por não poder continuar assistindo à televisão." E acolhendo pela nossa presença, oferecendo um abraço ou simplesmente ficando ali por perto.

Na prática

Aqui vão alguns exemplos de situações e como podemos nos comunicar de forma assertiva:

- Você está parecendo chateado. Tudo bem se sentir assim, mas não pode falar comigo desse jeito. Respire fundo se quiser e tente novamente;
- Esse é o seu último biscoito. Está parecendo que você está tentando me fazer mudar de ideia. Não vou, meu amor. Aquele foi o último.
- Não pode bater. Você parece zangado, tudo bem, mas você não pode me bater. Você pode bater nessa almofada aqui, pode contar até 10, pode rugir feito um leão, mas não pode me bater.
- Você não está querendo sentar-se na cadeirinha, né? Não posso deixar você andar fora da cadeirinha, é para a sua segurança, meu amor.
- A televisão vai ser desligada em cinco minutos. Ei, parece que você está se sentindo frustrado porque a hora de assistir ao desenho acabou, ok, mas não vou deixar você se machucar assim. Estou segurando a sua mão para você não se machucar. Quer um abraço agora? (quando a criança se acalmar).
- Filho, não pode jogar o caminhão. Quer jogar essa bola aqui? O caminhão não pode. Estou vendo que você está com dificuldade de controlar, então vou tirar o caminhão agora e, mais tarde, a gente tenta novamente.

Esses foram alguns exemplos e é claro que você não precisa falar exatamente assim, mas acho que facilita pensar na sequência: emoção + limite + orientação. Primeiro a gente ajuda a nomear qual emoção nossa criança possa estar sentindo, depois colocamos o limite no comportamento e, por fim, oferecemos uma orientação de como agir.

Para finalizar

Como vimos, os limites são fundamentais na criação de nossos filhos. Eles oferecem segurança e ensinam à criança a respeitar o espaço do outro, o ambiente, os pais e a si mesma. É preciso saber viver em um mundo cheio de regras e é nosso papel ajudá-la nessa jornada.

Eu sei, não é fácil. A maioria de nós não foi criada assim e por isso ficamos tão cansados de ir contra aquilo que aprendemos na infância e ficou tão enraizado. Alguns dias não conseguiremos seguir o *script* ideal, mesmo sabendo de sua importância. Faz parte, acontece.

Não estamos aqui em busca de sermos pais perfeitos, mas de sermos versões melhores. O primeiro passo você já está dando que é estudar e ler sobre o assunto, o resto é a nossa querida constância. Aplique, repita, de novo, de novo e de novo. A criança crescerá sabendo como viver em sociedade respeitando o limite do próximo, mas o próprio também. Confie.

Referências

DAVIES, S. *A criança Montessori*. São Paulo: nVersos, 2021.

NELSEN, J. *Disciplina positiva*. 3. ed. São Paulo: Manole, 2015.

SIEGEL, D.; HARTZELL, M. *Parentalidade consciente*. São Paulo: nVersos, 2017.

16

DESENVOLVENDO PAIS E FILHOS CONFIANTES E CAPAZES

A proposta deste capítulo é ajudá-lo a construir novas formas para educar, de maneira leve e feliz, mantendo relações respeitosas e laços fortalecedores com as crianças, de modo que toda a família cresça em amor e sabedoria. Encontrará ferramentas e estratégias para lhe garantir um lar positivo e acolhedor, no qual você e seus filhos possam se desenvolver física, emocional e cognitivamente.

GISELI TAVARES

Giseli Tavares

Contatos
giselittavares@gmail.com
Facebook: giselittavares
Instagram: @giselittavares
67 98169 7987
67 98215 3737

Pedagoga graduada pela Universidade Federal do Mato Grosso do Sul - UFMS (2013) e psicopedagoga institucional pela FAESI (2014). Possui mestrado em Educação pela Universidade Federal da Grande Dourados - UFGD (2019), doutoranda em Educação na UFGD (2020-2023). Certificada em Disciplina Positiva pela Positive Discipline Association - PDA/EUA (2021) e *coach* parental pela Parent Coach Brasil (2021). Idealizadora do *workshop* Fortalecendo Laços e autora do *Guia para pais: estabelecendo limites e construindo relações positivas*. Coautora no livro *História da educação, memória e sociedade,* com o tema "O atendimento à infância no Clube de Mães de Naviraí/MS: Projeto Casulo – a origem de uma história". Valoriza o desenvolvimento extraordinário da criança, a partir da educação com conexão afetiva, respeito, disciplina e sem punição. E também na transformação das famílias por meio do diálogo e de uma mentalidade construtiva que aprimore os valores e o propósito familiar para uma vida e lar felizes.

No decorrer de nossa existência, passamos por fases e desafios em todas as áreas da vida, seja na profissional, espiritual, emocional ou familiar. E, dentre esses desafios, a criação de filhos é uma das mais complexas, porque exige de nós o conhecimento sobre as reais necessidades do ser humano – sejam elas fisiológicas, pessoais, sociais ou de segurança e proteção – e a compreensão de como suprir tais necessidades. Educar filhos é tarefa árdua porque a criança, da infância à fase adulta, atravessa um longo processo de desenvolvimento. E isso exige dos pais esforço, paciência, sabedoria e coragem para mudar e fazer o que for preciso para educar filhos preparados para a vida. Almejamos que eles sejam inteligentes, atenciosos e compassivos, saiam-se bem na escola, que se esforcem, sejam responsáveis, sintam-se bem consigo mesmos e que saibam se relacionar com as demais pessoas.

Portanto, às vezes, é quase impossível sobreviver a situações desafiadoras durante a criação dos filhos. E por mais que nos sintamos frustrados, cansados ou perdidos, no fundo de nossa consciência, temos a certeza do desejo de que todos prosperem. Se isso é familiar para você, alegre-se porque você não está sozinho nessa jornada. Tudo tem jeito e é possível alcançarmos a paz e o equilíbrio para guiar nossos filhos na direção certa para serem bem-sucedidos hoje e no futuro. Para isso, precisamos agradecer aos nossos pais e respeitar a bagagem que herdamos deles. Precisamos também reorganizar e eliminar o desnecessário para acrescentar o que é mais adequado para educar os filhos daqui para frente; porque nossas perspectivas mudaram, o mundo não é mais o mesmo de antes, e torna-se fundamental construirmos um novo olhar para a educação dos filhos, principalmente para a infância, fase primordial do desenvolvimento humano.

Diante disso, atualmente aliada a essa questão, temos a educação parental, conhecida como educação dos pais, que proporciona conhecimento, autoconhecimento, recursos, ferramentas e apoio para desenvolver os laços parentais para melhorar o bem-estar da criança, adolescente, jovem e da família como um todo. A palavra parentalidade vem sendo usada para descrever o conjunto de atividades desempenhadas pelos adultos de referência da criança, adolescente e jovem no papel de assegurar a sua sobrevivência e o seu

Giseli Tavares

desenvolvimento pleno. Os adultos de referência de uma criança, adolescente ou jovem são aqueles que convivem com eles no dia a dia e estabelecem os vínculos afetivos mais próximos.

Meu objetivo aqui é ajudar você a construir novas formas para educar, de maneira leve e feliz, mantendo relações respeitosas e laços fortalecedores com as crianças, de modo que toda a família cresça em amor e sabedoria. Você encontrará ferramentas e estratégias para garantir um lar positivo e acolhedor, no qual você e seus filhos possam se desenvolver física, emocional e cognitivamente. Anseio que seja uma oportunidade para você ampliar sua mentalidade e aprimorar suas capacidades para ser cada dia melhor, enquanto pessoa, pai e mãe. Sinta-se acolhido em suas dificuldades e inspirado a fazer o seu melhor dentro de suas possibilidades.

Mentalidade e inteligência emocional: elementos cruciais na parentalidade

Você já parou para pensar na forma como se comunica com os filhos e como lida com os conflitos diários que, às vezes, te enlouquecem? A maneira com que agimos ou reagimos diante de situações e problemas está diretamente ligada às crenças que possuímos e aos valores que temos, os quais foram construídos, em grande parte, na infância. Você age ou reage conforme o seu nível de inteligência emocional. As crenças se formam por meio de repetições e pelas vivências positivas ou negativas, causadas por um forte impacto emocional. Formamos crenças o tempo todo, porém, a maioria delas, as principais, nos fizeram caminhar até aqui e moldaram nosso caráter e personalidade. A base das nossas crenças é definida até os 12 anos de idade e, por essa razão, são influenciadas pelas pessoas com quem mais convivemos, como é o caso dos nossos pais biológicos, adotivos ou dos responsáveis por nossa criação.

Com isso, aprendemos sobre nós mesmos e o mundo, a partir da visão de outras pessoas, de modo que, se elas são infelizes, pessimistas, inseguras, raivosas e rancorosas, por exemplo, passamos a sentir, pensar e nos comportar da mesma maneira. O contrário também acontece, tanto que crianças criadas em um lar amoroso, próspero, pacífico, respeitoso e acolhedor tornam-se adultos bem-sucedidos, empáticos e confiantes. Interpretamos tudo ao redor segundo as crenças que temos, podendo ser de forma positiva ou não. Quando mudamos a forma como nos vemos, conseguimos renascer porque começamos a nos ver e a observar o mundo de maneira diferente, também a entender melhor nossos filhos. As crenças devem ser as forças que nos movem para alcançarmos os objetivos e sonhos; não o contrário.

Portanto, é preciso retirar e jogar fora todas as amarras, as travas emocionais que são as suas crenças destrutivas e focar em construir crenças que fortalecerão a si mesmo e todos ao seu redor. Você pode construir novas crenças por meio da reconfiguração mental, isto é, mudando sua postura e sua comunicação com novos pensamentos, fortalecendo sentimentos e ações que vão gerar novas crenças de identidade, capacidade e merecimento, consequentemente, novos resultados.

Outro fator importante é a ampliação da mentalidade, componente necessário para tornar-se uma pessoa confiante e sábia para educar melhor os filhos. Dessa maneira, acredito que criar filhos é dominar 5% de conhecimento e estratégias e 95% de mentalidade. Por essa razão, devemos ampliar a mente e nos manter focados naquilo que realmente contribui e faz sentido para nós e nossa família. Ampliar significa mudar, crescer e aprender, isso nem sempre é fácil, exige o querer e o fazer, ou seja, pagar o preço da transformação.

Precisamos arrancar raízes profundas no terreno fértil do nosso ser, depois plantar novas sementes, deixar germinar, expandir e amadurecer. Quando vencemos esse processo, nos gloriamos com os resultados alcançados, tendo a certeza de que tudo valeu a pena. Pesquisas na área da psicologia, biologia e neurociência mostram que o cérebro é treinável, isso ajuda aumentar a reserva cognitiva cerebral, isto é, torna possível mudar a forma de pensar e agir para cultivar uma mentalidade que nos conduz a uma vida próspera, por meio de conhecimento, paciência, treino e repetição. Mentalidade é um processo de aprendizagem e evolução. A mente é responsável pelos pensamentos, capaz de equilibrar a forma como reagimos às experiências vivenciadas, até mesmo o funcionamento do corpo. Temos crenças sobre nossas habilidades e talentos, essas crenças formam nossa mentalidade e afetam a vida como um todo.

Carol S. Dweck, a partir de seus estudos, descobriu que os seres humanos possuem dois tipos de mentalidade, a fixa e a de crescimento, sendo que uma delas é mais predominante em nós do que a outra. Os que pensam de modo fixo acreditam que suas qualidades e limitações são características permanentes e não podem ser mudadas. Tendem a não valorizar o esforço e o trajeto para alcançar algo, e consideram o erro como algo insuportável, por isso evitam desafios e experiências novas com medo de parecerem menos inteligentes. Muitas vezes, escondem-se atrás de desculpas como "não tenho tempo" ou "não tenho dom". Na verdade, estão com medo de tentar e fracassar. E por desacreditarem da própria capacidade, optam pela zona de conforto.

Agora, quem tem mentalidade de crescimento compreende que qualidades como inteligência e talentos são apenas um ponto de partida, entendem o

Giseli Tavares

cérebro como um músculo que fica mais forte com a prática. Acredita que habilidades podem ser desenvolvidas por meio do esforço, um bom ensino, persistência, boas estratégias e contribuições de outras pessoas. Enxerga as dificuldades como oportunidades de aprendizagem e valoriza o processo de crescimento. Aprendemos a adotar a mentalidade fixa ou a de crescimento desde a infância, pelas vivências e estímulos que recebemos do ambiente e das pessoas com as quais convivemos. Por isso, é importante termos clareza do tipo de mentalidade que temos e como estamos ajudando as crianças a desenvolverem suas mentes. A seguir, avalie sua mentalidade, a partir das afirmações abaixo, e identifique o tipo predominante em sua vida e na sua parentalidade. Para cada afirmação, marque com X as que mais concorda.

Em relação à sua capacidade de inteligência (intelectualidade):

a. ( ) Sua inteligência é algo muito particular, e você não pode mudá-la muito.
b. ( ) Você tem potencial para aprender coisas novas, mas acredita que não pode modificar seu grau de inteligência.
c. ( ) Independentemente do seu grau de inteligência, é possível modificá-la continuamente.
d. ( ) Você tem potencial para transformar significativamente seu grau de inteligência.

Resposta: As afirmativas A e B indicam = Mentalidade fixa.
As alternativas C e D indicam = Mentalidade de crescimento.

Em relação ao tipo de pessoa que é (personalidade):

e. ( ) Você é certo tipo de pessoa, e não há muito o que se possa fazer para mudar esse fato.
f. ( ) Apesar do tipo de pessoa que você é, sempre é possível modificá-la bastante.
g. ( ) Você pode realizar atividades de diferentes formas, mas a essência daquilo que você é jamais pode ser, de fato, modificada.
h. ( ) Você é capaz de mudar os recursos básicos do tipo de pessoa que você é.

Resposta: As afirmativas E e G indicam = Mentalidade fixa.
As alternativas F e H indicam = Mentalidade de crescimento.

Qual é o tipo de mentalidade que predomina em sua vida?

( ) Mentalidade fixa ( ) Mentalidade de crescimento

Em relação ao nível de mentalidade na criação dos filhos (parentalidade):

i. Quando seu filho realiza uma tarefa com excelência, você diz: Parabéns, filho, menino esperto!

j. Seu filho está com dificuldade para realizar a pintura na tela que tanto queria, então você fala para ele: Fique tranquilo, talvez você não tenha dom para isso, vá fazer outra coisa.

k. Quando seu filho chega da escola feliz e lhe comunica que tirou dez na prova de matemática, você diz: Eu posso ver que você trabalhou duro para conseguir esse resultado, muito bem! Como você se sente?

l. Seu filho não está conseguindo montar as peças de lego, seu carro favorito não sai e ele começa a ficar nervoso. Nessa hora você se aproxima, valida seus sentimentos, consegue acalmá-lo, então diz: Será que você poderia tentar uma nova estratégia para conseguir o que quer?

Resposta: As afirmativas I e J indicam = Mentalidade fixa e desencorajadora.

As alternativas K e L indicam = Mentalidade de crescimento inspiradora e respeitosa.

Qual é o tipo de mentalidade que predomina na sua parentalidade?

( ) Mentalidade fixa e desencorajadora.
( ) Mentalidade de crescimento inspiradora e respeitosa.

A seguir, veja o que você pode fazer para manter uma mentalidade de crescimento

1. Entender que tem limitações, não é possível estar 100% sempre.
2. Não ter medo de errar. Ser humilde e reconhecer falhas.
3. Ver os desafios como oportunidades de aprendizado e crescimento.
4. Evitar estar com pessoas tóxicas, pois podem levar você à ruína.
5. Celebrar pequenas conquistas, progressos e se concentrar naquilo que já avançou, sem perder o foco daquilo que falta ser alcançado.
6. Cuidar da saúde: mental, espiritual e física.
7. Prezar pela qualidade de sua comunicação verbal e não verbal.
8. Estar em constante autodesenvolvimento.
9. Buscar e aplicar novos conhecimentos.
10. Exercer a gratidão diariamente.

Escreva quais decisões você tomará a partir de agora para manter a evolução da sua mentalidade. O que vai eliminar ou acrescentar na sua vida?

_____

_____

_____

Agora, confira três maneiras para ajudar as crianças a desenvolverem uma mentalidade de crescimento

1. Fale sobre a funcionalidade do cérebro por meio de ilustrações, seja desenhos, vídeos ou histórias. Ensinar as crianças que, conforme agem, fortalecem o próprio cérebro e isso é crucial para o desenvolvimento delas. "Filho, enquanto você está trabalhando duro nessa atividade, seu cérebro está crescendo. Essa é a sensação dos neurônios se reunindo, e assim seu cérebro ficará mais forte".

2. Elogiar o processo e não o resultado final. Assim, o trabalho que antecede o sucesso é valorizado, e ainda ajuda a criança a não depender da validação externa para se sentir importante e capaz. "Olha que legal! Todas as estratégias que você adotou valeram a pena!". "Você parece muito orgulhoso de si mesmo".

3. Ensine a importância de falar sobre o que pensa e sente. "Filho, estou aqui para ajudá-lo a entender o que você está sentindo, quando desejar falar sobre isso".

Para mantermos uma mentalidade de crescimento, é preciso sempre desenvolvermos a inteligência emocional, conceito que é discutido desde 1960. A partir dos estudos de Daniel Goleman, podemos entender inteligência emocional como a capacidade humana de se conectar consigo próprio e com as outras pessoas, obtendo o melhor dessas interações e mantendo o equilíbrio emocional diante das circunstâncias. A inteligência emocional é uma das bases principais para educar filhos emocionalmente fortes. Nossos avós, nossos pais não sabiam o que era inteligência emocional e nos educaram da forma que aprenderam, conforme o que acreditavam como certo. Hoje temos a chance de ensinar de outra maneira, de modo a nos levar a não repetir padrões educativos que não funcionam mais. Devemos buscar conhecimento para nos guiar no dia a dia com os filhos, para definirmos quais práticas são adequadas ao nosso próprio modo de educar, com base nos princípios que acreditamos e o que queremos para nossos filhos.

Outra questão fundamental é o bem-estar, pois só podemos cuidar bem do outro quando cuidamos bem de nós mesmos. Cuide de si e de seus sentimentos, assim poderá ajudar as crianças a entenderem seus sentimentos e a gerenciarem as próprias emoções. Os sentimentos são condições temporárias mutáveis, e, como dizem os neurocientistas Daniel Siegel e Tina P. Bryson, são estados emocionais que nada têm a ver com quem somos, mas sim com a forma pela qual sentimos em certas situações. As tempestades de emoções, do mesmo modo que vêm, vão embora. As crianças precisam entender que não se sentirão tristes, magoadas ou com raiva para sempre e, quanto mais rápido compreenderem isso, mais depressa conseguirão desenvolver domínio próprio e estar no controle do que pensam e sentem.

A importância de se conectar com os filhos todos os dias

A conexão afetiva e respeitosa entre pais e filhos gera memórias positivas na vida da criança. Ainda ajuda no desenvolvimento do amor-próprio, do senso de pertencimento, importância, encorajamento e empatia. Como você quer que seus filhos se lembrem dos momentos em família vividos na infância? Quais memórias terão quando estiverem conduzindo a própria vida? Será que sentirão saudade de sua casa? Quer ser uma ótima mãe, um excelente pai? Quer criar uma criança feliz, saudável e educada? Então, vou te contar um segredo: estabeleça uma conexão mais próxima com seus filhos desde o início da vida, isso permitirá que construam experiências e memórias positivas ao lado das pessoas mais importantes de suas vidas que é você pai, mãe. Não é suficiente dizermos a eles que os amamos. Precisamos demonstrar esse amor todos os dias para que o sintam, seja em palavras, gestos ou atitudes. Demonstrar amor significa estar atento ao que acontece ao redor, agir com empatia, entender o ponto de vista dos filhos. E sempre lembrar que embora eles possam nos enlouquecer em determinadas circunstâncias, ainda são nossos bens mais preciosos que necessitam de cuidados e instruções para crescerem.

As crianças crescem rápido e as fases da vida vão passando como num piscar de olhos. Não sei você, mas muitos pais, cujos filhos já são adultos, dizem que gostariam de ter passado mais tempo com eles. Outros dizem que gostariam, mas não conseguem tempo para isso e vão levando a vida. Vivemos em tempos que nos fazem agir em vícios de sobrevivência e rotinas exaustivas. Será que não é hora de encontrar um jeito melhor para viver? Não é hora de ver o tempo passar de modo mais prazeroso, ao lado dos filhos e demais pessoas que amamos? Por isso, digo a você: organize-se dentro de suas possibilidades e una-se aos seus filhos, esteja presente. E isso significa, às vezes, apenas prestar atenção, mas com afetividade, olho no olho. Não precisa de todo um ritual, apenas desacelere um pouco todos os dias, pelo menos para dar-lhes um abraço gostoso e, como dizemos aqui no Mato Grosso do Sul, um cheiro no "cangote" de cada um. Chamo isso de doses de afeto que são pequenos gestos que envolvem pais e filhos, os quais geram grandes ganhos na vida da criança e farão uma diferença tremenda no vínculo entre vocês.

Como um jardim que precisa de cuidados para florescer, assim é a criança com a necessidade de ser amada, cuidada e encorajada para tornar-se feliz. Favoreça momentos agradáveis com seus filhos e se interesse por algo que eles gostam. Conte histórias, piadas, brinque, jogue com eles, entre no mundo imaginário das crianças. Quando apreciamos tempo juntos, reforçamos, de modo positivo, o que é estar em um relacionamento. Assim, nossos filhos terão vontade de viver experiências saudáveis no futuro, sabendo interagir também com outras pessoas. Um dos elementos químicos no cérebro responsáveis por garantir sensações agradáveis é a dopamina, um neurotransmissor que faz a comunicação entre células cerebrais. Quando vivemos algo bom, sentimos prazer. Aqui, a dopamina está em ação e nós nos sentimos motivados a viver a sensação novamente. Dessa forma, podemos fortalecer o vínculo com os filhos, levando-os a desejar estarem sempre unidos e a entenderem a relevância de um bom relacionamento familiar para a construção de suas vidas.

Para tanto, em um caderno, descreva o que você pode fazer para estar mais presente na vida de seus filhos, como vai fazer e quando vai fazer. Liste tudo, depois, com as crianças, organize um cronograma de atividades para serem realizadas com frequência, sejam elas diárias, semanais ou mensais.

Espero ter ajudado a aguçar reflexões sobre a sua parentalidade, bem como ter inspirado você a fazer o seu melhor a cada dia, reconhecendo suas potencialidades, a importância de cuidar e aprimorar sua mentalidade para obter resultados extraordinários em todas as áreas de sua vida. E lembre-se que a melhor forma de educar filhos é, antes de tudo, sermos bons e sábios adultos. Assim como as estrelas seguem, incansavelmente, suas jornadas unidas entre si – refletindo luz por toda eternidade – desejo que seus ensinamentos e momentos vividos com os filhos sejam memoráveis, e que o seu brilho reflita neles mesmo quando não puder estar mais por perto.

Referências

DWECK, C. S. *Mindset: a nova psicologia do sucesso*. São Paulo: Objetiva, 2016.

GOLEMAN, D. *Inteligência emocional*. São Paulo: Objetiva, 1996.

SIEGEL, D.; BRYSON, T. P. *Disciplina sem Drama*. São Paulo: nVersos, 2016.

17

ARMADOS E AMADOS
A POTÊNCIA DA DISCIPLINA ALIADA AO AFETO

Educar-se a si mesmo, buscar informação e conhecimento, contribui para a prazerosa tarefa de encaminhar crianças e adolescentes. A partir da observação da natureza, é possível fazer algumas associações com o ato de educar e buscar elementos necessários. A proposta é aliar alguns elementos para potencializar os efeitos da educação. Disciplina, afeto e mais um elemento são abordados por meio de histórias do cotidiano.

GISELLA CABRAL HEITZMANN

Gisella Cabral Heitzmann

Contatos
gisellacabral1@gmail.com
Instagram: @agisellacabral
11 99229 0387

Formada em Arquitetura pela Universidade Mackenzie (1998), Pedagogia (2007), pós-graduada em Psicopedagogia Institucional (Instituto Claretiano). Professora alfabetizadora, trabalhou no Colégio Mackenzie, Colégio Franciscano Pio XII, Liceu Albert Sabin (Ribeirão Preto) e, desde 2016, atua no Colégio Friburgo (São Paulo). Realiza estudos nas áreas da neurociências, metodologias ativas (Instituto Singularidades) e educação parental. Seu maior diferencial é ser mãe, apaixonada pela educação e desenvolvimento de habilidades socioemocionais.

O ambiente social da criança codetermina a sua existência e
fornece o primeiro meio de satisfação das suas necessidades.
HENRI WALLON

O sonho de liberdade sempre esteve presente na história da humanidade. Vento no rosto, cabelos esvoaçantes e asas, frequentemente, foram símbolos de liberdade e felicidade. Como seria maravilhoso voar como os pássaros!

Os estudos sobre as aves nos ensinaram muito além da aerodinâmica, aviação ou das diferentes formas de voar. Descobrimos que do comportamento das aves podemos retirar grandes lições para a educação ou a psicologia.

Alguns pássaros machos, por exemplo, têm o árduo trabalho de preparar o ambiente que habitarão, seja um ninho ou um terreno; e dependendo do seu desempenho, ele será escolhido pela fêmea.

Uma espécie dança enquanto a fêmea analisa seu gingado. Em outra espécie, o macho precisa, literalmente, limpar o terreno para ser notado. Se houver uma folha sequer, a fêmea não o escolherá. Obviamente, ela é bem exigente e os critérios para essa escolha são elevadíssimos. Porém, uma das espécies que chama muita atenção é a águia. Seu filhote fica por vários meses no ninho, sendo alimentado pela mãe e acompanhado bem de perto pelo pai.

Aparentemente o objetivo do filhote é ficar o maior tempo possível dentro do ninho, recebendo todo alimento e carinho. Acontece que os pais já não têm esse mesmo pensamento. Eles foram planejados para alimentar o filhote e ensiná-lo a buscar independência. Então, em determinada época (quando eles percebem que o filho está pronto e que precisam criar um carinha mais responsável), eles se mudam do ninho. Ficam escondidos por ali, observando e torcendo para que o filhote crie coragem e saia do ninho para, pelo menos, tentar encontrar algo para comer.

O filhote não sai. Passa dias gritando pela ajuda de seus pais. É um processo dolorido tanto para os pais quanto para o filho. Depois de muito piar e com

Gisella Cabral Heitzmann

muita fome, ele percebe que precisa se mexer. Correr atrás do que Jean Piaget chamou de objeto do desejo. Ele resolve, então, sair. Começa a procurar algo ali no próprio galho onde estava instalada sua casinha, mas não sem reclamar, ainda gritando por ajuda dos pais, ele finalmente encontra algo. Percebe, enfim, que pode também esticar as asas. Elas já estão grandes, fortes, são longas e ágeis. Finalmente, começa a pensar em outras possibilidades: e se eu voar até aquela outra árvore? Bem próximo dali, os pais estão supervisionando tudo e torcem pelo filho. Eles conhecem muito bem o alimento que deram para ele. Sabem tudo o que foi ensinado. Sabem de seu potencial. Agora, só resta torcer por ele.

Essa história não é apenas daquela espécie de ave. Ela é a parábola de todos nós. Já fomos filhos e precisávamos de cuidado, precisávamos ser alimentados. Já fomos ou seremos pais e alimentaremos filhotes, tanto física como emocionalmente.

Essa é uma tarefa árdua, um processo lindo e dolorido.

As crianças pequenas precisam de alimentos físicos e emocionais para crescerem e se tornarem adultos preparados para a vida fora do ninho ou do núcleo familiar.

Conforme elas vão crescendo, os alimentos que serviam antes já não sevem mais. É preciso mudar as receitas, trocar o leitinho por algo mais sólido e responsabilizar o filhote. Porém, muitas vezes, os pais não estão preparados para isso. Muitos deles protegem o filhote de tal maneira que, quando estão prontos para voar, são transferidos para uma gaiola. Lá eles continuam recebendo tudo de que necessitam. São celulares, roupas, tênis, alimentos, dinheiro etc. O filho fechado será criado com medo de tudo e de todos, afinal, lá fora o mundo é muito cruel. Algumas aves em cativeiro passam a se automutilar. Esse transtorno se chama picacismo. São aves lindas, coloridas, cheias de vida, habilidades e potencialidades, mas que por motivos ambientais e, principalmente, psicológicos, passam a arrancar as próprias penas, causando grandes problemas para sua sobrevivência.

Na natureza, elas poderiam fazer uma infinidade de coisas como, por exemplo, criar e explorar formas de se construir um ninho, buscar alimentos em diferentes árvores, experimentar outros sabores, arranjar uma parceira ou parceiro, assistir a diferentes pores do sol, ir a shopping, cinema, teatro, shows de rock, ver uma exposição, encontrar amigos, conversar, desenhar, ouvir música.

A necessidade de interação se dá porque somos emocionais, sociáveis e relacionais. Wallon (1941) afirma que "o indivíduo é social não como resultado de circunstâncias externas, mas em virtude de uma necessidade interna".

O maior problema de criar filhos superprotegidos é que eles não se relacionarão, se tornarão pessoas introspectivas, egocentradas e com dificuldades de relacionamentos.

Em casos mais graves, passarão a se autolesionar como os pássaros. Nos ambientes escolares, observa-se o crescente número de casos de crianças e adolescentes com comportamento de autolesão, também chamado de *cutting*. Devido à incapacidade de lidar com os próprios sentimentos, eles se cortam. Nesses casos, a família, em parceria com a escola, precisa buscar alternativas para sanar essa questão. Muitas vezes com a ajuda de especialistas, pois, conforme já sabemos, é preciso um aldeia inteira para educar uma criança.

A boa disciplina e o afeto, em todo tempo, complementam-se para melhorar a qualidade de vida da criança e de sua família. O excesso fere e mata.

A palavra disciplina para algumas pessoas pode até causar uma espécie de aversão. Quando somos crianças, disciplina pode parecer extremamente chata, tola ou "coisa de exército": um comandante que grita e um monte de soldados sem expressão, sem ideias ou opiniões, sem criatividade que, simplesmente, obedecem. Em nossa infantilidade, jamais queremos participar de algo assim. Desde pequenos, combatemos e fugimos de toda e qualquer pessoa que se parece com uma espécie de algoz ou um general. Inclusive pais e, principalmente, os professores. Algumas vezes combatemos, em outras fugimos.

O fato é que disciplina na verdade não tem nada a ver com isso, ou melhor; a disciplina quando acompanhada de afeto é tão potente, tão maravilhosa que pode fazer o impossível e o inimaginável. Aliados, transformam vidas, restauram feridas, curam emoções, mente e alma.

O afeto por si só, por incrível que pareça, traz muitos prejuízos. Uma criança que recebe muito afeto, mas sem nenhum limite, terá grandes dificuldades para encarar a vida, trará muitos conflitos para dentro da própria casa.

Por outro lado, há famílias que criam seus filhos praticamente fora do ninho, despidos das questões afetivas, emocionais ou de regras. Sob o pretexto de que os filhos são do mundo e que precisam "sofrer as consequências" para aprender a se virar. Muita gente ainda continua ocupada demais com as próprias vidas – trabalho, academia, passeios, barzinhos, futebol com amigos – e mal conseguem perceber o que está acontecendo dentro da própria casa.

Gisella Cabral Heitzmann

Esses filhos crescem sem princípios, valores e ética. Com raras exceções, são essas as crianças que darão trabalho em casa e, principalmente, na escola.

Elas crescem sem regras e com a pseudo ideia que suas asas são as maiores, mais bonitas e mais fortes que todas as outras. Sem limites, podem "voar" mais alto que todos. São os donos do mundo, fazem o que querem, falam o que querem, doa a quem doer. Quando pequenos, buscam o prazer nas pequenas contravenções cotidianas: esconder a mochila de um colega, quebrar os óculos do outro e por aí vai. Geralmente, são os que praticam o *bullying*. Suas vítimas são aqueles que não se posicionam.

Quando adolescentes, partem para contravenções maiores, pois as menores já não serão mais suficientes para diverti-los. Buscarão prazer também nas drogas ou no álcool, até que algo inesperado ou alguém os pare. São os sem limites.

Entre extremos, sempre existe o equilíbrio, que é o que devemos buscar. Para isso, é preciso entender que educar seres emocionais para a responsabilidade necessitará de regras, limites bem estabelecidos e muito afeto.

Equilibrar uma balança não é tarefa fácil, é preciso manejar com cuidado, inteligência e sabedoria cada elemento. Não será tranquilo, nem rápido ou automático. Coloca-se um elemento, a balança penderá para um lado. Procura-se outro com peso parecido com o primeiro e coloca-se do outro lado. Talvez ainda esteja pendendo para um dos lados. Com cuidado e carinho, busca-se o equilíbrio até alcançar, ou pelo menos ficar bem próximo. Ao educar um filho ou um aluno, a necessidade constante de buscar o equilíbrio é fundamental.

O conceito de disciplina consiste na obediência ao conjunto de regras estabelecidas por um grupo social.

O problema é que regras sociais podem ser explícitas do tipo: não coloque o dedo na tomada porque dá choque; não use drogas porque vicia e faz mal para a saúde; chegue no horário em seu trabalho etc. Outras são implícitas e têm a ver com caráter, virtudes e valores, algo passado de pais para filhos dentro do contexto familiar como, por exemplo: o que é de fato engraçado, o limite tênue entre a brincadeira e o *bullying*, o que fazer quando alguém cair? E outro, que ficou para a história e ainda hoje choca, não se ateia fogo em pessoas. Quem é o responsável por esses ensinamentos a não ser os pais?

Não é possível supor que uma criança já nasça sabendo. A criança precisa, desde pequena, aprender a respeitar e obedecer a essas regras. Daí a importância do tempo de convívio.

Esse tempo em que pais e filhos passam juntos, além da constância, precisa haver uma boa dose de intencionalidade e não ficar apenas nos diálogos espontâneos. É preciso ter objetivos claros sobre os valores que se pretende incutir na formação de cada indivíduo.

Educação é estar perto e atento às necessidades dos filhos. É atitude e exemplo. Voar um pouco mais alto que a disciplina seria educar para a autodisciplina: fazer o correto até mesmo quando ninguém estiver olhando.

A educação que visa à autodisciplina e ao senso de responsabilidade, trabalha incansavelmente como o artista para modelar o barro ou esculpir a pedra, são muitas tentativas até que se alcance a estética e, enfim, a obra esteja completa. Infelizmente, esse processo nunca acaba para os seres humanos, pois nunca estaremos completamente prontos. Há várias estratégias, tentativas, acertos e erros até que se encontre o melhor caminho e outras tantas para permanecer nele. Para isso, podemos analisar o último e mais precioso elemento: o perdão.

Os filhos precisarão saber que, quando errarem, serão perdoados.

A pequena águia no ninho experimenta sair, tenta buscar alimento acompanhada pelo olhar atento dos pais. Eles não foram embora. Não a abandonaram mesmo quando sabiam que ela estava pronta. Não sairão de lá, darão apoio e suporte para quando o filhote errar. Sabem que o erro faz parte do processo e será construtivo.

O perdão é algo extremamente necessário em nossas vidas. Liberar perdão e receber perdão é algo realmente transformador. É a maior prova de amor que alguém pode oferecer e receber. Perdão constrange e transforma.

Se você considera que sua educação esteve pautada em retaliação, punição ou outros elementos negativos, reconsidere todas essas questões e passe a investir em relações mais positivas. Equilibrar uma balança não é tarefa fácil, mas com amor, disciplina e perdão será possível. Acredite!

Referências

DANTAS, H. A afetividade e a construção do sujeito na psicogenética de Wallon. In: LA TAILLE, Yves *et al. Piaget, Vygotsky, Wallon: teorias psicogenéticas em discussão.* São Paulo: Summus, 1992.

MAHONEY, A.; ALMEIDA, L. R. Afetividade e processo ensino-aprendizagem: contribuições de Henri Wallon. *Psicologia da educação* [online]. 2005.

NELSEN, J. *Disciplina positiva.* São Paulo: Manole, 2015.

18

POR QUE NÃO CONSIGO EDUCAR DE FORMA RESPEITOSA?

Neste capítulo, falaremos sobre alguns desconhecimentos que nos desconectam da educação respeitosa, abordando, ainda, formas para modificar nossas práticas, de modo a conseguirmos transformar a relação com nossos filhos para um modo mais respeitoso, firme e gentil.

GISLAINE GRACIA MAGNABOSCO

Gislaine Gracia Magnabosco

Contatos
gigracia@hotmail.com
Instagram: @elo_consciente
43 99124 6508

Mãe do Davi, pedagoga, professora e educadora parental certificada pela Positive Discipline Association (PDA). É formada em Letras e Pedagogia, além de ser especialista em Psicopedagogia e Neuropedagogia. Também fez mestrado em Estudos Linguísticos. Tem mais de 10 anos de experiência na área da educação (docência, orientação e coordenação). Hoje, realiza formação para educadores e atua também como educadora parental, orientando pais não só em prol do seu autoconhecimento, como também para o transformar do seu maternar/paternar, visando ao desenvolvimento de relações mais conscientes, gentis, firmes e respeitosas. É coautora do livro *Manual da Infância: o desafio dos pais,* pela Editora Literare Books International.

"**Q**uero educar de forma respeitosa, mas não sei o porquê, muitas vezes, não consigo!" Essa é uma afirmação que, constantemente, ouço nas mentorias e *workshops* que faço.

Muitos pais até têm a intenção: querem modificar as práticas educacionais tradicionais que percebem não serem mais adequadas para o desenvolvimento de habilidades de vida, no entanto, no dia a dia, veem que estão a reproduzir velhos modelos autoritários ou, então, reproduzindo uma ou outra dica que viram ali e acolá, mas que, no seu contexto, não estão a gerar o resultado esperado. Sabem que precisam modificar algo, mas não sabem exatamente o que, nem como, nem por onde começar. São pais que agem de forma automática e, de tal modo, desconectados da essência do ato de educar: a **relação**.

Essa desconexão, configurada na sua essência pelo DESCONHECIMEN-TO, é que inibe a educação respeitosa.

Os desconhecimentos que nos desconectam da educação respeitosa

Entendemos por educação respeitosa aquela educação voltada para a conexão, comunicação e cooperação. Uma educação fundamentada no amor, na compreensão e respeito a si e ao outro (NELSEN, 2015). É uma educação que difere da educação tradicional, porque não está fundamentada em ações rígidas e autoritárias, mas sim em ações empáticas.

Quadro comparativo – educação tradicional e educação respeitosa		
	Abordagens tradicionais	**Abordagens focadas em uma educação respeitosa***
Como a disciplina é vista?	Interligada à obediência.	Interligada à colaboração.
Como a disciplina é desenvolvida?	Pelo autoritarismo, materializado por ações rígidas (castigos, ameaças).	Pela autoridade, materializada por ações que buscam gerar conexão antes da correção/ diálogo.
Qual é o foco da abordagem?	O cessar imediato do comportamento desviante. Olha-se o comportamento pelo comportamento.	A compreensão da inadequação do comportamento e o desenvolvimento de outras formas de lidar com a situação (habilidade de vida). Busca-se ver além do comportamento (comportamento é apenas a ponta do iceberg).
Resultado da abordagem	Imediato.	A longo prazo.
Como é a relação entre adulto e criança?	Relação *top-down* – abordagem hierárquica, não considera o outro: "Eu mando, você obedece".	Relação *bottom-up* – tem uma abordagem mais horizontal, considera os sentimentos e ideias do outro: "Podemos conversar a respeito, pois o que diz é importante para mim".
O que motiva o comportamento das pessoas?	Recompensas e punições.	Senso de aceitação (conexão) e importância (significado).
Quais ferramentas utiliza?	Recompensas, incentivos e punições.	Empatia, compreensão das crenças, habilidade de resolução de problemas de forma colaborativa e acompanhamento gentil e firme.
Qual é a resposta para o comportamento inadequado?	Censura, isolamento e punição.	Conexão antes da correção, foco em soluções (plano para assumir os erros e repará-los), acompanhamento e lidar com a crença por trás do comportamento.
***Adaptado de: NELSEN; LOTT, GLENN (2017)**		

A educação respeitosa é uma abordagem educacional que exige — daqueles que decidem exercê-la – um constante movimento: **para dentro** de si (busca por autoconhecimento e por evoluir enquanto ser humano; cura da criança interior; identificação das crenças limitantes; desenvolvimento de crenças fortalecedoras etc.) e **para fora** (conhecimento; consideração e escuta do outro; análise das práticas executadas e de seus efeitos; presença real — física e emocional – nas diversas situações do cotidiano educativo etc.).

É por isso que, para muitos, educar de forma respeitosa é um desafio considerável, haja vista que "muitos de nós não estamos conscientes da dinâmica que existe no relacionamento com nossos filhos, tampouco conosco mesmo" (TSABARY).

De forma geral, podemos citar três tipos de inconsciências, ou desconhecimentos, que nos levam à desconexão:

1. Desconhecimento de quem realmente somos e de quem nosso filho realmente é;
2. Desconhecimento **real** das ações que fazemos que não são respeitosas e do que está por trás do comportamento dos nossos filhos;
3. Desconhecimento de outras formas de conduzir as situações.

Analisar se estamos desconhecendo um ou outro ponto é fundamental para que nos fortaleçamos na caminhada rumo a uma educação respeitosa, haja vista que só conseguiremos mudar aquilo que conhecemos, aquilo que aceitamos que temos que mudar.

Vamos falar um pouco mais sobre esses desconhecimentos e, ainda, sobre como podemos iniciar uma caminhada rumo ao conhecimento de cada um.

Desconhecimento de quem realmente somos e de quem nosso filho realmente é

Você, verdadeiramente, se conhece? Sabe nomear, com exatidão, seus sentimentos, gatilhos, crenças limitantes? Aquelas que, quando agimos no automático, guiam nossas ações?

Você, realmente, conhece seu filho? Sabe elencar, com precisão, seus gostos, medos, sonhos? Você sabe quais comportamentos são típicos para a idade dele? Sabe quando o cérebro dele estará maduro para realizar determinadas ações? Sabe quais são suas reais necessidades?

Pela convivência, classificaria o temperamento do seu filho em sanguíneo, melancólico, colérico ou fleumático? E o seu padrão de comportamento (dominância, influência, estabilidade, conformidade)? E você sabe quais são os seus e como isso pode interferir na relação entre vocês?

A maioria das pessoas, quando questionadas, não tem a resposta para todas as perguntas e, muitas delas nem se questionam a respeito. Outras, ainda, nem sabem exatamente qual é a sua missão ao criar os filhos, tampouco qual sua filosofia e metodologia para conseguir conquistar tal objetivo.

São pais que estão no automático, desconectados de si, criando os filhos inconscientemente ou por repetição de padrão, o que, além de gerar muita distância, fortalece as dificuldades na relação, afinal "como podemos ouvi-los, quando muitos de nós mal nos escutamos? Se nós perdemos a nossa própria bússola, não é de espantar que tantas crianças e jovens estejam sem direção, desconectados e desencorajados" (TSABARY).

Estar conectado consigo e com o outro são condições *sine qua non* para a educação respeitosa, pois ela exige uma presença real e engajada, além de uma predisposição para "enfrentar e resolver questões íntimas que se originaram na forma como nós fomos criados, isto é, na nossa configuração-padrão" (TSABARY), aquela configuração que, no automatismo, é ativada para "re-solver" as situações desafiadoras.

É preciso, pois, estar conectado consigo e com o outro. Somente com essa conexão, a educação respeitosa acontecerá.

Algumas estratégias para iniciar esse processo de autoconhecimento e conexão consigo e com seu filho.

Autoconhecimento e conexão consigo
Tenha acesso a materiais que auxiliem no processo de introspecção e identificação de alguns padrões comportamentais e temperamento.
Crie uma rotina para a pausa e análise interior.
Busque conhecer quais são seus "gatilhos": o que faz com que você, por exemplo, perca a paciência e o que pode fazer para não chegar a esse ponto (conhecer seu gatilho da paz).
Busque constante autocapacitação, munindo-se de conhecimentos e ferramentas que favoreçam na escolha de uma forma mais consciente de agir, mudando para interações mais positivas.
Caso tenha condições, fazer terapia auxilia muito na autodescoberta e desenvolvimento de estratégias para evolução pessoal.

Conhecimento e conexão com o seu filho.
Crie, com ele, um momento, na rotina, para que tenham um tempo particular juntos, sem distrações (celular, por exemplo).
Demonstre (e realmente tenha) interesse pela vida dele: escute-o mais; acompanhe-o em algumas atividades; esteja presente.
Conversem sobre tudo (inclusive sobre a relação de vocês).
Busque olhar realmente para seu filho (limpe seu olhar das próprias expectativas em relação a ele).
Leia livros que falem sobre o desenvolvimento humano, especialmente sobre a fase em que seu filho está.

Desconhecimento real das ações que fazemos que não são respeitosas e do que está por trás do comportamento dos nossos filhos

Se não nos conhecemos, se não conhecemos o nosso filho, se não estamos realmente presentes nas situações, se não buscamos refletir sobre a forma como estamos interagindo com ele e o resultado que essas ações têm gerado, é muito fácil (e até esperado) que nossas ações estejam automatizadas e desconectadas da essência dessa relação.

> A falta de consciência que os pais têm sobre si mesmos reflete, diretamente, na relação que têm com os filhos e na forma como conduzem a educação deles.
> (VIEIRA, BRAGA& TÁVORA)

Por viver nessa inconsciência, nesse automatismo, é possível que muitos pais naturalizem reações desrespeitosas, não as interpretando como danosas ao desenvolvimento dos filhos (ao seu senso de autoeficácia, pertencimento, importância), até porque questionar seu modo de educar não está no padrão de comportamento de muitos desses pais.

Talvez se parassem para refletir sobre a forma como têm conduzido a educação dos filhos, sobre a forma como têm se relacionado com eles, muitos até conseguiriam (re)conhecer as formas mais visíveis de violência que podem estar a exercerem (gritos, ameaças, punições). No entanto, muitos certamente não apontariam que a ausência, a falta de diálogo e escuta reais, a não compreensão, o não acolhimento, a não aceitação (só para citar algumas) também são formas de violências, exercidas diariamente.

É preciso presença, consciência, autoquestionamento e análise constantes para que possamos identificar práticas não respeitosas. Além disso, é preciso estudo não só para modificar esses padrões, mas também para entender o que está por trás do comportamento dos nossos filhos (qual a necessidade não atendida que ele pode estar manifestando por meio daquele comportamento).

Entender que todo comportamento é comunicação pode ajudar muito na modificação de práticas, isso porque capacitaremos nosso olhar para ver além do comportamento (além da "birra", da resposta torta, da agressividade); e analisar o que está internamente movendo nossos filhos. Essa constante atenção pode nos ajudar a perceber que um "mau" comportamento não é definidor de quem nossos filhos são. É, apenas, a manifestação de um objetivo ou de uma necessidade e, acolhendo-o, podemos nos tornar mais respeitosos.

Desconhecimento de outras formas de conduzir as situações

"Nasce uma criança, nasce uma mãe e um pai", quem nunca ouviu essa frase? Socialmente correta, ela expressa bem a função social que o homem e a mulher passam a ter com o nascimento de um filho, no entanto a frase não expressa (ou pelo menos não deveria expressar) a ideia de que educar e cuidar de uma criança é uma ação natural, intuitiva, que podemos fazer sem ter a preocupação em nos capacitarmos para tal.

O instinto materno e paterno é extremamente importante, sobretudo para a sobrevivência física, proteção, segurança e para as questões mais básicas e primitivas da existência humana, mas só ele não basta para lidarmos com questões complexas do ser humano, como os comportamentos, as motivações e a personalidade (VIEIRA, BRAGA & TÁVORA).

Nosso dever, enquanto pais, é conhecer, estudar e aprender, para então praticar com nossos filhos, buscando sempre adquirir conhecimentos que nos auxiliarão no aprimoramento de nossa parentalidade.

Nesse sentido, no ato de educar, é preciso ir além dos saberes pessoais adquiridos pela vivência. É preciso ampliar nossos horizontes por meio de saberes provenientes de formações, mas também de novas experiências práticas, isto é, experiências que nos farão avaliar, julgar e transformar nossos próprios saberes, sempre buscando evoluir e aperfeiçoar o que já fazemos.

Considerações finais

Por tudo o que foi exposto, fica claro que, se realmente queremos ser mais respeitosos com nossos filhos, temos que estudar (sobre educação, comportamento, desenvolvimento). Temos que constantemente revisar o que somos, pensamos, sentimos e fazemos. Temos que entender quem nossos filhos são, o que os motivam, nos conectando a eles. Temos, por fim, que conhecer.

Nas palavras de Vieira, Braga e Távora (2021), temos que nos tornar "pais *resets*", isto é, "pais que precisam reiniciar constantemente seus processos de aquisição de saberes para renovarem suas práticas", visando oferecer aos filhos mais do que receberam.

Você, por estar lendo este livro, já iniciou esse processo de modificação. Que possa continuar firme na busca por conhecimento, pois ele, seguido da persistência, conseguirá realizar grandes transformações na sua vida e na sua forma de educar.

Referências

NELSEN, J. *Disciplina positiva*. 3. ed. Barueri: Manole, 2015.

NELSEN, J.; LOTT, L.; GLENN, H. S. *Disciplina positiva em sala de aula*. Barueri: Editora Manole, 2017.

TSABARY, S. *Pais e mães conscientes: como transformar nossas vidas para empoderar nossos filhos*. Rio de Jairo: Bicicleta Amarela, 2017.

VIEIRA, P.; BRAGA, S.; TÁVORA, V. V. *Decifre e fortaleça seu filho*. São Paulo: Gente, 2021.

19

COMO DISCIPLINAR A SENSIBILIDADE
POR MEIO DA ORDEM DE DESENVOLVIMENTO DAS SETE LINGUAGENS NATURAIS

Sem uma sensibilidade aguçada, como é possível treinar, orientar e contribuir para a educação de uma criança que é extremamente sensível? Partindo de uma visão neurocientífica, de qual disciplina a criança necessita? Também irei falar sobre educação para a beleza e educação para a guerra, que são conceitos fundamentais para tratarmos de disciplina e afeto.

GIULIA FERREIRA DALLOGLIO

Giulia Ferreira Dalloglio

Contatos
giu.dalloglio@yahoo.com.br
Instagram: @giulia_dalloglio
Facebook: Giulia Dalloglio
YouTube: 7 linguagens naturais e musicais
54 996904662

Pesquisadora em neurociência e música. Criadora do curso Educação Sonora, Sensorial e Musical. Teórica das sete linguagens naturais; artista; escritora; professora e sócia da escola Armonia Som Educação; palestrante na Call to Friendship Association (Istambul, Turquia) e na Associação dos Amigos do Livro do Conhecimento (RS). Formação pela Universidade Estadual do Rio Grande do Sul, especializações em Musicalização Infantil Técnica Vocal Bell Canto, Educação Musical em Violão e Piano. Artes Clássicas, Neurociências, Marketing, Empreendedorismo, Cnv e Pedagogias. Autora dos e-books *Educação sonora, sensorial e musical* (2022); *Como educar pelas leis naturais* (2016); e *Alma da criança* (álbum infantil musical).

Sensibilidade é assunto primordial para educar

Há mais de uma década venho me especializando em neurociência, pedagogia e todos os temas sociais ou científicos que surgem como importantes em nosso século, como inteligência emocional e socioemocional, por exemplo. A cada novo autor ou nova pesquisa realizada chegamos a constatações semelhantes de que tudo o que conhecemos é fruto da nossa própria mente ou a soma das experiências como indivíduos. Vivemos em mundos paralelos e o que nos aproxima uns dos outros são nossas linguagens, que criam vínculos que foram desenvolvidos, neurologicamente, por meio do afeto, como mamíferos que somos.

Nosso cérebro se expande quando recebe afeto, as conexões neurais se fortalecem em crianças criadas em ambientes agradáveis, com cuidados e estímulos necessários às suas fases naturais.

Já em ambientes violentos, o cérebro se contrai, cria menos sinapses e fortalece caminhos cerebrais traumáticos, revivendo as mesmas cenas por meio de medos e pensamentos.

Há inclusive um artigo de neurociência que aborda as diferenças entre o cérebro rico e o cérebro pobre, no sentido financeiro mesmo.

Ser sensível é natural, faz parte da nossa natureza humana e animal. Porém, é claro que é um tema complexo e de difícil conclusão, já que vivemos em uma desigualdade social tremenda e não podemos tratar todos como iguais, uma vez que os ambientes e as condições não os constroem como iguais. O importante é nos aprofundarmos no assunto e percebermos o quanto nossa vida depende diretamente de nossa sensibilidade individual e coletiva.

A sensibilidade é tratada como tema biológico, deixado para o pensamento científico, psicológico e filosófico. Quero dizer a você que esse tema precisa ser antes de tudo: EDUCACIONAL. Um tema emergente quando pensamos em saúde pública, em avanços na educação ou mesmo em qualidade de vida.

A sensibilidade é um tema pouco abordado em narrativas educacionais, muitas vezes trazendo um sentido contrário ao que eu trarei aqui. Recebemos, por meio das gerações (e colhemos reflexos disso até hoje), o conceito de que sensibilidade é uma fraqueza, uma deficiência e um traço de menor valor da personalidade. Do tipo: "homem não chora"; "engole o choro"; "fraco que nem mulherzinha"; "homem é visual, mulher é sentimental"... e por aí vai.

Quero levar você a perceber que esses comportamentos sociais influenciam nossos valores, pensamentos e atitudes como ser humano. Afetam o dia a dia com os filhos, do aproveitamento de uma festa em família até o simples fato de ficar em paz em meio às pessoas. Uma sensibilidade não desenvolvida pode distorcer a forma de educar e dar valores morais.

Educar para quê?

Em busca de promover força, disciplina, inteligências e sucesso, o formato de educação escolar se perdeu, se encontrou, se perdeu de novo ao longo do tempo, e procura acalanto nos dias de hoje.

Houve um tempo (principalmente em tempos de guerra, sociedades mais bélicas, como Esparta, na Grécia) em que praticar e desenvolver sensibilidades não merecia valor na educação. Em Esparta, os indivíduos eram educados para a guerra, eram soldados obedientes, resistentes. Na cidade vizinha, Atenas, a educação era o oposto: educava-se para a cidadania, democracia, arte, filosofia e ciência.

Inúmeras vezes foi retirado do currículo básico das escolas tudo aquilo que dava espaço ou nutria o indivíduo dos sentimentos mais sublimes. Disciplinas que fizessem o indivíduo se perceber mais, refletir, questionar; o ensino das artes e da música, da filosofia e da ciência natural sempre foram subitamente retirados das escolas, em momentos de ditadura e de opressão governamental.

Você já se perguntou por que isso aconteceu e acontece? Por que retirar algumas matérias e fomentar outras? Por que levar as crianças à fragmentação delas mesmas, submetendo-as a escolherem o lado das exatas ou das humanas? Por que não podemos exercitar todas as capacidades naturais e desenvolver as técnicas para a construção de uma identidade de um ser humano completamente educado?

Para começo de tudo, penso que a escola existe para contribuir na transformação do conhecer em saber, trazendo diversidade em todos os sentidos. Exercitar nas crianças o hábito de pensar e a criatividade natural, que podem ser construídos desde a primeira infância por meio de uma educação humanizada.

A escola não teria o papel de educar as fraquezas humanas e torná-las inteligências? Por que então as artes e todo um sistema mais sensorial foi banido das escolas, inúmeras vezes, pelos regimentos e seus governos? Estamos educando para as faculdades do ser ou para a criação de soldados e operários obedientes?

Hoje, nós, pais e educadores, pensamos e tratamos os sentimentos e as emoções como coisas importantes, que devemos cuidar, nutrir e preservar. Isso mudou há meros 100 anos. Porém, não basta querermos cuidar por moda. Precisamos compreender, dentro de uma lógica, o processo de desenvolvimento mental e do reflexo dessa construção na vida do indivíduo. E mudar a mentalidade, não só o comportamento. Portanto, diante dessa reflexão sobre nosso sistema educacional e como a sensibilidade foi tratada até hoje – pouco educada, pouco explorada –, partimos do ponto de vista de que sensibilidade é assunto para pais e mães fortes, de mentalidade e cultura ímpar que buscam autoconhecimento e novas práticas para suas vidas.

Como ter disciplina em educar?

A construção da mente de um ser humano, como hoje as pesquisas de neurociências apresentam, inicia-se desde o ventre materno; porém, são nos três primeiros anos que ela monta sua arquitetura cerebral. Suas ligações mais fortes e rápidas ocorrem nessa fase, desencadeando a primeira impressão do indivíduo com o mundo. E isso ocorre totalmente por meio do seu sistema sensorial. Isso mesmo, por meio dos sensores, cinco sentidos e seu desenrolar de informações sobre o ambiente. Essas informações e seus graus de registros ficarão na memória e estão diretamente ligadas àquilo que chamamos de traços de personalidade e formação de caráter. Todo o comportamento humano vem dos estímulos que recebe de seu ambiente de vida. São reflexos de sua interpretação do ambiente. Portanto, ao falarmos de sensibilidade falamos de como o cérebro se comporta, o quanto ele aprendeu, como ele processa informações e as transformam em sabedoria.

Na infância, temos uma oportunidade ímpar de seguir a ordem natural do interesse das crianças. Elas demonstram expressivamente aquilo que desejam aprender. Devemos ouvi-las e ajudá-las a aprender suas vontades, por meio de todo o seu potencial – com todas as suas sete linguagens naturais.

A melhor disciplina para educar, segundo minhas pesquisas em neurociências e educação compiladas na teoria das sete linguagens naturais, é aquela que atende a natureza humana, o sistema neurológico de aprender e que leva

Giulia Ferreira Dalloglio

mais em conta o funcionamento do cérebro em cada fase de sua vida do que opiniões, condicionamento sociais, pedagogia ou doutrinas.

Não podemos ser rasos e copiar uma pedagogia de 100 anos atrás ou qualquer fórmula mágica, acreditando que fazemos o melhor. Podemos, sim nos basear em sucessos pedagógicos, mas nunca tentar implementá-los à risca, pois não são atuais e podem obscurecer a visão de um pai ou mãe de primeira viagem.

Saber como nutrir as fases neurológicas e afetivas nos primeiros anos de vida certamente é a disciplina requerida para os pais e educadores que estão cheios de obstáculos no seu educar e viver diários. Essas fases eu chamo de sete linguagens naturais, as sete vias de relacionamento que temos quando bebê, criança, adolescente e adulto. São nossas comunicações, nossas fases na infância, são também nossas dificuldades se não forem desenvolvidas, como, por exemplo, a linguagem artística, da ordem e da técnica – que não são desenvolvidas por muitas pessoas – ou a linguagem intelectual, filosófica e científica.

Devemos nos aprofundar nas necessidades reais da primeira infância.

Podemos ver padrões de vidas se repetindo porque também outros padrões nas escolhas, atitudes e relações estão acontecendo. Padrões de pensamentos. Padrões de escolhas. Padrões de erros e vitórias a seguir. Muito do que é feito na sociedade é a combinação de padrões de vida e viver. Quanto mais insensível, mais facilmente influenciável será o indivíduo em repetir padrões. Menos treinado ele estará sobre as sutis nuances ao seu redor.

Estamos dizendo "você deve ter disciplina, senão não será ninguém", enquanto devíamos ajudar os indivíduos a se preencherem de si mesmos, se amarem e se cuidarem.

Nós somos nosso grande desafio nessa Terra. Compreender o funcionamento humano para se educar e educar nossos descendentes. Por enquanto, nosso papel de professor, pai e mãe é treiná-los para que fiquem saudáveis em sua mais perfeita forma. Esse deveria ser nosso anseio como pais e educadores: educar para a saúde integral do ser.

Precisamos ativar nosso potencial humano de estarmos mais sensíveis à vida e às relações afetivas com todos os seres, mas, principalmente, com as crianças, que estão em construção da sua estrutura mental primária.

A importância do som para o desenvolvimento de um ser mais humanizado e sensível

A estrutura mental primária é formada pelas experiências que o sujeito vivencia em seus primeiros anos, e eu, humildemente, diria, como cientista de tal, que o som é o maior fator estimulante e provocador de todas as demais consequências linguísticas do ser humano. O som nos primeiros anos deve ser levado em consideração. Ele será a trilha sonora interior, as atmosferas, as nuances.

Sem as vibrações – incluindo as sonoras – não teríamos emoções ou não montaríamos o repertório de significados e medidas sobre a vida e tudo o que sabemos dela.

Ser sensível ao som e sua linguagem vibracional é primordial à mente, às emoções e aos registros de personalidade, traumas, vícios, hábitos. E claro, isso traz efeitos de grande impacto nas dificuldades desenvolvidas. Sempre há um registro de ambiente sonoro e sensorial por trás de um trauma, de um forte hábito ou vício, de uma memória.

A vocês que já vêm pensando sobre a importância da sensibilidade na primeira infância. Ela deve ser tratada com olhar humanizado. O cuidar, o que falar, quando e como falar; a você que percebe que a construção de uma mente, a construção dos valores e do futuro de uma criança dependem muito mais de sua mentalidade adquirida, da sua autoconfiança, sua coragem, sua determinação, sua criatividade, sua capacidade de pensar por si mesma, do que da profissão escolhida. E tudo isso depende diretamente de sua percepção. São seus sensores que iniciam o processo de percepção de si, do ambiente e do mundo, do que fazer e de como ser.

De fato, em nossa sociedade, pouco se fala sobre educar a sensibilidade para construir um ser humano que é por natureza um ser sensível. E vem crescendo o entendimento de que precisamos desenvolver a sensibilidade em toda a sociedade, nas pessoas próximas e, claro, no núcleo familiar.

Educar a criança treinando sua sensibilidade é o nosso maior dever e o dever inicial. Se fizermos direito, o raciocínio, a lógica e as demais capacidades virão pelo próprio desabrochar das linguagens naturais do intelecto.

Como disse Aristóteles: "Nada está no intelecto sem antes passar pelos sentidos". E ele estava certo. Nada é compreendido se não for sentido e experienciado na prática e na pele.

O mundo não precisa de exigência, mas de amor dado da essência.
BULENT ÇORAC

Já se foram os tempos em que a disciplina era rígida e agressiva. Agora, sabemos que o afeto é a melhor disciplina.

Como disciplinar sua sensibilidade como pais

Você pode ativar sua sensibilidade – e aproximá-la mais da sensibilidade da criança – por meio de brincadeiras com artes. Leve a sério. São exercícios diários e criativos de realizar e criar coisas que farão a criança sentir-se capaz e motivada para fazer e executar.

As artes trazem por si só elementos afetivos, cores, manuseios e músicas. Elas colorem a vida e dão sentido aos afazeres.

- Sinta cheiros de tudo, com muito som;
- observe de onde vêm os sons ao redor, busque e investigue;
- crie sempre, todos os dias. Os objetos falam e viram personagens;
- prove novos alimentos todos os dias, não desista, apresente;
- ouça músicas apropriadas, pensadas e planejadas. Seu ouvido é precioso e de sua criança mais ainda. As músicas formam opiniões e ditam comportamentos. Tenha sempre cuidado.
- esteja sempre em meio à natureza, descobrindo e se aventurando. Os elementos naturais ativam hormônios de bem-estar e deixam o indivíduo se sentindo em casa.
- muita conversa, pouco eletrônico, muito colo, muita leitura de livros, muitos fantoches; pouco eletrônico.
- a grande disciplina, hoje, é livrar as crianças do mal do século: seu corpo parado em frente às telas. Mas se eu consigo, você também pode.

Referências

ÇORAC, V. B. O. *O livro do conhecimento*. São Paulo: AALCB – Associação Amigos do Livro do Conhecimento do Brasil, 1993.

DALLOGLIO, G. *Educação sonora, sensorial e musical*. Disponível em: <https://hotmart.com/pt-br/marketplace/produtos/educacao-sonora-sensorial-e-musical/E78854805Q>. Acesso em: 23 fev. de 2023.

LENT, R.; BUCHWEITZ, A.; MOTA, M. B. *Ciência para educação*. São Paulo: Editora Atheneu, 2018.

LOWESNTEIN, O. *Os sentidos*. Bup, 1966.

VYGOTSKY, L. S. *A formação social da mente*. São Paulo: Martins Fontes ,1991.

20

APEGO SEGURO E O VÍNCULO NA RELAÇÃO ENTRE PAIS E FILHOS

Os filhos nos dão oportunidade de crescer. Quando a infância é vivenciada com intensidade, boas recordações permanecem, ajudando a superar adversidades, desenvolvendo resiliência e bem-estar. Esse percurso é uma arte que deve ser tecida a muitas mãos. O adulto deve refletir a partir da parentalidade consciente, do apego seguro e do desenvolvimento de vínculos saudáveis, que serão mantidos ao longo da existência.

GRASIELA PAVIN BOHNER E FABIANA NUNES RIBAS

Grasiela Pavin Bohner

Contatos
grasibohner@hotmail.com
Instagram: @grasibohner
49 99924 1132

Psicóloga graduada pela UNOESC, pedagoga e psicopedagoga pela UNOCHAPECÓ, neuropsicóloga com ênfase ao TEA pelo CBI of miami, pós-graduada em Saúde Mental e Desenvolvimento Humano pela PUC-PR. Atualmente, está cursando pós-graduação em Educação Parental e Inteligência Emocional pela Academia Parent Brasil; e em fase de conclusão da especialização em Terapia de Casal e Família pelo InterCiclos Instituto de Formação. Mãe da Helena, foi educadora por 20 anos. Fascinada pela mente, relações, comportamento e desenvolvimento humano que tornaram a conexão com pessoas e suas especificidades o grande dinamismo de seu trabalho. Hoje, atua exclusivamente como psicóloga, com atendimentos voltados para casais, famílias, crianças e orientação de pais.

Fabiana Nunes Ribas

Contatos
fabiananunes.ribas@gmail.com
Instagram: @fabianaribas.terapeuta
49 99146 7694

Casada com Marcelo, mãe de dois filhos, Henrique e Isabela. Terapeuta de família e casal e educadora parental com ênfase em Parentalidade Consciente, com certificação em Disciplina Positiva emitida pela PDA Brasil, reconhecida pela Positive Discipline Association (EUA). Especialista *Parent Coaching* em ferramentas de diagnóstico parental, formação em Psicologia do Puerpério, com certificação em Sono e Apego Seguro. Atualmente, cursa pós-graduação em Educação Parental e Inteligência Emocional, sendo facilitadora do programa Educação Emocional Positiva. Apaixonada por aprender, possui inúmeras formações na área de terapias integrativas, como formação em Eneagrama da personalidade e instintos, mapeamento da personalidade e seus motivadores.

Antes de iniciar a leitura deste capítulo gostaríamos de fazer um convite para algumas reflexões que consideramos importantes e que, por muitas vezes, não nos permitimos fazer por diversos fatores, como falta de tempo, cansaço, fuga, negação, entre outros. Respire... Inspire... e se permita pensar em sua infância. Que memórias você carrega? Quais pessoas estão nessas memórias? Que sentimentos essas memórias trazem? Quais são os cheiros, sensações, cores que vêm a sua mente?

Agora que você se permitiu, convidamos para uma leitura repleta de significados e sentido que poderá ressignificar e ajudar a entender fatores que influenciaram na parentalidade que recebemos na infância, percebendo o que podemos aprimorar pelo que funcionou conosco e reavaliar o que e como gostaríamos de colocar em prática nas experiências vivenciadas com nossos filhos de forma consciente. Com certeza, isso tudo envolve medo, expectativas, frustrações, crenças, alegria e, principalmente, esperança. Esperança em um lugar onde nossas crianças possam se sentir seguras, acolhidas e AMADAS.

Por isso, temos que agir, buscar, esperançar e não esperar, porque como dizia Paulo Freire (1992): "É preciso ter esperança, mas tem que ser esperança do verbo esperançar, porque tem gente que tem esperança do verbo esperar. E esperança do verbo esperar não é esperança, é espera. Esperançar é se levantar, esperançar é ir atrás, esperançar é construir, esperançar é não desistir! Esperançar é levar adiante, esperançar é juntar-se com outros para fazer de outro modo!".

Nolêto (2022) fala que não nos tornamos mãe e pai quando levamos nosso pacotinho para casa; nós não começamos a construir nossa parentalidade quando, no parto, ouvimos o choro do nosso filho pela primeira vez; também não foi quando vimos nosso bebê em um ultrassom; nem quando lemos tudo o que poderíamos sobre a gestação; não foi quando escolhemos o nome; quando recebemos um positivo; nem quando começamos a desejar ter um filho. A parentalidade começou a ser construída muito antes disso.

Grasiela Pavin Bohner e Fabiana Nunes Ribas

Aprendemos a ser mãe e pai quando ainda éramos filho! É perfeito quando essa autora coloca que "a gente só consegue olhar para frente se antes a gente olhar para dentro".

Assim, quando pensamos a infância pelo tempo, é possível ter respostas para nossas angústias, crenças, saúde mental e emocional e, principalmente, a forma que somos hoje está diretamente ligada com essa fase de nossa vida. É necessário lançar um olhar sobre como as relações são elaboradas desde o nascimento, ou melhor, desde a concepção. Somos mamíferos, por consequência, precisamos de outro ser para sobreviver, mas não é só da sobrevivência fisiológica e biológica. Temos uma necessidade emocional que, por vezes, ao receber um bebê, a família, por falta de experiência ou conhecimento, negligencia.

Nesse contexto, Minuchin (1990) observa que, na perspectiva sistêmica, a família se influencia mutuamente a partir de seus subsistemas, os quais transmitem, entre gerações, os padrões relacionais e comportamentais de pais para filhos. Carter e McGoldrick (2016) entendem a parentalidade como uma fase específica do ciclo vital familiar, a qual implica a criação de um espaço para o novo membro da família. A parentalidade é um processo maturativo que envolve os adultos a transformarem-se em pais e que estejam disponíveis emocionalmente para responder às demandas físicas e afetivas da criança que chega (SOUSA; CARNEIRO, 2014).

Para Nolêto (2022), uma coisa comum, não só na parentalidade mas na nossa vida em geral, é a dificuldade de não saber o que fazer. E quando nos tornamos pais, isso fica potencializado, não sabemos o que fazer em vários momentos. Sentimo-nos perdidos, impotentes, sem saber qual a melhor escolha, qual caminho seguir diante de um desafio com nossos filhos.

Esses anseios diminuem quando entendemos que podemos oferecer uma base de bem-estar emocional e segurança para que nossos filhos floresçam, pois a segurança do apego de uma criança pelos pais é altamente correlacionada com a compreensão dos pais a respeito das próprias experiências iniciais de vida. Então, vamos falar sobre apego seguro e vínculo como caminhos de construção, com a intenção de melhorar as relações, proporcionando melhores vivências entre os pares em sua parentalidade.

Quando falamos de apego, pode vir à mente diversas formas e tipos de apego, sempre a partir daquilo que você vivenciou em suas relações, porém, neste texto, vamos abordar o apego seguro. Para Siegel (2020), o apego seguro é uma das peças do grande quebra-cabeça do desenvolvimento, o qual inclui muitos fatores que influenciam a trajetória de nossos filhos. Embora o apego seguro apoie o desenvolvimento da resiliência e do bem-estar nas crianças, vários outros fatores – genética, pares e experiências na escola e na sociedade em geral – influenciam como eles se conduzirão na vida. Ainda assim, o apego é um fator que nós, como pais, podemos influenciar diretamente na vida dos filhos, em razão dessa ideia crucial de dentro para fora. O fator crítico não é o que aconteceu com você em sua infância, e sim como você enxerga o efeito dessas experiências sobre sua vida.

Vamos pensar, então, no desenvolvimento do apego infantil saudável que, para Bowlby (1989), está diretamente relacionado à capacidade do adulto de cuidar e responder adequadamente aos sinais emitidos pelo bebê. O apego seguro e responsivo é o laço de segurança e proteção que possibilita ao indivíduo o seu desenvolvimento integral e saudável. É a partir dos cuidados de alguém que o ser humano encontra suporte para desenvolver-se (BOWLBY, 1989). Sem a formação desse vínculo, a criança poderia se distanciar excessivamente dos adultos ao explorar o mundo, ficando exposta a diversos riscos. Os comportamentos de apego são, portanto, essenciais aos comportamentos exploratórios, pois possibilitam à criança conhecer o mundo em condições mais seguras (GOMES; MELCHIORI, 2012). Nesse sentido, Bee (1997) cita que a criança depende da presença de um ambiente mínimo esperado, sendo essencial a formação do elo afetivo e da oportunidade de pais e bebês desenvolverem um padrão mútuo de entrosamento de comportamento de apego.

O estabelecimento de vínculos afetivos é fundamental para a construção da identidade e dos relacionamentos interpessoais da criança desde a primeira infância. É a partir das ligações criadas entre os familiares e amigos que a criança começa a entender o mundo que a cerca e os próprios sentimentos. Podemos entender por vínculo afetivo toda e qualquer interação entre a criança e seus responsáveis. São gestos de carinho, cuidado e, principalmente, de atenção destinada às necessidades básicas. Esses fatores e atitudes já são percebidos pela criança desde a primeira infância. Criar esse tipo de relacionamento significa proporcionar caminhos para formar pessoas inteligentes emocionalmente.

Os processos de vinculação do ser humano, ao longo do ciclo de vida, são bem explicados por meio do tipo de apego que vivenciou na infância. Desse modo, quando a relação de parentalidade é organizada e emocionalmente disponível atende às necessidades emocionais de forma significativa com a criança, participando de seus cuidados. Assim, incentivam a criança a assumir riscos dentro de um contexto seguro e a estimulam a ser perseverante.

Esse entendimento permite aos pais/cuidadores estarem mais preparados em atender às necessidades dos filhos, a desenvolverem o apego seguro e uma parentalidade saudável (PAPALIA; FELDMAN, 2013).

O processo de apego desenvolve-se pela interação entre bebê-mãe/pai. Ainsworth (1978) desenvolveu um sistema de avaliação do relacionamento mãe-bebê – a partir de observações naturalísticas desse tipo de interação – chegando à identificação de dois grandes grupos de estilo de apego: os seguros e os inseguros. Enquanto as crianças seguras se mostravam confiantes na exploração do ambiente e usavam seus cuidadores como uma base segura de exploração, as crianças categorizadas como inseguras tinham em comum baixa exploração do ambiente e pouca ou intensa interação com suas mães.

Por isso, um dos pressupostos básicos da teoria do apego é de que as primeiras relações de apego, estabelecidas na infância, afetam o estilo de apego do indivíduo ao longo de sua vida (BOWLBY, 1989).

O sistema de apego é complexo e influência no desenvolvimento biológico e emocional. Bowlby (1989) diz que as experiências precoces com o cuidador primário iniciam o que depois se generalizará nas expectativas sobre si mesmo, dos outros e do mundo em geral, com implicações importantes na personalidade em desenvolvimento.

O apego ao longo do ciclo vital

A necessidade de figuras de apego que proporcionem uma base segura não se limita absolutamente às crianças (BOWLBY, 1979/2001). Ela se inicia na infância e se perpetua pela vida toda. Para isso ficar mais claro, vamos usar uma analogia entre o sistema de apego e o desenvolvimento infantil, no qual comparamos a criança à construção de uma edificação (casa/prédio). Profissionais da construção civil sempre têm uma atenção especial com a base, a fundação, para depois elaborar o projeto estrutural com vigas, paredes e telhado. Nesse contexto, podemos dizer que a base, a fundação, é a primeira infância que se estabelece do nascimento até, em média, sete anos de vida da criança. Já vigas e paredes compreendem o período dos 7 aos 18 anos, adolescência e entrada na vida adulta. Já a estrutura de telhado e cobertura seria a vida adulta após os 18 anos.

Dentro dessa analogia, na construção civil, se a base estrutural não foi elaborada de forma adequada, a tendência é que a edificação apresente problemas estruturais, às vezes, tão graves que a edificação não se sustenta. Isso ocorre também com seres humanos. Quando não temos uma atenção adequada e cuidadosa com os aspectos emocionais de uma criança, ela terá dificuldades ao longo da vida.

É comum em nossa sociedade adultos entorpecidos de medicação para ansiedade, depressão, dores emocionais e que, quando investigamos, encontramos lacunas no sistema de apego na primeira infância. Ou ainda na infância, entrada da adolescência, em que começam a ter comportamentos de distanciamento, isolamento, chamando a atenção da família.

Ou seja, durante a primeira infância, o apego caracteriza-se como um interesse insistente em manter proximidade com uma ou algumas pessoas selecionadas. Na adolescência, nos primeiros quatro anos, dos 12 aos 15 anos, há maior tendência de rejeição aos pais. O que sugere maior uso de estratégias de apego evitativo/desapegado em relação às figuras de apego primário. Isso foi compreendido como uma necessidade de manter distância das figuras parentais, para que a aquisição de uma identidade pessoal seja alcançada.

Um dado importante, segundo Crittenden (2001), é que, na adolescência, as relações com as figuras de apego sofrem mudanças que habilitam o adolescente para relacionamentos fora do seu círculo familiar, lembrando que a tarefa principal da adolescência é o desenvolvimento da autonomia. Nesse sentido, o sistema de apego passa a ter papel integrador para os desafios dessa fase, havendo, ainda, uma chance de reformulações sobre a organização primária do apego.

Dessa forma, é importante entender que, quando as necessidades emocionais são atendidas ao longo da infância, essas têm papel direto no desenvolvimento da consciência pessoal, na auto-observação e na consistência do *self* em relações de apego. Assim como nos resultados sociais, o que podemos compreender é que as relações de apego têm uma função-chave na transmissão de características transgeracionais em relacionamentos entre cuidadores e suas crianças.

Considerações finais? Jamais...

Considerando a complexidade e a importância desse tema, esperamos ter plantado uma sementinha de como tomar em suas mãos uma forma mais efetiva de parentalidade consciente. Este texto é apenas um convite para pensarmos nossas histórias e que sentido queremos dar, seja individual ou coletivamente, as futuras histórias que nossos filhos contarão, criando significados próprios nas suas vivências. As crianças precisam de mães e pais que estejam em estado de busca permanente, busca de si, busca da aceitação dos filhos como eles são, busca de uma forma de apego que prepare a criança para estar conectada com a própria essência. Segura a partir de vínculos que sustentem relações palpáveis, suscetíveis a erros e acertos, mas, acima de tudo, dispostos a serem felizes.

Acreditamos na competência dos pais, pois cada um sabe a profundidade que existe em suas relações cotidianas, a importância de cada detalhe vivido, da escolha sensível que determina cada atitude a ser tomada. A conexão pai/mãe/filho está estabelecida e, quando entendermos que é preciso estar disponível emocionalmente e que não é preciso buscar o afeto e vínculo em ações extraordinárias, mas sim em ações sensíveis e amorosas, gerando relações em que qualificamos as ações cotidianas deixando marcas na memória e no coração, afinal, crianças querem presença.

Ninguém disse que a maternidade/paternidade é ou será fácil, mas pode ser leve a partir da entrega emocional e o amor incondicional por nossos filhos, elaborando uma relação de apego adequada. Como diria Siegel (2020), não é preciso ter tido pais excelentes para criar bem os próprios filhos. Ser pai ou mãe é uma chance de nos recriarmos, ao entender o sentido das experiências da infância. Buscar desenvolver coerência é uma tarefa de vida, ligando passado, presente e futuro. Criar coerência é um movimento constante. Integrar o autoconhecimento é um desafio que jamais tem fim. Por isso, fazer desse desafio uma jornada de descobertas requer estar disponível e apto ao crescimento e à mudança de forma consciente e presente.

Referências

BEE, H. *O ciclo vital*. Porto Alegre: Armed, 1997.

BOWLBY, J. *Uma base segura: aplicações clínicas da teoria do apego*. Porto Alegre: Artes Médicas, 1989.

CRITTENDEN, P. *Transformation in Attachment Relationships in Adolescence: Adaptation versus need for psychotherapy*. Disponível em: <http://www.soton.ac.uk/~fri/pat3.html>. Acesso em: 12 abr. de 2023.

FAVA, D. C.; ROSA, M.; DONATO, A. O. *Orientação para pais: o que é preciso saber para cuidar dos filhos*. Belo Horizonte: Artesã, 2018.

FREIRE, P. *Pedagogia da esperança: um reencontro com a pedagogia do oprimido*. 2. ed. São Paulo: Editora Paz e Terra, 2012.

GOMES, A. A.; MELCHIORI, L. E. *A teoria do apego na produção científica contemporânea*. São Paulo: Cultura Acadêmica, 2012. Disponível em: < http://hdl.handle.net/11449/109169>. Acesso em: 11 jan. de 2022.

MCGOLDRICK, M.; SHIBUSAWA, T. O ciclo de vida familiar. In: F. Walsh (Ed.). *Processos normativos da família: diversidade e complexidade*. Porto Alegre: Artmed, 2016.

MINUCHIN, S. *Família: funcionamento e tratamento*. Porto Alegre: Artes Médicas, 1990.

PAPALIA, D. E.; FELDMAN, R. D. *Desenvolvimento humano*. Porto Alegre: AMGH, 2013.

SIEGEL, D. J.; HARTZELL, M. *Parentalidade consciente: como o autoconhecimento nos ajuda a criar nossos filhos*. São Paulo: Editora nVersos, 2020.

SOUSA, C; CARNEIRO, M. Adaptação à parentalidade: o nascimento do primeiro filho. *Revista de enfermagem referência*, v. 4, n. 3, pp. 17-26. 2014.

21

POR QUE MEU FILHO FAZ BIRRA?

Você já se perguntou o que são as birras, por que as crianças fazem birras, como agir diante das birras ou quando elas acabam? Neste capítulo, serão abordados exatamente esses questionamentos e qual a melhor maneira de agir diante dessas situações, tendo como base a neurociência. Posso adiantar que esta leitura será revolucionaria; nela, você descobrirá o verdadeiro significado da birra.

INDIARA CASTAÑEDA

Indiara Castañeda

Contatos
indiaracastañeda@gmail.com
48 99613 4922

Mãe, escritora, pedagoga, com segunda licenciatura em Educação Especial. Educadora parental certificada pela Positive Discipline Association (PDA). Por meio das suas palestras e mentorias individuais e em grupo, ajuda mães e cuidadores a construírem um relacionamento mais respeitoso com suas crianças, apoiando a superação de desafios e dificuldades na educação.

É muito comum os pais julgarem que as birras são parte de um plano das crianças para os manipularem, conseguirem o que querem, afrontá-los e mostrar que também podem mandar. Ainda existe a crença que os pais precisam ser autoritários para ter o respeito e a colaboração dos filhos. E, na verdade, indo por esse caminho, acabam se afastando ainda mais do objetivo. Pela maneira que fomos educados, acreditamos que a birra é um sinal que a criança está tentando manipular os pais. Por esse motivo, fomos programados para interromper esse comportamento que nos desafia usando punições, castigos ou ameaças, pensando que esse será o melhor caminho para uma ótima educação. Acreditamos que precisamos ter o controle da situação, fazendo que tal desconforto acabe o mais rápido possível; e quando ele não se encerra, vamos ficando cada vez mais frustrados e angustiados.

Existem dois motivos que levam as pessoas a pensarem que a punição é o único caminho. O primeiro é porque fomos ensinados dessa maneira, o segundo é porque não conhecemos outra maneira de educar, não conhecemos outra forma de lidar com as birras. Acabamos usando sempre as mesmas ferramentas e acabamos tendo sempre os mesmos resultados. Por isso, eu convido você para usar novas ferramentas, mais eficazes e com mais resultados positivos.

Antes de falarmos sobre as ferramentas, você deve entender o que são as birras pelo olhar da neurociência. As birras fazem parte do desenvolvimento da criança e esse comportamento é considerado normal pela ciência. O autor do livro *O cérebro da criança* pede para imaginarmos o cérebro como uma casa de dois andares, onde o cérebro do andar de baixo está localizado um pouco acima do pescoço até aproximadamente a ponte do nariz. Os cientistas dizem que essas partes mais baixas são mais primitivas porque são responsáveis por funções básicas (respirar e piscar), por reações inatas e impulsos, também por fortes emoções (raiva e medo). Muito importante falar que essa parte do cérebro já está desenvolvida e formada desde o nascimento. Já o cérebro do andar de cima – localizado na região da testa – chama-se de córtex pré-frontal e é responsável pelo pensamento, pela imaginação e pelo planejamento. Essa parte do cérebro só começa a se desenvolver a partir dos quatro anos, e só termina de se desenvolver aos vinte e poucos anos.

As birras não são maus comportamentos, são um pedido de ajuda

Após você compreender esses aspectos sobre o cérebro e como ele funciona, acredito que ficará mais fácil compreender a maneira mais eficaz de lidar com as birras. Durante o momento da birra, seu filho entra no estado primitivo, responsável pelas emoções (andar de baixo), e esse acaba assumindo o controle. Lembram-se do andar de cima onde fica o córtex pré-frontal? Ele é responsável pela nossa habilidade de se acalmar, uma região mais evoluída e analítica da espécie humana. Isso quer dizer que, quando a criança entra nesse estado primitivo, ela não consegue realizar uma integração com o andar de cima para assim poder se acalmar e entender melhor aquela situação. Isso porque essa parte mais evoluída ainda está em desenvolvimento, exatamente por essa razão é emocionalmente difícil para a criança entender o porquê não pode comer o sorvete antes do almoço, por exemplo.

Por que as crianças fazem birra?

As birras nada mais são do que explosões de sentimentos da criança, como raiva e irritação. Normalmente, as birras ocorrem por fatores internos ou externos na vida da criança. Como, por exemplo, fome, sono, cansaço, falta de conexão com os pais/cuidadores; ou por um sentimento de frustração.

As birras acontecem porque as crianças ainda não têm maturidade neurológica para lidarem com os diversos desafios, principalmente o emocional, que ainda está em desenvolvimento. Por essa razão, as crianças não dominam as habilidades emocionais necessárias para lidarem com toda a explosão de sentimentos durante o momento da birra. E é exatamente por isso que suas ações são seguidas normalmente por choros, gritos, impulsividade, entre outros comportamentos desafiadores.

O que não fazer na hora da birra

Castigar, bater, gritar, chantagear... Nenhuma punição física ou psicológica fará seu filho se acalmar ou parar de ter tal comportamento.

Como falei anteriormente, o cérebro racional da criança está inacessível nesse momento, ou seja, ela não conseguirá processar nada que você diga ou faça.

Quanto mais você agir de forma punitiva, mais agravará a situação e, dessa maneira, você não ajudará seu filho. Outra situação que não ajudará seu filho no momento da birra é ensinar – ou explicar – o porquê não está correto o comportamento, ou porque ele não pode tal coisa. Ela simplesmente não consegue processar nenhuma dessas informações enquanto estiver no meio do ataque de birra. Isso porque essa conversa exige que o cérebro do andar de cima esteja funcionando, que seja capaz de escutar e assimilar informações.

A mesma situação que expliquei anteriormente: seu cérebro analítico e pensador não está processando nada, sua amígdala não consegue regular as emoções sozinha. Seu cérebro primitivo está ativado e, nesse momento, o descontrole tomou o lugar. Logo, ela não aprenderá nada nesse momento. Ela continuará chorando, se jogando no chão, gritando, entre outras coisas. Justamente pela falta de maturidade neurológica, ela não consegue unir seus dois cérebros durante a birra. Então, a única opção que ela tem e conhece é colocar para fora seus sentimentos de frustração, em forma desses comportamentos desafiadores. Nesses casos, é muito comum pais e cuidadores se unirem ao caos acionando o próprio cérebro primitivo e se descontrolando com a criança. Entram na disputa de poder, acionando seu cérebro instintivo e perdendo a calma.

O papel dos pais no momento da birra

Primeiramente, precisamos entender que o adulto já tem a capacidade neurológica para se autorregular, a criança ainda não. Ela precisa passar por um longo processo de amadurecimento cerebral. Imagine agora essa situação: você está passeando no shopping com seu filho e, do nada, percebe que ele está passando mal e, logo em seguida, começa a vomitar muito. Você prontamente para tudo o que está fazendo, larga tudo o que está segurando e corre para ajudar seu filho. Segura sua cabeça, faz carinho nas suas costas, diz que vai ficar tudo bem, que está do lado dele. Rapidamente, você pega uma toalha ou lenço umedecido e começa a limpá-lo. Depois disso, você o pega no colo ou segura sua mão, delicadamente, e o leva para um lugar mais tranquilo como o banheiro. Assim, você terminar de limpá-lo com mais calma, tenta acalmá-lo, começa a conversar com ele. Tenta saber como ele está se sentindo. Você está muito preocupada com ele, sabe que ele precisa da sua ajuda, então, decide se precisa levá-lo ao médico ou para casa. Você fará o que for melhor para ele, pensando no bem-estar sempre. No momento da birra, acontece o mesmo, ele não está se sentindo bem e tem necessidade de colocar tudo para fora, como se fosse um vômito emocional. Ele não está conseguindo lidar com todos os sentimentos de frustração, raiva, tristeza, medo ou insegurança sozinho. Preciso dizer que tudo isso é um pedido de ajuda. Quando está agindo dessa maneira, precisa da sua ajuda, assim como precisa do seu apoio e ajuda quando está com febre ou passando mal. O nosso papel como adultos é acolher todo esse vômito, ajudá-lo a ficar bem e a acessar seu cérebro pensante. Mas, como fazemos isso?

Já aprendemos que o andar de cima do cérebro da criança – pensador e analítico – está em desenvolvimento, certo? E quando o andar de baixo (emoções) entra no seu estado "primitivo", agindo sem pensar, tudo sai do controle da criança. Então, eu pergunto: como o andar de baixo pode se conectar com o andar de cima para que trabalhem juntos? Eles precisam de uma escada. Assim como uma casa de dois andares necessita de uma para terem acesso a todos os cômodos, a criança também precisa de uma para conseguir integrar seus dois cérebros. Nosso papel é ajudar na integração. Quando a criança está nessa situação de desintegração, em estado de birra, ela não consegue processar nenhuma informação, não escuta nada do que você diz, pois seu cérebro do andar de cima foi sequestrado pelo caos. A primeira coisa que devemos fazer é ajudar a criança a se acalmar. Nós, pais, precisamos ser como uma escada e ajudar nossos filhos a sair do andar de baixo (forte emoções) guiando-os para a escada. Para, assim, poderem ter acesso ao andar de cima, onde podem, com a ajuda do adulto, se regular, se acalmar. Agindo dessa forma, conseguimos fazer com que os dois andares se integrem e possam funcionar juntos simultaneamente. Esse é um dos mais importantes papéis dos pais, ensinarem e ajudarem seus filhos a agirem com os dois cérebros ao mesmo tempo. Podemos alcançar tal objetivo nos conectando com eles.

Para os pais que escolhem educar segundo os princípios da educação respeitosa, precisam saber que todo comportamento quer nos comunicar algo. No momento da birra, isso não é diferente. Todo comportamento tem um sentimento e é necessário entender a causa dele e não olhar só para os sintomas. Vejam a imagem de um iceberg, na ponta dele só vemos "os sintomas", como o choro, a irritabilidade, batendo, gritando; mas se olharmos mais a fundo, poderemos descobrir a causa desses comportamentos, que pode ser fome, sono, falta de atenção, cocô na fralda, dor, entre outras coisas. É necessário aprender a decodificar esses comportamentos para, assim, lidarmos com a verdadeira causa. Precisamos entender a emoção escondida, é importante ter um olhar sensível para o que de fato está originando essa birra. Assim como os adultos, as crianças também têm seus desejos e, quando querem muito algo, fazem de tudo para conseguir, ainda que faltem habilidades para negociação, flexibilidade, ponderação ou raciocínio lógico. Quando a criança se acalmar – e o código for decifrado –, é o momento de validar seus sentimentos.

No livro *O cérebro da criança,* o autor e neuropsiquiatra traz algumas estratégias para aplicarmos durante a birra. A primeira é conectar e redirecionar. Quando a criança está com raiva, ela está claramente utilizando o andar de baixo (emoções) do cérebro, dessa forma, não adianta querer ensinar, dar sermões ou ver quem manda mais – isso só piora a situação. Nesses instantes, os pais devem reconhecer o sentimento da criança e dizer "sei que não está sendo fácil para você, filho". Dessa maneira, os pais estarão se conectando com o cérebro de baixo, com as emoções do filho. Em seguida, o cenário será completamente diferente e ficará mais fácil redirecionar a criança para lado de cima do cérebro (pensador), pois ela estará mais calma e receptiva, tornando, assim, o momento mais indicado para uma conversa sobre seu comportamento.

Os pais poderão conversar sobre as consequências e como seria melhor agir de uma próxima vez. Uma importante observação é que essas "regras" não se aplicam em situações de agressão física. Nesse caso, o comportamento da criança deve ser interrompido imediatamente, de forma gentil e respeitosa. E a seguir, é preciso nomear para disciplinar. É muito comum que, depois dos comportamentos desafiadores das crianças, como a birra, os pais evitem falar novamente sobre o mesmo assunto. Temem que elas sofram, ou porque o comportamento foi tão desgastante que preferem esquecer. Esse silenciamento pode piorar a situação. Por essa razão, nomear o que a criança está sentindo acalma as atividades emocionais do cérebro do andar de baixo. Assim sendo, os pais devem estimular o andar de cima do cérebro para compreender o que de fato aconteceu.

Segundo o neuropsiquiatra, os pais, ao fazerem com que a criança se lembre do episódio ocorrido, dando detalhes da situação e nomeando seus sentimentos, fazem com que a criança aprenda a falar sobre eles e, consequentemente, não se sentem inadequadas pelo adulto, entendem que as emoções são naturais e que estão aprendendo a lidar com elas. Com a ajuda do adulto, a criança pode começar a compartilhar seus sentimentos. Elas tendem a falar mais sobre o assunto quando estão fazendo algo ao mesmo tempo como, por exemplo, andando de carro ou brincando. As crianças que demonstram mais dificuldades para verbalizar, o desenho pode ser um grande aliado para esse momento de expressão de sentimentos.

Ao seguir esses passos listados acima, você estará validando os sentimentos da criança, passando a mensagem de que está tudo bem se, às vezes, ela se sentir chateada, irritada, furiosa ou frustrada. É importante ensinar para a criança que qualquer pessoa tem direito de sentir todos os sentimentos, e que são naturais em qualquer ser humano.

Caro leitor, ao chegar ao final da leitura, espero que novas lentes tenham substituído as velhas crenças limitantes sobre as birras. E agora, com um novo olhar sobre o comportamento do seu filho, você possa acolher e redirecioná-lo para o caminho certo. Lembre-se de que, por trás do comportamento, existe sempre um sentimento a ser decodificado. E que esse sentimento é o motivo de tal comportamento. Lembre-se também de que, quando a criança age de forma "inadequada", é porque ela está tentando comunicar que algo não está legal, e esse é o único jeito que ela sabe e dá conta de expressar.

Quero dizer que o mais importante de tudo que já falamos até aqui é investigarmos qual é a verdadeira mensagem por trás daquele "mau comportamento". Lembra o iceberg? Para, assim, conseguirmos ajudá-los da melhor maneira, usando as ferramentas certas e eficazes que aprendemos no decorrer deste capítulo.

Referências

CASTAÑEDA, I. *Por que o meu filho faz birra?* Disponível em: <https://sun.eduzz.com/1673021>. Acesso em: 04 jan. de 2022.

NELSEN, J.; BILL, K.; MARCHESE, J. *Disciplina positiva para pais ocupados, como equilibrar vida profissional e criação de filhos.* São Paulo: Manole, 2020.

SIEGEL, D.; BRYSON, T. P. *O cérebro da criança: 12 estratégias revolucionárias para nutrir a mente em desenvolvimento do seu filho e ajudar sua família a prosperar.* São Paulo: nVersos, 2011.

22

ENSINANDO LIMITES À CRIANÇA AUTISTA

Neste capítulo, os pais encontrarão um passo a passo para ensinar limites à criança autista. Isso significa reconhecer suas características únicas e ajudá-la a tornar-se um adulto independente e feliz.

JANAÍNA SÁ

Janaína Sá

Contatos
www.janainasa.com
Instagram:@janainasa

Master pela Star's Edge International (Florida - USA). Pós-graduação em Neurociência, *Mindfulness* e Psicologia Positiva pela PUC-PR. Apesar do conhecimento científico, seu maior aprendizado vem como mãe de Laís e Anthony, que é autista, e com o marido Domingos Sávio, desbrava os caminhos da família atípica. É idealizadora do curso Inteligência Emocional no Autismo. É mentora na parentalidade atípica, palestrante e treinadora de profissionais que trabalham com autismo.

É comum os pais definirem o nascimento do filho como o evento mais importante de suas vidas. Inicia-se um novo ciclo: seus pensamentos passam a ser direcionados àquela nova vida, agora não mais apenas à sua.

Seja uma gestação programada ou um "bebê surpresa", é natural que eles idealizem como a criança será quando estiver em sua família. O que vão fazer juntos, do que ela vai gostar, onde vai estudar, o que vai ser quando crescer... Mas quando os pais percebem os primeiros sinais de atrasos no desenvolvimento, esses sonhos vão se tornando nebulosos.

Aquelas imagens de um futuro feliz são substituídas por dúvidas como: será que meu filho vai falar? Será que meu filho vai ter amigos? Será que meu filho será um adulto independente? Nesse momento é como se o chão se abrisse sob seus pés, sendo necessário traçar um novo caminho e caminhar, mesmo que não enxergue o que vem pela frente.

Aquele caminho que nossos pais percorreram para nos educar e que usamos como referência não atende às necessidades de uma criança com atrasos no desenvolvimento. E é preciso uma nova trajetória que se adeque à criança.

Serão necessárias paradas estratégicas e novas mudanças de direção em uma jornada desconhecida. "Criança não vem com manual de instruções", diz o ditado popular. Portanto, se não é fácil educar uma criança dentro do desenvolvimento esperado para a idade, educar uma criança com atrasos no desenvolvimento é ainda mais desafiador.

Os pais ficam inseguros para ensinar o que a criança pode e o que não fazer, não sabem até que ponto aquele choro é uma birra ou é decorrente de um desconforto sensorial, fruto da sua condição neuroatípica. Tudo isso é muito confuso para eles.

É por isso que falaremos, neste capítulo, sobre educação emocional na neurodiversidade. Vamos apresentar estratégias práticas para os pais conseguirem identificar as melhores rotas para desenvolver inteligência emocional e ensinar os limites para a criança autista.

A velha forma de educar

Antes de falar sobre as estratégias, é preciso refletir sobre a forma que nos ensinaram os limites e como lidar com nossos sentimentos e emoções. Talvez você já tenha ouvido frases na infância como: "engula o choro", "não chore por besteira"... Ou talvez você teve pais que deixavam você "se virar" e resolver a situação de conflito sozinho.

Esse processo de aprendizagem – controlar os impulsos, reconhecer o que pode e o que não pode – dá-se ao longo do próprio amadurecimento da criança. Mas para algumas, isso pode ser muito demorado em virtude das suas condições neurológicas gera um imenso desgaste para a criança e sua família.

O fato é que, para ensinar limites de forma firme e respeitosa para crianças autistas, é necessário um olhar ampliado para aspectos inerentes ao autismo. E saber identificar quando o comportamento da criança vem de uma comorbidade do autismo ou se ela apenas não está conseguindo expressar o que deseja de forma adequada, é uma das chaves para ela se tornar um adulto respeitoso e preparado para a vida em sociedade.

Uma das comorbidades mais comuns no autismo é a hipersensibilidade ou hiposensibilidade aos estímulos sensoriais. De forma simplificada, podemos entender que é quando a criança, ao receber um estímulo, como som, brilho de luz, toque na pele, percebe esse estímulo de forma exagerada ou não percebe. Na prática, acontece quando um barulho de um carro pode ser um incômodo terrível, o toque da etiqueta de uma roupa no corpo pode ser insuportável, ou até a pessoa pode não se sentir incomodada ao tomar banho de água fria em pleno inverno.

Entender que o autista percebe as sensações de forma diferente é um ponto-chave. Isso vai lhe dar ferramentas para agir nos momentos que ele tem uma crise.

É preciso contextualizar que uma família com um filho autista vivencia uma rotina com muitas demandas, são atividades e terapias que exigem dedicação de tempo e esforço em vários aspectos, desde financeiros até emocionais. Então, é natural que os pais se sintam cansados e, ao desencadear uma nova crise, eles podem refletir essa exaustão e agir de forma que se arrependam depois. Por isso, eu sempre recomendo um olhar atento para a saúde emocional desses pais. Que eles tenham momentos de relaxamento e descompressão das tensões para conseguirem lidar com as demandas dos filhos. Afinal, a qualidade das nossas ações depende do nosso estado interior.

Crise

A crise – nominada pelos especialistas como *meltdown* – é uma resposta do organismo ao excesso de estímulos. O autista não consegue lidar com todos eles, não consegue elencar qual estímulo é prioritário. É parecido com uma resposta de luta. É quando vem com agressividade e gritos. A criança pode bater em si mesma, em outras pessoas ou em coisas aleatórias.

Por exemplo, se estão em uma padaria com luzes brilhando, o cheiro da comida à volta, o barulho das pessoas conversando... A pessoa autista pode entender que todos os estímulos são prioritários para ela. Ela se sente como se fosse uma professora em uma sala de aula com cinco alunos falando ao mesmo tempo. Cada um falando mais alto, gritando, para que ela o escute primeiro e dê atenção. Aí vem a desregulação... a crise, o *meltdown*.

As crises também podem ser desencadeadas pelas mudanças bruscas na rotina ou muito esforço cognitivo. A seguir, vamos sugerir um passo a passo para conduzir as crises e prevenir novos episódios.

Passo a passo

1. Tenha o *mindset* da coruja e torne o episódio o seu professor. Observe atentamente para que você aprenda mais sobre a criança e possa, assim, evitar que novas situações como essa se repitam. Registre o que aconteceu antes que pode ter desencadeado aquele comportamento, os antecedentes que foram gatilhos para a situação. É importante também observar o que deixou a criança mais calma.

2. Mantenha a calma. A criança precisa reconhecer em você a segurança que ela necessita. Ela está confusa, como um barco à deriva, e precisa sentir que você é seu porto seguro.

3. Mantenha a segurança da criança e das pessoas à volta. Proteja a cabeça ou as partes do corpo que estiverem vulneráveis a machucados. Nesses momentos a criança pode fazer movimentos bruscos, então, a segurança é um ponto de atenção importante.

4. Identifique se tem algum possível desencadeador da crise em contato com a criança e o afaste. Procure levá-la para um lugar calmo e sem barulhos. Observe se ela não está sentindo calor demais ou incomodada com o próprio tecido da roupa. Deixe-a mais confortável possível.

5. Fale apenas o essencial, guiando com orientações diretas o que ela precisa fazer para relaxar. Atenção para o tom de voz, ele deve transmitir calma. Se ela aceitar o abraço, abrace, se não, chame-a para caminhar um pouco ou olhar algo interessante para ela. Se você já ensinou a criança a executar

práticas de respiração consciente, agora você pode ajudá-la a fazer ciclos de respiração suave e profunda.

6. Ofereça à criança algo que ela goste e que a faça sentir-se confortável. Pode ser um brinquedo ou algo que chame a atenção da criança de uma forma positiva. É sempre bom ter à mão alguns brinquedos que ajudem a criança a se acalmar, aqueles que ela mais gosta. Tire o foco da atenção do caos e vá conduzindo a situação para tranquilidade. Esses são exemplos para que você entenda que pode fazer algo para que o momento caótico não aumente e se transforme em uma bola de neve.

Mas a criança autista também pode fazer birra. Faz parte do aprendizado. O reconhecimento do seu poder pessoal e necessidade de expressar que está no controle.

Vamos imaginar que a criança esteja com os pais em um supermercado e deseja um brinquedo. Você fala que não vai comprar e a criança chora, faz aquele show deixando claro que está descontente porque não foi atendida. Ela está fazendo uma birra. Está comunicando sua frustração de forma inadequada. A seguir, vamos abordar algumas ferramentas que podem ser usadas para crianças autistas no momento em que elas fazem birra.

Birras

As birras acontecem quando a criança não tem habilidades mais elaboradas como o pensamento analítico, a reflexão, a imaginação, a solução de problemas e o planejamento. O córtex pré-frontal, que é a região do nosso cérebro responsável por essa ações, só está totalmente maduro por volta dos nossos vinte e cinco anos. Até lá, é necessário que a criança seja auxiliada para fazer as melhores escolhas quando ela estiver sentindo algo desagradável, como frustração, raiva ou medo.

Diante disso, pais e cuidadores devem agir como correguladores, direcionando a criança para uma ação assertiva. É papel do adulto ajudar a criança a se regular, dando direcionamento e ensinando alternativas adequadas para ela expressar o que está sentindo.

Para as crianças com atraso no neurodesenvolvimento, alguns passos são essenciais para retomar a calma. Vamos sugerir o seguinte passo a passo usando o exemplo da criança que quer um brinquedo no supermercado.

Passo a passo

1. Conexão: abaixe-se na altura da criança e tenha atenção para o seu tom de voz. É muito importante que a criança sinta que está segura e seja estabelecida uma relação de confiança.
2. Valide o sentimento dela: validar não significa concordar com o choro, mas aceitar que aquele sentimento exista. "Eu sei que você está com raiva da mamãe porque não comprei o brinquedo que você queria. Eu também fico com raiva quando não tenho algo que eu quero. Mas esse brinquedo não é uma opção agora, o que você quer fazer?". E ofereça uma das opções a seguir:
    a. sê escolhas limitadas: você quer empurrar o carrinho sozinha ou quer a ajuda da mamãe? Você decide. Quando coloca para a criança que ela pode decidir (dentro daquelas opções que você ofereceu, claro!), ela sente que tem poder e é importante;
    b. ofereça opções para ela se acalmar: "Você quer um abraço ou quer que eu faça com você a respiração do dragão[1]?" Você quer uma água? Ao oferecer opções, você está direcionando a criança a agir de forma adequada para a situação;
    c. peça ajuda: "Ajuda-me a encontrar aqui aquele biscoito que você gosta".

Por mais nebulosa que pareça a jornada com uma criança autista, de posse das ferramentas certas, os pais caminham com faróis que iluminam seus passos e podem vivenciar uma relação plena de amor e realização.

Referências

GOLEMAN, D. *Trabalhando com a inteligência emocional*. Rio de Janeiro: Objetiva, 1999

SELIGMAN, M. E. P. *Felicidade autêntica*. Rio de Janeiro: Objetiva.

---

[1] A respiração do dragão é uma prática de respiração controlada, que permite à criança expressar a raiva por meio da respiração. Essa prática é detalhada no curso Inteligência Emocional no Autismo, da própria autora.

23

UMA REFLEXÃO SOBRE OS INFORTÚNIOS DOMÉSTICOS

Neste capítulo, os familiares poderão refletir melhor sobre as origens dos infortúnios domésticos e compreender a importância das estratégias para a sua prevenção. Conhecer nossas sombras e reformar nossos comportamentos são os primeiros passos para proporcionar uma conformação familiar mais suave, respeitosa e segura.

JULIANA MARIA LANZARINI

Juliana Maria Lanzarini

Contatos
jmlanzarini@gmail.com
34 99665 7424

Jornalista graduada pela UFRJ e psicopedagoga formada pela Universidade Estácio de Sá. Como escritora, foi semifinalista do Prêmio Oceanos 2020, com o livro *Talvez eu tenha morrido*, que retrata a violência doméstica de forma poética. Desde 2010, atua na área de comunicação, no serviço público e, desde 2004, produz conteúdo jornalístico, tendo trabalhado na grande mídia e na imprensa alternativa. Também lecionou na educação infantil, em cursos preparatórios e no ensino superior. É autora de artigos sobre violência doméstica e familiar, tendo participado de seminários e congressos, além de produzir conteúdos sobre educação respeitosa para redes sociais.

Raras são as situações em que a convivência familiar é atravessada sem que alguma forma de violência e desrespeito se faça presente. Porém, em razão de sua naturalização, nem sempre nos damos conta de suas nuances. Também podemos dizer, sem risco de engano, que a maioria dos infortúnios domésticos poderia ser prevenida sem grandes esforços por parte dos envolvidos, bastando, para isso, apenas que as pessoas fossem experimentadas mais nas necessidades do que nas contingências, mais na continuidade do que no corte. Ou seja, que mudassem a perspectiva diante dos acontecimentos.

Mas o que seriam tais infortúnios? E como poderíamos, na prática, fruir nossas existências de modo, ao mesmo tempo, natural e pacífico? Podemos prevenir sofrimentos humanos apenas com a mudança na forma como nos relacionamos intimamente? Como garantir aos nossos filhos a apropriação de valores, tais que tornem a jornada humana mais satisfatória que penosa? Seria possível prevenir os infortúnios domésticos sem promover não apenas a empatia, mas também o amor-próprio e o amor pela coletividade?

A todo momento nos posicionamos e fazemos escolhas baseadas na percepção sensorial do mundo externo, prática essa conhecida pelo nome de ideologia. Nesse sentido, todas as decisões se dão tendo como base em método, planejamento e estratégia com vistas a se evitar ou mesmo prevenir o perigo.

Dessa forma, ao longo da história da humanidade, pessoas e instituições se organizaram para criar sistemas de prevenção capazes de reduzir a probabilidade do sofrimento. Tais sistemas compreendem, até hoje, a busca por conhecer os riscos da atividade humana envolvida, mapear os envolvidos e planejar ações, tanto de prevenção quanto de reação por meio de exercícios simulados.

O mesmo podemos estabelecer quando se trata do sistema familiar nas suas mais diversas configurações se considerarmos que a forma como os indivíduos se organizam e dão significado à família é, fundamentalmente, cultural.

Juliana Maria Lanzarini

No mundo moderno, no entanto, cada dia os pais se afastam mais dos filhos – e vice-versa – não necessariamente por ausência de diálogo, mas por falta de uma verdadeira comunicação.

O embate geracional, o uso da tecnologia, a sobrecarga de trabalho e a falta de uma educação baseada no respeito dispersaram os familiares, "núcleo primeiro e essencial à formação de nossas crianças e jovens" (SARAIVA, 2007).

Assim, o ambiente familiar deixa de ser um local sagrado, em que deveriam prevalecer laços de amor, para se converterem em zonas de sofrimento e conflito.

No limite do capitalismo, as pessoas deixam de se comunicar e de se ajudar de modo altruísta. Motivadas por interesses e trocas, experimentam um agir comunicativo-opressor e, portanto, contrário à ideia propagada pela escritora norte-americana Patricia Highsmith ao afirmar: "Que outra coisa existe que seja mais digna de deuses que a comunicação? [...] A comunicação é sobrenatural, mágica".

Apesar de todos esses problemas, a família ainda é importante, embora assuma diversas variações históricas e geográficas e sofra modificações ao longo do tempo. De modo geral, ela continua representando a forma como os indivíduos se organizam e se vinculam, afetivamente, com vistas à sobrevivência e, portanto, buscando reduzir os riscos da atividade humana propriamente dita.

O leitor deve estar se perguntando de que riscos falamos. Trata-se do risco de que um ou mais membros de uma comunidade familiar estejam envolvidos com qualquer situação que possa prejudicar uma existência feliz. Abaixo, listamos algumas delas:

- suicídio;
- uso de drogas;
- depressão;
- pânico;
- ansiedade;
- distúrbios do sono;
- agressividade;
- acidente de trânsito;
- violência doméstica e familiar;
- abandono escolar;
- envolvimento com o crime;
- abandono afetivo;
- violência sexual;
- abuso infantil;
- exploração;

- distúrbios alimentares;
- morte.

Na sequência desse raciocínio, muitos poderão ainda questionar se será a felicidade algo possível. Ou melhor: serão os pais ou cuidadores realmente capazes de prevenir que tais riscos se tornem realidade?

A resposta não é tão simples. De fato, a felicidade é uma busca constante da humanidade e depende muito mais do modo como encaramos as frustrações do que da realidade em si mesma. Afinal, nem sempre podemos interferir para garantir a nossa felicidade ou a de outrem.

Uma das mais célebres obras filosóficas do Renascimento, *O elogio da loucura*, foi publicada em Paris no ano de 1511, pelo escritor, filósofo e teólogo Erasmo de Rotterdam (1469-1536). Escrita de modo satírica, a obra fez enorme sucesso à época ao retratar temas caros ao cotidiano.

Em uma de suas declarações, o filósofo afirma que o descontentamento consigo e admiração pelos outros seriam um contrassenso, pois quem odeia a si mesmo não poderia amar alguém.

"Quem luta consigo mesmo poderá entrar em acordo com os outros? Poderá, se é desagradável e importuno a si mesmo, ser agradável a outrem?". Acaba, portanto, concluindo que "a felicidade consiste sobretudo em querer ser o que se é", o que podemos compreender como aceitar nossos erros e limitações.

Não me parece que, com isso, Erasmo de Rotterdam queria dizer que devemos aceitar a realidade tal como é, mas, sim, amar a nós mesmos e conhecer nossos defeitos para agir em relação a eles. Por isso mesmo, podemos evocar o sentido junguiano de sombra em duas direções.

Em primeiro lugar, para aceitar e conhecer o nosso "eu escondido" e agir em relação a ele. Em segundo lugar, para aceitar a realidade do nosso contexto familiar, compreendendo os riscos envolvidos e buscando formas mais saudáveis de agir em relação a eles.

O leitor agora deve estar se perguntando o que seria, na prática, essa "sombra" ou esse "eu escondido" e qual o seu impacto na nossa vida cotidiana. E a resposta é simples. Heloísa Noronha (2020) escreveu uma definição segundo a qual a sombra é compreendida como sendo "aquele lado da personalidade que acolhe sentimentos que insistimos em controlar, como a raiva, o ódio, a inveja, entre outros".

Logo, podemos supor que as pessoas que buscam conhecer o seu "eu escondido" são mais capazes de perceber a realidade familiar. E qual a importância disso?

Como em todo sistema humano, os riscos podem e devem ser evitados, o que não poderia ser realizado de modo impensado, passional ou baseado em achismos. A prevenção de riscos exige, dessa forma, a percepção da realidade e, principalmente, a adoção de medidas racionais, planejadas e organizadas com esse fim e, claro, baseada em evidências.

Consequentemente, precisamos abandonar antigas crenças expressas em ideias tidas como verdadeiras e imutáveis. Na prática, elas se manifestam em frases como "um tapinha não dói", "menino não chora", "castigos educam", "quem manda sou eu", "cala a boca porque eu estou falando", entre tantas outras frases eivadas de uma violência de ordem psicológica que, não raras vezes, motivam a violência física.

Podemos, para isso, evocar o humanista Montaigne ao advertir que "aquilo que menos se sabe é aquilo em que mais se acredita". Ou seja, justamente por ainda não sabermos é que acreditamos cegamente que certos padrões de comportamento são bons, necessários ou úteis.

O conhecimento, por outro lado, liberta, pois garante a autonomia para abandonar as antigas práticas de opressão em busca da construção de uma existência mais humanista e feliz.

Assim, na medida que adquirimos um modelo de conhecimento libertador, em vez de acreditar cegamente em um conceito ou forma de agir, aprendemos a questionar, dia após dia, nossos pensamentos e ações, o que deve ser a atitude esperada para uma educação respeitosa.

A todo momento refletimos se esse tal modo de agir foi o mais adequado, se estamos educando verdadeiramente, se podemos melhorar e como faremos isso. Tudo, claro, sem impor qualquer tipo de sofrimento, autocobrança ou falta de amor-próprio.

Ao contrário, uma postura reflexiva e crítica compreende, justamente, aceitar nossas imperfeições sem alardes e experimentar, fluidamente, novas formas de ser e de estar no mundo. Ou seja, permitir que a vida siga com toda a sua beleza e complexidade.

Em outras palavras, talvez buscando inspiração em Deleuze e Guattari, tampouco se trata de buscar, pela educação, recuperar a ordem social a partir do contexto familiar. Em vez disso, trata-se de despertar, a partir do lar, o espírito revolucionário de transformação social pelo amor e pelo respeito e, assim, prevenir os chamados "infortúnios domésticos".

Podemos nos basear ainda nas palavras de Luckesi (1998), segundo o qual, o conhecimento é libertador quando age a favor do ser humano. E, para isso, precisa estar em harmonia com suas necessidades.

Assim, o conhecimento é libertador não por se libertar de uma determinada ideologia. Em vez disso, o conhecimento liberta porque oferece às pessoas os instrumentos necessários para pensar e agir com independência e autonomia, tanto para decidir sobre o melhor para si quanto o melhor para a coletividade.

Por outro lado, o conhecimento também pode oprimir, quando utilizado para obter vantagens ou para manipular. Daí resulta o perigo que devemos evitar a todo custo, tanto no sentido de sermos manipulados como no de sermos sujeitos de manipulação, oprimindo aos demais, inclusive os filhos.

Nessa perspectiva, após identificar os riscos a que todas as famílias estão sujeitas, precisamos dar sequência à tarefa de prevenção. O próximo passo seria identificar os comportamentos nocivos que se fazem presentes no contexto familiar e que, comumente, facilitam a ocorrência de infortúnios domésticos. Listamos alguns deles a seguir:

- negligência;
- orgulho;
- egoísmo;
- impaciência;
- silenciamento;
- xingamento;
- falta de diálogo;
- chantagem;
- ironia;
- deboche;
- castigo;
- grito;
- levar os outros a agir sob pressão;
- agressão;
- desrespeito;
- preconceito;
- ofensa;
- mentira;
- medo;
- ameaça;
- inércia;
- intolerância;
- manipulação.

Estamos, em vista disso, diante de comportamentos frequentes em nosso convívio diário. Afinal, quem disser que nunca mentiu ou manipulou alguém estaria faltando com a verdade. Muitos, no entanto, preferem apontar os erros dos outros a aceitar os próprios.

Todos os dias vivenciamos algo que nos traz algum tipo de incômodo. Em casa, na rua, no trabalho ou na internet, precisamos lidar com pessoas ou ideias que nos desagradam. E como agir?

Tais situações que nos incomodam trazem à tona algo do nosso lado sombra, que se manifesta, por exemplo, por meio da raiva, do impulso destrutivo, do desejo de vingança, da inveja, da competição e do desejo de poder.

Diante da pressa e da raiva, interessados que os filhos façam o que os pais mandam, quantos de nós já não cedemos à chantagem de dizer "faça isso ou ficará sem televisão"? Quantos não interromperam os filhos chorando na base do tapa? Quantos não debocharam de uma criança por "viver no mundo da lua" ou ser "muito lerdo"? Quantos não gritaram para que o filho calasse a boca ou falaram palavrões em momentos de estresse? Quantos não usam de ironia ou deboche para criticar a forma como um filho realiza uma tarefa? Ex: "Varreu bem, hein?' ou "Lavou a louça igual a sua cara!".

Por outro lado, se desejamos prevenir os infortúnios domésticos, precisamos aceitar nossas sombras para, enfim, dar o primeiro passo, de modo consciente, no sentido de nos importarmos com o que os nossos filhos sentem. Aceitando nossas sombras, poderemos aprender a lidar e expressar nossos sentimentos de forma natural, sem causar sofrimento às pessoas que convivem conosco. Depois de conhecer os riscos que desejamos evitar e de mapear os comportamentos nocivos ou perigosos, resta-nos, por fim, a necessidade de simular, por meio de jogos e exercícios, o modo mais adequado de dizer e de agir. Assim, estaremos mais bem preparados e saberemos como reagir diante das situações que a vida apresentar. E poderemos finalmente ajudar a nós mesmos e a nossos filhos a lidar com os sentimentos difíceis que experimentaremos ao longo de toda a vida.

Referências

DELEUZE, G.; GUATTARI, F. *O Anti-Édipo*. Rio de Janeiro: Imago, 1976.

FABER, J.; KING, J. *Como conversar com crianças: para que ouçam e se desenvolvam*. São Paulo: nVersos, 2019.

LUCKESI, C. C. *Fazer universidade: uma proposta metodológica*. 10. ed. São Paulo: Cortez, 1998.

NORONHA, H. *Todos temos um "lado sombra" da personalidade: o que é e como lidar com ele*. Viver Bem, Portal Uol, 14 de set. 2020. Disponível em: <https://www.uol.com.br/vivabem/noticias/redacao/2020/09/14/todos-temos-um-lado-sombra-da-personalidade-o-que-e-e-como-lidar-com-ele.htm>. Acesso em: 10 ago. de 2022.

ROTTERDAN, E. de. *O elogio da loucura*. São Paulo: Martins Fontes, 1997.

SARAIVA, T. *O papel da família e da escola*. Rio de Janeiro: Folha Dirigida, 2007.

24

A ESTRUTURA DE FUNCIONAMENTO DO NOSSO CÉREBRO
SEGURANÇA, CONEXÃO, RESOLUÇÃO DE PROBLEMAS

O grande diferencial no nosso comportamento é o conhecimento de como nosso cérebro funciona e de que forma ele nos capacita a termos consciência da relação cérebro-corpo em nós mesmos e nas crianças. Quando isso acontece, o cérebro desenvolve as habilidades práticas necessárias para administrar os nossos pensamentos, as emoções e o nosso comportamento. Desenvolvendo esse processo de autorregulação, torna-se possível ensinar as crianças a realizarem o mesmo processo. Como consequência, viabiliza-se que: crianças com quadro de agressividade física (estado de sobrevivência) e/ou com agressividade verbal (estado emocional) fiquem mais capacitadas a aprender e desenvolver sua habilidade de resolução de problemas (estado executivo).

LARUSSY BANDEIRA NOVAIS

Larussy Bandeira Novais

Contatos
larussynovais17@gmail.com
Instagram: @psi.larussy.novais
@institutoideiasmg
38 99805 8866

Psicóloga, pós-graduanda em Terapia Cognitivo-comportamental pela PUC, com cursos de Neurociências e Gerenciamento da Felicidade (em andamento), pela Harvard University. Tem graduação em Biologia, pela Unimontes; MBA em Gestão Empresarial, pela FGV; cursos de gestão de pessoas, projetos de padronização e qualidade nos EUA e Dinamarca. Larussy é fundadora e presidente do Instituto IDEIAS, uma ONG voltada para a capacitação de famílias em situação de vulnerabilidade para a geração de renda, independência financeira e socioemocional. É mãe do Stanley e do Vinícius, amores da sua vida.

Quando falamos do funcionamento do nosso cérebro e da importância da presença do afeto e da disciplina na nossa vida e na vida da criança, torna-se fundamental entendermos a correlação dos estados internos do cérebro-corpo, pois são esses que favorecem uma propensão a certos comportamentos, tanto nas crianças quanto em nós, adultos e jovens. Ao nos tornarmos autoconscientes de como nosso cérebro funciona e da necessidade dele de segurança, conexão e resolução de problemas, podemos aprender a gerenciar e entender de forma consciente nossos próprios pensamentos, emoções e ações, viabilizando assim uma forma assertiva de ajuda a nós e a possibilidade de ensinarmos às crianças a capacidade de aprenderem a fazer o mesmo.

É por meio de uma ampliação da autoconsciência que nos capacitamos a responder de forma consciente ao que nos é apresentado como necessário no momento.

Com base nisso, entender a nossa necessidade de segurança e conexão é uma via para que possamos estabelecer uma proximidade consciente do quanto o afeto e a disciplina nos favorecem. Instintivamente, o nosso cérebro vai sempre priorizar pela nossa segurança, nos colocando em estado de alerta quando algo real ou imaginário se apresentar como ameaça.

Ao avaliar a estrutura do nosso cérebro, pensando em como entender a relevância e a importância do afeto e da disciplina no desenvolvimento cognitivo e comportamental, é relevante pensar em três características primordiais do nosso cérebro, para que entendamos muitas etapas:

- **Primeira característica:** necessidade de segurança
- **Segunda característica:** necessidade de conexão.
- **Terceira característica:** necessidade de resolução dos problemas.

Como exemplo para ilustrar, temos que:

Quando nos encontramos em momentos de estresse e/ou transição, temos um aumento nos comportamentos agressivos, conflitos e lutas pelo poder.

Se você identifica que sua família ou grupo de convívio experimentam um aumento desses tipos de comportamento, é o momento de trabalhar práticas que reforcem a segurança e a conexão.

Nesse contexto, teríamos que o cérebro da criança seria capaz de responder com clareza e de forma afirmativa a:

"Estou seguro?"
"Eu sou amado?"
"Tenho valor?"
"Dou conta de fazer esta atividade?"

Com o objetivo de alcançar um equilíbrio emocional ideal.

Em contexto escolar, depois que você começa a estabelecer a presença de segurança e conexão, atividades como os trabalhos escolares, as tarefas, as habilidades na resolução de conflitos e os esforços para uma resolução de problemas serão mais bem-sucedidos.

Para começar a entender melhor, vale ressaltar que as funções executivas permitem ao sujeito engajar-se em comportamentos voltados aos objetivos, por meio de ações independentes, com objetivos e metas. Essas habilidades são importantes diante de situações novas ou em circunstâncias que exigem ajustamento, adaptação ou flexibilidade do comportamento para as demandas do ambiente (ELLIOTT, 2003; GAZZANIGA, IVRY & MANGUN, 2006; HUIZINGA, DOLAN & MOLEN, 2006). Segundo Lezak, Howieson e Loring (2004), tais funções são fundamentais ao direcionamento e regulação de várias habilidades intelectuais, emocionais e sociais.

Entendendo a função de sobrevivência, a função emocional e a função executiva

Para entender muitos de nossos comportamentos, é preciso que saibamos estabelecer as correlações entre as complexas conexões existentes no cérebro humano e suas funções, com as decisões que são tomadas na forma de agir diante de cada contexto.

"Toda condição de sobrevivência implica a busca por segurança"

É a partir desse ponto que podemos nos aproximar daqueles comportamentos que nos remontam às práticas mais primitivas e voltadas para a parte física do nosso corpo, com as quais podemos falar de fugir, esconder-se e lutar.

Quando vamos trabalhar com crianças que apresentam comportamentos amplamente voltados para um estado de sobrevivência, é importante que a intervenção esteja ligada à presença de uma atenção mais direcionada por parte dos adultos responsáveis. Uma comunicação assertiva (em que a ação não envolve um adulto questionador, nem determinação de consequências ou escolhas) e o uso de práticas de respiração também trazem calma à criança – por ser uma técnica que trabalha questões fisiológicas ligadas à redução de glicose no sangue e redução de O2 no cérebro, o que leva, consequentemente, a uma redução na liberação do cortisol, hormônio ligado ao estresse.

Já a função emocional vai requerer conexão

Permitindo o acesso às "habilidades" verbais como argumentar, gritar, envergonhar e culpar (e tudo o que é recebido quando somos crianças).

No estado emocional, as crianças entendem-se como não amáveis e podem agir assim, mesmo buscando pela prova do nosso amor ansiosamente (parece confuso, mas entenderemos melhor).

Esse é um contexto que busca pela conexão, pela tranquilidade, escolhas positivas, serem vistas sem julgamento, e o preparo para desenvolverem-se para o estado executivo, o que permite evitar a queda para um estado de sobrevivência.

O estado executivo é onde temos a construção da solução de problemas

Onde o incrível acontece – nossa criatividade, capacidade de resolução de conflitos, aprendizado, desenvolvimento de respostas às diferentes situações.

É a partir do estado executivo que acessamos a construção das nossas habilidades socioemocionais, da forma de pensar crítica e analítica e a criatividade para o desenvolvimento de outras habilidades e construção de novas soluções. É no estado executivo que as crianças ficam aptas a resolver problemas, criar, aprender e ensinar, contribuir e entender as situações em que se envolvem, com base em diferentes perspectivas.

Quando é desenvolvida a capacidade de análise e resposta aos estados cerebrais das crianças, entendemos que todo comportamento é uma forma delas se comunicarem. Os adultos, estando dispostos a ouvir, entenderão que é no comportar-se das crianças que as necessidades são apresentadas.

Exemplo:

1. Crianças que apresentam comportamentos regressivos – distúrbios do sono, fazer xixi na cama e excesso de alimentação ou ausência de fome etc. – indicam que estão experimentando um estado de sobrevivência por longo período. Ou seja, é um pedido para que haja mais segurança em suas rotinas e elaboração de hábitos diários regulares, práticas de respiração que tranquilize e conversas que acalmem e fortaleçam, como:

"Estou com você, pode se sentir seguro."
"Vamos respirar fundo para nos acalmar. Vamos treinar?"
"Orgulhe-se de você, porque você pode lidar com isso."
"Passaremos pelas dificuldades juntos".

2. Crianças que são mal-humoradas, questionam e argumentam muito, que são controladoras, atrevidas etc. demonstram estar em um estado emocional. Essas precisam de conexões autênticas, próximas, com contato visual, toque, presença e inclusão de atividades lúdicas. Essas são as ações em foco, se quisermos criar estados cerebrais ideais.

3. Quando os comportamentos funcionais estão sendo realizados, há um estado executivo sendo vivenciado. Nesse contexto, as crianças são positivas, capazes de ajudar às outras, têm alimentação e sono regulares, estão calmas. Nesse estado executivo, as crianças terão facilidade na resolução de conflitos, são criativas e têm facilidade no aprendizado porque têm acesso a ferramentas de um cérebro integrado.

Lembre-se

Quando uma criança mostra-se insegura, desvinculada do seu contexto, ela não está tendo acesso às funções cerebrais que são funcionais. Nesse contexto, se é cobrado da criança comportamentos e decisões que não estão sendo desenvolvidas e treinadas, se são exigidas habilidades da função executiva (que nem são conhecidas por ela), a consequência será uma luta de poder com os adultos e um fracasso, pois, nesse contexto, não há uma busca por aprendizado e resolução de problemas.

É fundamental que, antes de ensinar, de resolver problemas, aprender ou tomar decisões, os estados cerebrais das crianças sejam entendidos, assim como o contexto em que estão inseridas.

Períodos de estresse crônico

Nesse contexto, à medida que o cérebro fica preocupado com sua sobrevivência, as funções de aprendizagem, resolução de problemas e de conflitos das crianças são grandemente afetadas, pois o cérebro passa a direcionar recursos-chave em busca de segurança e conexão. Uma forma de mitigar esses efeitos é aumentando nossos esforços de segurança e conexão.

Como?

• Segurança

1. Ajude a criança a acompanhar uma rotina diária, não se preocupe se é uma simples ordem de eventos. Não busque fazer um esforço cronometrado.
2. Respire profundamente buscando acalmar os instintos de sobrevivência e de alerta, assim você permanece calmo e conseguirá ensinar às crianças como fazer o mesmo.
3. Tranquilize a criança:

> "Você está seguro, estamos juntos."
> "Continue respirando fundo. Você pode lidar com isso."
> "Vamos pensar com calma sobre como passarmos por isso juntos."

• Conexão

Esforce-se para multiplicar os seus momentos de conexão.

Como se daria essa verdadeira conexão? Por meio de quatro componentes: contato visual, toque, presença e um contexto lúdico.

Exemplos:

Passeio em família, aconchego na hora de dormir sem presença de eletrônicos, ler juntos e brincar juntos são atividades funcionais que conectam. E são ampliadas quando há momentos de contato visual, presença e toque incorporados neles.

Se você ainda puder ter jogos divertidos, em que se brinque de frente para a criança e que ela goste, será de grande valia.

Solução de problemas

• Ensine por livros e histórias interessantes a resolução de conflitos.
• Prepare e modele habilidades e estratégias pró-sociais (estabelecer limites, revezar, auxiliar o outro etc.) por meio de histórias sociais e visuais.

Em resumo, um estado de sobrevivência aparecerá fisicamente e requer segurança; um estado emocional aparece verbalmente e requer conexão; e um estado executivo apresenta como um ótimo funcionamento que tem sucesso na resolução de problemas.

É pela avaliação do seu estado interno e ajustes para adaptação que você mantém o acesso às suas habilidades de pensamento na função executiva. Na sequência, você será capaz de observar os estados internos das crianças, entendendo a melhor forma de alcançá-los, fornecendo a segurança, a conexão ou a solução de problemas de que necessitam.

Crianças mais felizes, vida mais feliz

Podemos concluir, diante do que foi apresentado, que a qualidade dos laços afetivos de uma pessoa, ou seja, sua segurança e conexão, vão estabelecer a qualidade de sua vida. Construir boas relações com ações afetuosas, respeito e disciplina não nos tornam apenas mais felizes e agradáveis. "Se buscarmos as formas funcionais de como educar, acolher, nos relacionar e manter as crianças fortes, elas se tornarão mais resilientes".

Essas informações sobre como o afeto nos fortalece não são apenas clichês, é fisiologia. A conexão com pessoas que nos amam e nos valorizam é nossa única rede de segurança na vida.

Pense nisso e cuidemos melhor de nós e dos que estão ao nosso redor.

Referências

ELLIOT, R. Executive functions and their disorders. *British Medical Bulletin*, 65, 49-59, 2003.

GAZZANIGA, M. S.; IVRY, R. B.; MANGUM, G. R. *Neurociência cognitiva: a biologia da mente.* Porto Alegre: Artmed, 2006.

HUIZINGA, M.; DOLAN, C. V.; MOLEN, M. W. V. Age-related in executive function: developmental trends and a latent variable analysis. *Neuropsychologia*, 44, 2017-2036, 2006.

LEZAK, M. D.; HOWIESON, D. B.; LORING, D. W. *Neuropsychological assessment.* New York: Oxford University Press, 2004.

25

UM OLHAR ISONÔMICO NOS CONCEITOS DA DISCIPLINA E DO AFETO

O binômio dos conceitos "disciplina e afeto" é de extrema celeuma. Encontrar o ponto tangível e equânime para obtermos o equilíbrio necessário é o grande desafio, tanto no entendimento parental como no âmbito educacional. Este capítulo visa descortinar esses conceitos, com base na neurociência, possibilitando caminhos para uma autorregulação emocional

LILIAN GUEDES

Lilian Guedes

Contatos
pesquisadoraunifesp@gmail.com
lilianguedescritora368@gmail.com
Instagram: @lilian_eecritora
@lilianguedes_arteterapeuta
facebook.com/lilian.guedes.33?mibextid=LQQJ4d
551199454 9232
55 11 98905 9713

Arteterapeuta, professora de Arte da rede pública municipal de São Paulo. Graduada pela UNESP, contando com as graduações em Artes Visuais, Geografia e Letras (Português/Inglês). Pós-graduação *lato sensu* em Neuropsicopedagogia, Arteterapia, Terapia Cognitiva-comportamental, Avaliações Psicológicas e Psicopedagógicas, Gestão Escolar, Alfabetização e Letramento, dentre outras. Pós-graduação *stricto sensu* em Educação e Saúde na Adolescência pela UNIFESP (sem a realização da defesa). Coautora do livro *Autismo: integração e diversidade*, tendo um viés inclusivo e agregador para além das aparências dos sujeitos, sendo mãe de três adolescentes e tendo, como lugar de fala deste capítulo a vivência *in loco* da difícil tarefa, quiçá o grande desafio, de educar filhos e filhas para um mundo repleto de adversidades, em que a lacuna do afeto prepondera.

Segundo Leonardo Boff, "A estrutura básica do ser humano não é a razão, e sim, o afeto". Partindo desse pressuposto, podemos considerar que as demandas oriundas do campo emocional direcionam com maior grandeza nossas condutas. Somos direcionados pela subjetividade, pelas sensações e pelas urgências do cotidiano.

Há que relativizarmos o afeto, hoje largamente confundido com atos de comprar itens que a criança deseja para mostrarem que gostam da criança. Muitos relatos de pais e responsáveis apontam o sentimento de impotência, afirmando que dão o que nunca tiveram aos filhos, e esses não reconhecem, entendendo o afeto como premiações ou presentes desmedidos.

Segundo Henri Wallon, que dedicou grande parte da sua vida no estudo da afetividade nas relações interpessoais com enfoque nas salas de aula, a afetividade no desenvolvimento humano, especialmente na educação, envolve o acreditar que a criança é capaz de se tornar uma pessoa mais autônoma nas resoluções de problemas em sua vida e ser socialmente participativa ao interagir com o meio.

Aponta Wallon que a afetividade está no âmago da questão educacional. Toda a sua obra pedagógica baseia-se nesse pressuposto. Porém, o termo afetividade é bastante amplo e demanda uma distinção mais precisa. O próprio Wallon distingue afetividade e emoção. Para ele, as emoções são manifestações de estados subjetivos. Enquanto a afetividade corresponde à disposição do indivíduo de ser afetado pelo mundo interno e externo, por sensações agradáveis ou desagradáveis, coligados à infância, o afeto constitui a construção da integralidade do sujeito enquanto pessoa e como base do seu conhecimento. Há singularidade entre o afeto e a demonstração de afeto, pois nem sempre gestos inveterados românticos ou enaltecimento simbólicos de carinho correspondem a sentimentos (emoção), sendo a premissa contrária fidedigna.

Gestos como cuidado, zelo, preocupação, a busca por estar próximo são igualmente comportamentos expressivos dos sentimentos (emoções).

Lilian Guedes

Em linhas gerais, afeto é a relação que se estabelece entre pessoas partindo das suas emoções, sentimentos, sendo a subjetividade seu marco, resultante de como captamos nossas experiências emocionais e, verdadeiramente, como nos afeta. Pode-se exemplificar a valoração do afeto nos momentos de luto, no contentamento de um filho ao nascer, ou quando nos envolvemos com alguém.

Podemos concluir que a afetividade impacta, sensivelmente, nossas ações e delineiam a forma, a cor, a narrativa e os valores, pois são registros impregnados de como o sujeito recebe essa interferência do meio em que está inserido. Em contraponto, a afetividade, como todo indivisível, sendo emoções, sentimentos e valores são independentes, porém conectados entre si.

A neurociência na contribuição do binômio disciplina e afeto

A neurociência estuda o campo do sistema nervoso, formado pelo nosso cérebro, medula espinhal e nervos periféricos, considerando a fisiologia do corpo humano e suas ligações. Assim, apresento os lados que, exponencialmente, exemplificam nosso cérebro e seus desdobramentos na nossa vida cotidiana.

O cérebro humano se constitui em duas partes: hemisfério esquerdo, que abrange a racionalidade, responsável pela razão; e o hemisfério direito, que abrange o campo emocional, sendo responsável pelas emoções. Assim, cada lado exerce sua função na sua especificidade e a interação entre esses campos é que se define como organização neurológica. É fato que o controle do corpo, no âmbito muscular, está coligado ao intelecto, ao cognitivo; assim como a autorregulação interna emocional e as funções corporais correspondem a outra parte do cérebro. Tais partes atuam simultaneamente, porém há uma prevalência potencial, em que um se sobressai em relação ao outro. Cada pessoa detém sua singularidade e potencializa um dos hemisférios. Por isso, aventa-se a possibilidade de que as pessoas coligadas a profissões voltadas para o campo das exatas, da engenharia e finanças teriam o hemisfério esquerdo predominante, enquanto os artistas são regidos, predominantemente, pelo hemisfério direito.

Assim, essa simbiose, na integração dos hemisférios necessita basicamente que a razão e a emoção adquiram a homeostase e estejam equilibrados. Assim como o binômio dialético-disciplina (razão) e afeto (emoção) buscam a mesma proporcionalidade.

O questionamento latente dos pais, responsáveis, educadores gira em torno de como atingir essa grande façanha e como encontrar o equilíbrio nessas polaridades.

Inúmeras soluções apontam para os desafios em que vivemos, mas o caminho mais indicativo é o que contempla processos mentais flexibilizados, criativos e tranquilos. O equilíbrio adquire-se na via sistêmica com o treino constante.

O importante para implementarmos a disciplina dentro do contexto familiar e educacional é identificar o lado predominante que o cérebro dessa criança ou adolescente se manifesta nos seus interesses cotidianos. Sendo o lado prevalente, o da racionalidade, é relevante ofertarmos atividades que potencializam o outro hemisfério, como a poesia, a meditação, a musicalização, a pintura. Isso para que o campo afetivo externalize e fortaleça a sincronicidade dos lados. Partindo desse pressuposto, se o lado emocional, dos afetos, das sensibilizações prepondera, deve-se buscar o contraponto. E, nesse sentido, a "disciplina" pode advir no direcionamento de rotinas, metas, manuais de instrução ou o aprendizado de uma nova língua.

Este percurso é garantido em qualificar o tempo dedicado à criança, conhecendo verdadeiramente as predileções do seu filho, sua filha e reconhecendo suas potencialidades. Pelo acompanhamento diário e diante de suas percepções, os pais perceberão suas reais necessidades, sendo possível estabelecer os limites nesse relacionamento,usando de estratégias como acolhimento, o diálogo e a escuta, que servirão de suporte para a ancoragem do desenvolvimento saudável e harmonioso.

A grande lacuna do tempo agregada ao avanço tecnológico faz com que não tenhamos espaço temporal para as relações, para educação dos nossos filhos. Terceirizamos as conversas, as aproximações, a escuta para quem julgamos que têm maior especialidade no assunto, concomitantemente substituímos tempo com nossos filhos por celulares e cada um se restringe ao seu universo. Afora o quanto ficamos vulneráveis às matérias cibernéticas que atingem mentes e corpos.

Vale destacar que não se trata de nos debelarmos e impossibilitar o uso dos *smartphones*, mas de racionalizarmos o uso dos mesmos e garantir momentos de diálogo com os nossos filhos. Diversificarmos a nossa prática diária não é um processo simples, pois conhecer nossos filhos requer, em primeira instância, conhecer a nós mesmos. Exige tempo, predisposição, engajamento e, em igual medida, no ritmo imposto pela vida moderna, sentem o tempo escoar pelos dedos, os minutos, as horas são diluídas sem que haja percepção das mesmas. A era "pasteurizada" das nossas relações, permeadas pelo universo tecnológico, amplia novas demandas na ânsia de valores afetivos e humanitários.

Lilian Guedes

Paradoxalmente, como responsável de um filho, uma filha, não há como mensurar esse ofício de educar. Muitos pais e responsáveis reproduzem padrões "de como foram criados", estabelecendo cobranças de uma suposta boa educação na proporcionalidade de que foram educados. Muitos titubeiam na incerteza de estar exigindo determinadas cobranças do próprio filho ou filha.

Essas cobranças aumentam, sobremaneira, quando resolvem comparar o que outros pais fazem, objetivando repetir a forma como outros pais conduzem seus filhos, no afã de acertar. Para completar esse caos, opiniões alheias, comentários descabidos e julgamentos desprovidos de qualidade surgem entre os familiares ou amigos próximos, gerando, na maioria das vezes, a culpa, a impotência e a sensação de incapacidade.

Por conseguinte, é comum pais e responsáveis delegarem o processo de atribuir limites à escola, de frustrar os filhos resguardando-se ou por se julgarem incapazes de lidar com as birras e a violência. Transferem, assim, a grande lacuna da falta de limites para o sistema de ensino, produzindo de forma lastimável o grande abismo da falta total de parâmetros, fomentando a ideia de que a criança tem liberdade para tudo, e que tudo lhe é permitido, prejudicando a consolidação das funções executivas da criança. Esclarecendo que essas funções são responsáveis por coordenar e integrar o espectro da tríade neurofuncional da aprendizagem.

Essa educação dada por grande parte dos pais e mães assemelha-se ao sistema "*fast food*", em um frenético condicionamento, em que os pais sentem que seu papel motriz e primordial é suprir necessidades e a tarefa de educá-los acaba por ser negligenciada.

Ainda é importante destacarmos o crescente número de terapeutas e psicólogos que, via de regra, são preparados pela via acadêmica para darem suporte a questões graves, constantes no Manual Diagnóstico e Estatístico de Transtornos Mentais (DSM-V), e se deparam nos consultórios com crianças com total ausência de limites, da necessária "disciplina" e uma lacuna indescritível de afeto.

Estabelecer limites e aprender responsabilidades com empatia, para que a criança ou adolescente se reporte à situação do outro e que respeite o outro. Para tanto, faz-se necessário fortalecer os vínculos familiares, elos de confiança e honestidade nas proposições dadas.

Os excessos, a permissividade em demasia, cobranças excessivas e imposição de autoridade alimentam o medo, causam revolta e reduzem a autoestima, comprometendo a responsabilidade e o entendimento da sua real posição na família, suas funções e responsabilidades.

Segundo Alfred Adler e Rudolf Dreikurs, "as conexões afetivas funcionam como motores de comportamento", ou seja, as relações afetivas são mais relevantes para se obter a disciplina do que a relação à autoridade. O fortalecimento do núcleo familiar, contando com um ambiente acolhedor e afetuoso, capacita a criança no entendimento de que a estrutura familiar será seu respaldo e lugar de pertencimento.

Autoconfiança – diálogo direto com ênfase no entendimento sobre o próprio valor.

Empatia – revisar os atos diários dos filhos e filhas, revisitar o impacto que causou em outras pessoas durante o seu dia, reportando-se sempre no lugar do outro: "e se fosse você?"

Resolução de situações-problema – rever os desafios diários e qual a melhor solução encontrada na redução de danos à gentileza e ao amor na relação familiar.

Diálogo objetivo mediante qualquer desacordo de opiniões entre os irmãos, potencializando-os. Os pais e mães, ao explicarem as situações, fortalecem o vínculo e conduzem ao equilíbrio emocional da criança.

Importante lembrar que a maturidade da inteligência emocional é relativa, pois nossos filhos e filhas não entendem suas emoções e motivações, sendo que precisam ser externalizadas e esclarecidas, revelando que os pais realmente se importam com os sentimentos dos filhos, direcionando amor e preocupação.

Diante do artigo exposto e da ênfase no diálogo sugerido ao longo do artigo, é imperioso usarmos da franqueza com os nossos filhos e filhas olhando frente a frente, explicando com clareza a situação em que tenham cometido erros, demonstrando interesse pelo que eles ou elas realizam e pelos seus sentimentos. Em contrapartida, é preciso ressaltar que comportamentos agressivos, gritos, empurrões, castigos ou chantagens somente revelam a falta de controle emocional dos pais.

Conclui-se que é relevante apontarmos que "receitas" prontas não existem, pois somos demarcados por formas identitárias diferenciadas, e cada sujeito responde a um evento com seu próprio repertório de vida, bem como o contexto social, econômico e cultural que esteja envolvido. Todas as dimensões devem ser relativizadas. Entretanto, é importante que nós – pais, mães e tutores – partamos da premissa dos nossos papéis enquanto formadores de valores culturais, éticos e sociais. Assim como a nossa vital importância na vida dessa a pessoa que se espelha e nos observa cotidianamente. E, para além da responsabilidade civil, que o amor prepondere as relações, pois em igual medida a disciplina deve ser estabelecida pelos desdobramentos do diálogo e pelo reconhecimento e respeito que o adulto na relação define.

O afeto, o vínculo, é a única via que garante potencialmente que a disciplina se manifeste como estratégia fortalecedora de uma sociedade mais saudável, humana e próspera.

Referências

ARENDT, H. *A condição humana,* 10. ed. Rio de Janeiro: Forense Universitária, 2000.

BAUMAN, Z. *O mal-estar da pós-modernidade.* Rio de Janeiro: Jorge Zahar Editora, 1998.

BOFF, L. *Saber cuidar: ética do humano.* Petrópolis: Vozes, 1999.

CORTELLA, M.S.; DE LA TAILLE, Y. *Nos labirintos da Moral.* São Paulo: Papirus, 2005.

DONATELLI, D. *Quem me educa? A família e a escola diante da (in)disciplina.* São Paulo: Editora Arx, 2004.

MLODINOW, L. *Elástico: como o pensamento flexível pode mudar nossas vidas.* Rio de Janeiro: Jorge Zahar Editora, 2019.

WALLON, H. *A psicologia genética.* Lisboa: Editorial Estampa.

ZAGURY, T. *Limites sem traumas.* Rio de Janeiro: Record, 2000.

26

A IMPORTÂNCIA DO ESTÍMULO À EXPRESSÃO DOS AFETOS PARA A SAÚDE MENTAL

Neste capítulo, refletiremos sobre a importância de estimularmos as crianças a expressarem seus afetos para que desenvolvam a sua identidade de forma plena, ou seja, aceitando a si mesmas, sentindo-se confortáveis para expressar seus afetos positivos e negativos, tornando-se mais hábeis para lidar com as próprias emoções e a dos outros, favorecendo sua saúde mental, bem como a confiança para lidar com frustrações e falhas e, consequentemente, desenvolvendo, de forma satisfatória, sua inteligência.

LUANA MENEZES

Luana Menezes

Contatos
www.luanamenezes.com.br
luanamenezespsiecoach@gmail.com
Facebook: luanamenezespsicologa
Instagram: @luanamenezespsi
Youtube: @luanamenezespsi

Psicóloga graduada pelo Instituto Laureatte Universities - IBMR (2009); especialista em Psiquiatria e Psicanálise com crianças e adolescentes pelo Instituto de Psiquiatria da Universidade Federal do Rio de Janeiro - IPUB/UFRJ (2012); pós-graduada em Arteterapia da Educação e Saúde pelo Instituto Avez do Mestre - UCAM (2014); especialista em Orientação Profissional e *Coaching* de Carreira pelo Grupo Orientando - UCAM (2014); *coach* de carreira pela formação da Sociedade Latino Americana de Coaching - SLAC (2015). Com experiência de 13 anos em psicologia clínica, atende de forma presencial e on-line, por meio de psicoterapia individual, crianças, adolescentes e adultos; realiza orientação parental; orientação profissional a adolescentes e *coaching* de carreira a adultos e idosos, atendendo a demandas, como reorientação profissional, transição de carreira e planos para pós-aposentadoria. Palestrante e facilitadora de *workshops* destinados ao desenvolvimento pessoal e profissional. Além de suas formações, tornou-se mãe recentemente, o que contribui ainda mais para o seu aprendizado e desenvolvimento. É e sempre foi apaixonada por crianças. Autora do livro infantojuvenil *Eu só quero brincar*.

Os bons encontros são sempre um momento em que nos tornamos mais próximos do mundo e de nós mesmos, ampliando a nossa capacidade de afetar e ser afetado.
(ESPINOSA)

A evolução da humanidade se dá em vários contextos. Desde o avanço da medicina, da tecnologia até a forma de nos relacionarmos e conduzirmos a educação de nossas crianças.

Novos estudos e teorias da psicologia trazem luz a novas formas de exercermos a nossa parentalidade. Atualmente, temos visto cursos de orientação parental sendo oferecidos para profissionais e pais, pois temos o entendimento de que a educação da criança não deve ser realizada pelos pais apenas de maneira intuitiva. Para construirmos relações mais saudáveis com nossos filhos, precisamos conhecer as necessidades e características de cada fase da infância e adolescência.

Porém, esse é o início de uma mudança muito recente, pois nós herdamos a naturalização da violência contra a criança das gerações anteriores. A criança sofria em casa e na escola. Não havia conhecimento, compreensão e tratamento específico para a sua idade.

O adulto, por não saber como lidar com os sentimentos e comportamentos da criança, a via como "malcriada", "manhosa", "chorona". Sendo assim, a máxima da figura adulta no papel de pai, mãe e educador na escola era exigir "respeito" pela agressão e punição, colocando-se como um ser superior em relação à criança.

Assim, presenciávamos, de forma intensa e constante, algumas falas comuns direcionadas a crianças maiores e adolescentes: "Vai fazer porque eu mandei"; "Aqui quem manda sou eu"; "Vai fazer porque eu sou o pai, a mãe". Não havia diálogo e muito menos explicação sobre os motivos pelos quais ela não poderia ter sua necessidade atendida.

Como se ser pai e mãe fosse o suficiente para ter alguém, no caso, os filhos, submetidos aos seus interesses e vontades. Como se a criança não tivesse necessidades próprias ou que elas não fossem importantes. Sendo assim, como

Luana Menezes

fica a construção da sua identidade, uma vez que o filho não é a extensão dos projetos e idealizações dos seus pais? Como a criança pode se reconhecer enquanto indivíduo, conhecendo seus interesses e necessidades, se ela só deve seguir o que seus pais a impõem?

De acordo com o psicanalista Erik Erikson (1972), a identidade é uma concepção de si mesmo, composta de valores, crenças e metas com os quais o indivíduo está comprometido.

Portanto, a repressão à expressão dos afetos da criança gera diversos prejuízos na formação de sua identidade, pois entende que precisa se calar para ser aceita; cumprir ordens mesmo sem entender o motivo ou apenas porque lhe mandam; tende a não confiar nas suas ideias, pois muitas delas não são aceitas ou são criticadas pelos pais; apresenta dificuldade de expressar seus sentimentos a amigos e parceiros amorosos, gerando problemas nas relações interpessoais por constante insegurança e medo da rejeição; tende a ter dificuldade para exigir seus direitos, pois os invalida, não acreditando que sejam importantes.

Apesar da crescente mudança na forma de tratar a criança, ainda existe violência. Um dos avanços nesse sentido é o surgimento do Estatuto da Criança e Adolescente (ECA) em 1990, que tem como objetivo a proteção dos direitos da criança e do adolescente, o qual define as crianças e adolescentes como sujeitos de direitos, em condição peculiar de desenvolvimento, que demandam proteção integral e prioritária por parte da família, da sociedade e do Estado.

O ECA, a formação de educadores e professores, os cursos para pais, leituras, debates e reflexões como a que estamos exercendo pela leitura deste livro fazem parte da evolução que estamos presenciando e que precisamos expandir. Nossa transformação e mudança de olhar devem estar presentes pelas nossas atitudes e falas com os nossos familiares, com a professora, com o vizinho, com o grupo de pais da escola, com a cuidadora que encontramos na praça. Todos nós somos agentes responsáveis pela educação dos nossos filhos e contribuidores da transformação que queremos ver acontecer no mundo. Portanto, comportamentos repressores e formas violentas de tratar a criança devem ficar no passado, dando lugar ao acolhimento e compreensão a respeito das necessidades dela. Isso exige de nós, adultos, o autoconhecimento, o acolhimento da nossa criança interior que foi reprimida; a expressão dos nossos afetos porque não é possível incentivarmos nossos filhos a expressar seus sentimentos se nós mesmos não os expressamos.

Entretanto, precisamos de calma e paciência por não ser fácil nem rápido desconstruir um padrão comportamental que nos afeta durante séculos. Vamos falhar muitas vezes, porém o mais importante é consultarmos a nossa consciência, analisando nossas ações, nos questionando de onde elas vêm e, assim, modificar a nossa forma de agir. Sempre teremos a oportunidade de nos corrigir, porque a relação com os nossos filhos é contínua e as situações se repetem. Porém, um comportamento inadequado nosso não precisa nem deve se repetir se temos consciência de que é prejudicial ao outro e a nós mesmos e se compreendemos que existem comportamentos saudáveis que podemos ter para nutrir uma relação de vínculo afetivo positivo com nossos filhos, contribuindo para que eles se tornem adultos coerentes com suas identidades e com liberdade para viverem de acordo com o que sentem.

Pois, caso contrário, algo grave vai continuar acontecendo: a morte de crianças, adolescente e adultos, tendo como uma das causas a repressão dos seus sentimentos. Quando não expressa seus afetos, sentimentos e desejos, não se permite ser você mesmo, porque está se submetendo a ser aceito pelo outro, pelo que aprendeu a ser o "certo". Assim, impede que as pessoas conheçam você de verdade, vivendo uma vida de mentira.

A vergonha, o medo de rejeição, a necessidade de aceitação são aspectos que estão por trás da dificuldade da expressão dos afetos. Diante da solidão, insegurança e baixa autoestima, muitos não pedem ajuda, desenvolvendo transtornos de ansiedade, depressão e alguns, infelizmente, acabam se suicidando.

É grave essa realidade e os que mais sofrem com essa dificuldade são os homens, pois, desde meninos, mediante a herança da cultura patriarcal do machismo tóxico, são ensinados a serem fortes, provedores. E, diante disso, não devem chorar para não serem fracos nem "mulherzinhas".

Essas crenças os desumanizam. Muitos crescem sofrendo calados e sozinhos, não desabafam, não choram, minimizam seus problemas, não tendo consciência de que determinadas questões lhes afetam emocional e mentalmente.

Devido ao estresse e problemas emocionais, correm mais riscos de desenvolverem doenças cardíacas, distúrbios do sono, diabetes, alcoolismo etc.

O fato de não saberem se expressar dificulta o diálogo, fomentando essa cultura – principalmente entre homens – da agressão física. Numa briga, não levar desaforo para casa implica ter que "ganhar na mão". Na relação com o filho, principalmente sendo menino, receber sua contrariedade a algo que o pai tem como certo é ter um filho desafiador e mal-educado, precisando de punição verbal ou física para ser corrigido.

Isso é muito sério e, hoje, por ser mãe de menino, passei a refletir ainda mais sobre a repressão dos afetos que os meninos sofrem. Diante disso, nasceu o livro infantil *Eu só quero brincar,* no qual abordo a desconstrução do machismo tóxico, pela preservação da sensibilidade das crianças, principalmente meninos.

Para transformarmos o olhar sobre nós mesmos, precisamos compreender as nossas necessidades desde que nascemos e suas formas de manifestação. Precisamos encontrar formas adequadas de lidar de modo que nossa afetividade esteja presente para permitir e estimular que a criança expresse seus afetos e desenvolva plenamente a sua inteligência. Jean Piaget (1961) defende que o afeto desempenha papel essencial no funcionamento da inteligência. Para ele, sem afeto não haveria interesse nem necessidade, nem motivação e, consequentemente, perguntas e problemas nunca seriam colocados e não haveria inteligência.

Vamos pensar no nosso nascimento. Nós nascemos com seis emoções primárias: alegria, tristeza, raiva, medo, nojo e surpresa. Expressaremos todos esses sentimentos de forma particular em cada fase do desenvolvimento. A criança só precisa de um adulto que a acolha e a conduza da melhor forma na expressão dos seus afetos.

Diante das necessidades primárias do bebê – ser alimentado, dormir, receber atenção e carinho, ter alívio da dor –, ele se manifesta chorando. É a sua primeira e única forma de demonstrar o que precisa.

Conforme os anos vão passando, a linguagem começa a fazer parte da sua expressão e, portanto, ele vai substituindo o choro, construindo uma nova forma de se comunicar. Porém, o choro continua sendo um recurso importante e necessário para expressar determinados afetos de tristeza, raiva ou alegria.

Portanto, a necessidade de afeto é primitiva. Henri Wallon (1879-1962), grande estudioso da afetividade, aponta a radical dependência do ser humano, enquanto espécie, para subsistir e conseguir construir seu ser. O desenvolvimento para ele só se torna possível pela integração das três dimensões psíquicas: a motora, a afetiva e a cognitiva, exigindo uma conexão entre o equipamento orgânico do indivíduo – o corpo –, o ambiente e o meio social em que vive. Chegamos, então, à afetividade, que está presente em todos os estágios da vida. Segundo Wallon, ela é um elemento indispensável para o desenvolvimento humano.

A troca afetiva se dá na forma como vivencio minhas emoções e as expresso para o outro. Por exemplo: o adulto está com raiva da criança que está gritando e se jogando para trás, perante ao limite dado de que não pode ver televisão naquele momento. Diante desse sentimento, o adulto bate na criança. Nesse caso, o adulto expressou seu afeto negativo à criança com comportamento de agressividade por não saber lidar com sua raiva, transmitindo a impaciência e reprovação em relação ao sentimento da criança.

228 Disciplina e afeto

Nesse caso, o adulto precisa mudar a forma de lidar, por meio da sua mudança de sentimento frente ao comportamento do filho, compreendendo que a criança não se expressa assim para desafiar nem competir, mas por não saber se comunicar de forma mais adequada, pela fala. Seguindo com esse mesmo exemplo, uma forma de expressar o afeto positivo seria permitir a expressão da criança, e falar com ela que compreende que deve ser chato ficar sem TV naquele momento, mas que não pode, esclarecendo o motivo e incentivando a criança a falar sobre o que está sentindo. Esse comportamento do adulto acolhe e valida os sentimentos da criança, sendo afetuoso.

Porém, o conhecimento a respeito das fases do desenvolvimento infantil não são suficientes, por se basear na racionalidade. Quantas vezes sabemos, teoricamente, o que devemos fazer, mas não conseguimos colocar em prática no momento em que nos sentimos dominados pelas emoções que nos levam ao comportamento inadequado? Portanto, é essencial o autoconhecimento, que é a compreensão de nós mesmos e nossos sentimentos, entendendo sua origem e adquirindo consciência do que é preciso modificar.

Seguindo com o exemplo acima, esse adulto parece não ter sido acolhido na sua infância e, talvez, acredite que essa é a única forma de educar, uma vez que agiram assim com ele também. Se esse adulto passa a rever sua história, validando os sentimentos reprimidos de sua criança interior, que tantas vezes não pôde ser expressa, ele passa a ser mais empático com essas necessidades, se permitindo sentir e expressar o que sente. Essa transformação interna, que é lenta e gradual, pela releitura de sua história, permite que ele vá se expressando mais nas relações atuais, assim como tende a enxergar as necessidades do filho de forma mais acolhedora. Tendo isso trabalhado, acontecendo algo como esse exemplo que foi dado, ele não vai mais sentir raiva. Pode ser que ele sinta compaixão, que significa a compreensão do estado emocional do outro, buscando minimizar ou aliviar o sofrimento do outro. Até porque esse adulto também está sendo mais empático e acolhedor consigo mesmo. Portanto, na medida que a conexão consigo próprio aumenta, a conexão e vínculo afetivo com o filho se fortalece.

A nossa essência está lá, de quando éramos bebê. E o adoecimento se dá quando nos afastamos da nossa essência... As agressões e a repressão dos nossos afetos são um dos fatores que podem nos afastar de quem somos.

Importante se atentar que ser afetuoso na relação com as crianças não significa não dar limites ou burlar as regras. A afetividade presente está apenas na forma de colocar os limites necessários à criança, com acolhimento, compaixão, paciência e carinho.

Fazendo uma analogia simples: o bebê, quando chega na fase de engatinhar, precisa de espaço para desenvolver seu funcionamento psicomotor. Se os adultos não lhe oferecem esse espaço, não podendo treinar ou se, constantemente, brigam com ele nos momentos em que ele cai, vai se tornar um bebê medroso, estressado e com atraso no desenvolvimento psicomotor.

Emocionalmente, precisamos do mesmo espaço para nos desenvolver e nos expressarmos diante de tudo aquilo que sentimos. É nessa descoberta e exploração do mundo que formamos nossa identidade e aprendemos a associar as situações e escolhas aos nossos sentimentos.

Então, diante do desejo, amorosidade, dedicação, conhecimento, informação e autoconhecimento, nós somos capazes de oferecer oportunidade aos nossos filhos de se tornarem adultos mais confiantes, decididos, que lidam melhor com suas frustrações, que pedem ajuda, que aceitam seus erros. Ou seja, propiciamos o desenvolvimento de sua inteligência emocional, proporcionando que eles construam melhores relacionamentos nas diversas áreas da vida, inclusive, tendendo a ter autoconfiança na sua inserção no mercado de trabalho.

Assim, quando transmitimos afeto aos nossos filhos e os acolhemos na expressão dos seus afetos, favorecemos um ambiente seguro e confortável para que eles possam exercitar o seu desenvolvimento emocional, de modo a descobrir como se sentem diante das diversas situações, crescendo seguros e confiantes de que os seus sentimentos são validados e reconhecidos diante da sua experimentação e descoberta do mundo.

Referências

BRASIL. *O Estatuto da Criança e do Adolescente – ECA*. Brasília, 17 de mar. de 2021. Disponível em: <https://www.gov.br/mdh/pt-br/navegue-por-temas/crianca-e-adolescente/publicacoes/o-estatuto-da-crianca-e-do-adolescente>. Acesso em: 06 dez. de 2022.

NARCIZO, E. C. *Henri Wallon: a afetividade no processo de aprendizagem*. São Paulo, 26 de jun. 2021. Disponível em: <https://profseducacao.com.br/artigos/henri-wallon-a-afetividade-no-processo-de-aprendizagem/>. Acesso em: 06 dez. de 2022.

PIAGET, J. Afetividade e inteligência. *Blog da psicologia da educação*. Disponível em: <https://www.ufrgs.br/psicoeduc/piaget/afetividade-e-inteligencia/>. Acesso em: 06 dez. de 2022.

27

COMPREENDER PARA APRENDER AS MÚLTIPLAS FUNÇÕES DO DESENVOLVIMENTO INFANTIL

Como a nossa postura como pais pode interferir nas novas gerações? Qual o sentido da VIDA para nós? O sentido que damos a nossas vidas é a melhor dádiva que se pode deixar a um filho. Empreender no autoconhecimento é útil em qualquer idade e aceitar nossos filhos com suas limitações físicas e emocionais é o primeiro passo para um desenvolvimento seguro para que eles possam desbravar o mundo. Como os nossos filhos se relacionam conosco influencia em seu desenvolvimento da primeira infância em diante. Nunca é tarde demais para se dar conta do sentido de sua vida a fim de ajudá-los. Meu objetivo é trabalhar o foco de atenção do cuidador para auxiliá-los no desenvolvimento biopsicosocioespiritual das crianças, respeitando janelas de oportunidades de um aprendizado da vida.

LUCIANA TENREIRA BEITES-DE OLIVEIRA

Luciana Tenreira Beites-de Oliveira

Contatos
www.quintalreabilitacao.com.br
lutbeites@hotmail.com
luciana@quintalreabilitacao.com.br
Instagram: @lu_beites / @quintalreabilitacao
11 97093 0203

Fisioterapeuta pela UNISA (2001); pós-graduada pela UFSCarA psicologia genética editorial estampa (2003) e Unicamp (2005); extensão em Fisioterapia no Instituto da Criança HC (2008). Especialista em Acupuntura pela CBFisio (2012); especialista em Psicomotricidade no Autismo e Outros Transtornos do Desenvolvimento pela CBI of Miami Child Behavior Institute (2020); estudante de MBA pela Universidade Anhembi Morumbi. Formada em grandes centros internacionais, como Portugal/Belmonte (1999), França/Le Mans (2007) eEUA/Michigan (2014). Atua em grandes centros, visando ao desenvolvimento neuropsicomotor preventivo, reabilitativo e de habilitação de bebês, crianças e adultos, como Arco-íris/Itapecerica da Serra (2000-2002), Centro Olímpico/SP (1999-2002), Integração Saúde/SP (2005-2009), Hospital Israelita Albert Einstein (2006-2018). Professora no curso de Fisioterapia/UNIBAN (2005-2007), professora convidada da pós-graduação em Neurologia HIAE. Proprietária e COO (*Chief Operating Officer*) do espaço Quintal Reabilitação e Personal Play (desde outubro/2018), onde desenvolve atividades e promove a saúde preventiva, reabilitação e habilitação do indivíduo dos zero aos 100 anos.

Certamente a nossa função como pai e mãe é uma das nossas maiores cobranças. Portanto, devemos ter cuidado nessa principal e importante função, porém, não única. Não se esqueça de suas outras funções, do seu autocuidado e de se valorizar como pessoa nesses múltiplos papéis da vida. Sua postura diante da vida é uma das maiores dádivas que você pode deixar ao seu filho. Sabe aquela história de que, quando um avião está despressurizando, a melhor forma de auxiliar alguém é, primeiro, colocar a máscara em si mesmo?

É extremamente importante cuidar de quem cuida!

Ter um filho modifica não só a nossa rotina, como também nossos hábitos e conceitos. Quando nasce um bebê, há mudança na vida de quem o circunda. Há conflitos e reconstrução de novos padrões e posturas.

Certamente, a primeira ação é: "O que vamos fazer para esse bebê sobreviver?". É nutri-lo com alimento materno, fórmula, dando suporte para a mãe, trabalhar mais para proporcionar algo que nós mesmos não sabemos o que é, com o intuito do mantê-lo vivo.

Não esquecendo que a mudança também é do parceiro de quem gerou, dos integrantes da casa, como irmãos e animais de estimação.

O medo de fracassarmos, às vezes, os transborda, mas toda mudança é acompanhada de múltiplos sentimentos nos quais devemos acolher e trabalhar para que esse turbilhão de emoções seja integrado.

O intuito deste capítulo é mostrar que todos nós nascemos com "potencialidades". Saber explorar em si mesmo e orientar as descobertas do mundo aos nossos filhos proporcionam a eles um crescimento natural e saudável.

Pais que demonstram preocupações em excesso geram expectativas e ansiedade. E o autoritarismo leva a criança a se questionar se seu comportamento é o mais adequado e começa a temer situações novas.

A proporção de que um filho sempre está em dívida com seus pais é imensamente maior do que o que podemos dar aos nossos filhos. Por isso, como pais, devemos nos autoanalisar e buscar apoio para que haja leveza e

Luciana Tenreira Beites-de Oliveira

direcionamento, que não falte escuta e conexão com nossos filhos. Essa com certeza será a maior herança que deixaremos para eles.

A palavra do momento, quando uma criança nasce, é conexão. Desde a atenção com o bebê no ventre materno até o parto humanizado. Tudo envolvendo a conexão e o tempo ideal para que a mãe e o bebê se conectem e se reconheçam. Envolvem a atenção ao primeiro contato dos pais com o bebê, a espera para cortar o cordão umbilical, a primeira mamada no primeiro minuto de vida.

Para se conectar com seu filho, não é necessário estar a todo momento ao lado dele, mas sim se mostrar presente e ter tempo presente e com qualidade.

Como vivemos em um mundo extremamente competitivo, nós nos preocupamos em ser os melhores, em dar o melhor, e que os nossos filhos aproveitem da melhor forma o que ofertamos. Essas cobranças são imensas e o tempo é cada vez menor com nossos filhos, diante das agendas extremamente lotadas. É natural que haja uma supervalorização do cuidado, de uma pressão imensa de darmos conta de nossos múltiplos papéis e, consequentemente, uma pressão sobre a criança.

Vamos ressignificar essa competitividade?

Devemos ter como ponto comparativo a pessoa com ela mesma e comparar as melhoras, em qualquer âmbito, de nossos filhos com eles mesmos.

Um ser humano nunca está pronto, mas sim se aprimora a cada dia.

Um dos primeiros passos de uma conexão saudável é estar pronto a ouvir sem julgamento, e compreender a lógica da ação. Dar a liberdade do movimento e da expressão para depois compartilhar experiências e ideias. Mostrar que o ser humano é um ser social e que necessita de outras pessoas para ser e se sentir inteiro. Nós necessitamos de autonomia, mas somos dependentes uns dos outros.

Muitas vezes, necessitamos de ajuda e se faz necessário ajudar e ser ajudado.

A confiança é extremamente necessária para agirmos de forma leve, sem medo e receio da ação involuntária e inesperada do outro. A solução é sempre ensinar e não reprimir.

É deixar nossos filhos expostos ao meio para que interajam, observem e experimentem os estímulos que o ambiente ofereça. É estar alerta às janelas de oportunidades para os diversos aprendizados, e orientá-los.

Não evitando que haja sofrimento, quedas, mas sim instruindo formas de se reconstruir e de prevenir algo que não faça bem. Permitindo, assim, a individualidade deles nas soluções de seus próprios problemas, estimulando a inteligência e criatividade.

A interação social torna a criança mais preparada emocionalmente. Devemos encarar situações difíceis como oportunidades de nos relacionar para ajudar o crescimento mútuo, auxiliando um crescimento seguro, confiante, com autoestima fortalecida e blindada contra as armadilhas e dificuldades da vida. Aprender com os próprios erros e usar momentos problemáticos para ensiná-los a serem mais felizes, organizados e responsáveis.

Atenção focada permite o autoconhecimento e a compreensão de nossas emoções. Como pais, o objetivo principal é prosperar nossos filhos a serem felizes. Nos momentos tranquilos e mais nobres, devemos nutri-los em seus sentimentos de admiração e ajudá-los a atingirem seus potenciais. E nos momentos frenéticos, devemos nos alimentar de uma boa inspiração e nos perguntar o que realmente queremos como resposta deles? O que queremos que eles desenvolvam naquela situação? Quais qualidades esperamos que eles desenvolvam e levem para a vida adulta?

Provavelmente, em cada situação queremos ter o domínio e exigir uma resposta às nossas expectativas. Muitas vezes, privando a criança de pensar ou desenvolver as próprias respostas diante do acontecimento. Podemos usar esse momento como uma oportunidade de crescimento mútuo, ouvindo e escutando, ponderadamente, o ponto de vista do outro, a comunicação dos desejos de maneira clara e respeitosa. É sobre comprometimento, sacrifício, negociação e perdão. Sabemos que isso parece difícil no calor do momento, mas quando compreendemos um pouco as necessidades emocionais dos nossos filhos, criamos esse tipo de resultado positivo.

Qualquer pessoa que desempenhe o papel de criar, apoiar e proteger crianças tem como objetivo ensiná-las a usar as interações do mundo externo como aprendizagem. Sendo motoras, psicológicas e interativas para sobreviver e prosperar na vida. As janelas de oportunidades, em qualquer âmbito, estão de prontidão esperando o melhor momento de interação para o aprendizado. Para que isso ocorra, devemos melhorar nossa atenção no que diz respeito às oportunidades de raciocínio. Interação dos sistemas, o *self* lógico e emocional, conexão do ser reativo com o racional, entender o passado e refletir sobre o que sentem e como reagem com o mundo.

A maneira de ensiná-las a observar o outro e o mundo faz entender que, muitas vezes, o problema também está com o outro. Ajudá-las a integrar experiências e decifrar a sua compreensão do mundo não tem a ver somente com o que acontece com elas, mas também como as pessoas reagem e as atingem.

Felicidade é a realização de estar conectado com os outros, ao mesmo tempo que mantemos a nossa identidade. Em momentos de sobrevivência, também são momentos de prosperar. Ajudar a integrar as experiências de uma criança é auxiliá-la a se desenvolver por inteiro, a compreender a si mesma a fim de compreender o mundo, e se relacionar de forma segura, confiante, blindada das armadilhas da vida. É ponderar e pontuar que todos temos limitações físicas, psíquicas, sociais, espirituais. Somos seres incompletos, necessitando uns dos outros para nos sentirmos completos. É na imperfeição do dia a dia que construímos a nossa essência. E é no acolhimento das imperfeições que nos tornamos melhores. Devemos considerar o curso do rio, que tem seus perigos e desafios. Na vida, devemos ter a flexibilidade e a resiliência de aceitar que a resposta, diante da situação, faz parte do processo. E auxiliá-la diante do caos faz se afastar dessa margem de turbulência do rio para um fluxo mais suave. E quanto mais tempo conseguirmos mantê-la longe do caos e da rigidez, mais aproveitará o fluxo de bem-estar do rio da vida.

A harmonia vem da integração, o caos e a rigidez se apresentam quando a integração é bloqueada. Integrar ou auxiliar a criança a utilizar o cérebro como um todo é um desafio até para nós, adultos.

Vamos entender melhor? Temos dois hemisférios: o direito, o mais criativo, emocional, holístico e não verbal; e o esquerdo, dotado da ordem, da lógica, do literal, linguístico, linear e de sequenciamento.

Em termos de desenvolvimento, uma criança, nos três primeiros anos de vida, vive completamente no momento do hemisfério direito. E quando se inicia a fase dos porquês e os interesses por causa e efeito, entra em ação o hemisfério esquerdo.

Quando as duas metades se comunicam, se conectam por meio de uma estrutura chamada de corpo caloso, o equilíbrio e a resposta são mais produtivos, pois permitimos que essa equipe de hemisférios se harmonizem (cérebro inteiro).

A negação de qualquer área, direita ou esquerda, é o perigo que não desejamos aos nossos filhos. Queremos que eles enfrentem seus problemas e se arrisquem.

A negação das emoções ou sendo literais demais deixa o caos se instalar "Isso é parte do que deixa sua filha na defensiva e irritada quando você faz uma piada inocente".

Assim, principalmente quando ela não percebe o tom divertido e a piscadinha que acompanha a brincadeira.

Uma das técnicas mais efetivas é a técnica de conectar e redirecionar (de se sentirem sentidos), compreender no momento do caos se a área emocional está mais aflorada. Se conectar com a área. `

É fundamental enfatizar que não importa o quanto os sentimentos de nossos filhos possam nos parecer sem sentido e frustrantes, eles são reais e importantes para eles.

É vital que os tratemos assim em nossas reações.

A cura de uma experiência difícil ocorre quando o lado esquerdo trabalha com o direito para decodificar e nomear como contar histórias da própria vida.

É isto que permite a compreensão de nós mesmos e do nosso mundo, utilizando a conexão dos dois hemisférios juntos.

Para contar uma história que faça sentido, o cérebro deve pôr as coisas em ordem usando palavras e lógica. Essa é a explicação científica do porquê escrever diários e o porquê de falarmos sobre um acontecimento difícil.

Não desprezar o que aconteceu é deixar a criança explicar e expor suas emoções, para depois nomear e explicar o cuidado.

A amígdala faz parte do sistema límbico, situada no cérebro inferior. Sua função é expressar emoções rapidamente, especialmente raiva e medo. Agir sem pensar quando a amígdala é acionada e bloqueia a conexão com o cérebro superior.

É claro que tal fato intensifica o outro problema não apenas o cérebro superior está em construção, mas a parte dele que funciona se torna inacessível durante momentos de grande emoção ou estresse.

Na prática, é irreal pensar que as crianças serão sempre racionais, controlam as emoções, tomam boas decisões, pensam antes de agir e são empáticas.

Tudo o que o cérebro superior ajuda a fazer.

Elas podem demonstrar algumas dessas qualidades em diferentes graus, na maior parte do tempo, dependendo da idade. Saber disso nos ajuda a ver que os nossos filhos estão frequentemente fazendo o melhor possível com o cérebro que tem.

Nós temos condição de utilizarmos os dois hemisférios cerebrais e controlar os nossos instintos mais primitivos, diferentemente de nossos bebês e crianças de zero a seis anos. Esses estão em processo de formação e utilizam muito das funções do sistema nervoso inferior, que são responsáveis pelas respostas mais primitivas de reação reflexa e impulsiva.

Estarmos atentos a essa diferença conscientiza as nossas ações e nos direciona a acertarmos um pouco mais nas respostas que queremos deles, que estão sobrevivendo com áreas primitivas.

Que possamos ter atenção plena e aceitar nossos filhos ainda com suas limitações e saber direcioná-los para uma melhor resposta, pois eles, com toda a certeza, querem acertar e nos orgulhar.

Até que ponto nos esforçamos para nos relacionar de uma melhor maneira com os nossos filhos? Nós os compreendemos e temos uma escuta sem preconceitos e julgamentos?

Muitas vezes, a conexão se abre quando estamos tranquilos, quando não transferimos muitas cobranças do nosso dia a dia a eles.

Que haja mais vida! Que haja mais presente! Que possamos respirar, refletir e agir em uma janela oportuna para uma melhor resposta e direção. Que não faltem melhores momentos para vivenciar os momentos de caos e de tranquilidade deles. Que possamos viver com os nossos seis sentidos, em vez de proporcioná-los somente ao que diz respeito à sobrevivência. E saberão que, independentemente da situação, terão muito de seus pais em suas ações e saberão onde podem se apoiar. Desejo aos pais e aos seus filhos muita energia e saúde para desbravarem a vida em todas as suas etapas, com o foco no momento presente. Como disse Jenny Rosèn, "um dia seu bebê se tornará adulto. E esse adulto não será uma surpresa, como foi o seu recém-nascido. Ele será exatamente do jeito que você o criou".

Pensando dessa forma, desenvolvo um produto designado "Personal Play", em que observamos a interação dos pais com seus filhos em um livre brincar, proporcionando experiências únicas, integradas, favorecendo a conexão entre eles em um espaço lúdico. Onde o bebê e a criança consigam interagir com o meio e com seus pais, direcionados por um profissional habilitado na área psicomotora a se organizar em sua melhor janela motora, a construir estratégias em seu desenvolvimento sensório-motor.

Conheça mais em quintalreabilitacao.com.br/personal-play/.

Referências

MEDINA, J. *A ciência dos bebês: da gravidez aos 5 anos – como criar filhos inteligentes e felizes.* São Paulo: Editora Zahar, 2013.

ROSÉN, J. *50 Maneiras de criar um bebê sem frescura.* São Paulo: Editora Panda Books, 2008.

SIEGEL, J.; BRYSON, T. P. *O cérebro da criança.* São Paulo: nVersos, 2015.

28

O IMPACTO DOS LAÇOS AFETIVOS FRENTE A NOSSA CRIANÇA INTERIOR

Neste livro, a coautora busca compartilhar sobre o impacto dos laços afetivos na infância frente à vida adulta; e procura mostrar, com clareza e simplicidade, que, pelas ações e atitudes, as pessoas que se conhecem mais, encaram com maior facilidade, leveza e responsabilidade seus sentimentos, sem julgamentos. Conseguem vencer barreiras, quebrar paradigmas e são mais confiantes e seguras dentro da escolha de vida de cada uma, rumo à felicidade.

MÁRCIA TEJO

Márcia Tejo

Contatos
www.wayback.com.br
marcia@wayback.com.br
LinkedIn: Márcia Tejo

Graduada em Administração de Empresas, Gestão de Recursos Humanos e Gestão de Pessoas pelas Universidades São Judas Tadeu e Anhembi Morumbi. Atualmente, se dedica a estudar e se aprofundar em psicologia positiva e inteligência emocional. *Master coach* pelo Instituto Brasileiro de Coach (IBC) e terapeuta holística. Conta ainda com sólida experiência no mercado de prestação de serviços, constituída pela vivência de quase 38 anos de carreira em grandes empresas. Sua atuação se destaca, com relevância, no desenvolvimento de talentos humanos e melhorias organizacionais. Como *coach,* tem destaque em motivação/autoestima, transição de carreira e relacionamentos. Como *Member Apprentice Worldwide*, tem como objetivo ajudar e apoiar jovens talentos em fase de ascensão profissional em diversos países (América Latina e Europa). Atualmente, ocupa a posição de CEO & Founder do Grupo Way Back Gestão de Negociação e Relacionamentos, empresa com 31 anos de atuação no segmento de crédito e cobrança nacional e internacional, dentro do conceito de *Business Process Outsourcing*. Como empreendedora, sua missão é ajudar pessoas a desenvolverem habilidades até então desconhecidas por elas e expandir o crescimento pessoal e o profissional, por meio de um olhar mais leve, positivo e surpreendente. Atualmente, tem aprofundado seus estudos em psicologia positiva e inteligência emocional.

Neste capítulo, quero compartilhar com você, leitor, a importância da demonstração de afeto em nossa vida. Não só humanos demonstram afeto, já foi comprovado cientificamente que até animais podem expressar afeição pelas suas ações. O afeto tem papel importante na aprendizagem do ser humano, pois está presente em todas as áreas da nossa vida e nos influencia em relação à nossa percepção, potencializando-nos a revelar os sentimentos em relação a outras pessoas, animais e objetos.

A nossa infância é a fase mais importante da nossa vida por ser a base para o nosso desenvolvimento em todos os sentidos. É nela que aprendemos, pelos desafios, em um ambiente envolvente, estimulante e organizado por exemplo. Quando a criança passa por um desafio, ela é estimulada a pensar e isso acaba aguçando e provocando a imaginação, o desenvolvimento da sensibilidade e a construção do conhecimento, pois, pela curiosidade, é que ela busca respostas e começa a se expressar. E é nesse momento que as competências físicas, emocionais e sociais se integram e propiciam o desenvolvimento da percepção.

O convívio com outras pessoas também é um fator fundamental que está ligado à diversidade e ajudará na construção do conhecimento, pois, com toda sua criatividade e originalidade, estará inserida em um ambiente em que possa aprender.

Esse conceito de infância tem sido colocado cada vez mais em evidência, pois, até pouco tempo, a criança não tinha nenhuma participação na vida social. A criança tem um ritmo próprio de aprender e é importante assegurar que ela possa se desenvolver de forma saudável, tendo cuidado com aspectos biológicos e físicos, no ambiente escolar e fora dele.

A criança que tem acesso à cultura passa a interpretar o mundo de uma forma diferente, uma vez que é por meio dela que se cria experiências. A cultura tem papel relevante no desenvolvimento socioemocional, estimulando e desencorajando certos comportamentos. Além disso, o fortalecimento cultural sempre melhora o aprendizado, a saúde mental e física. Com esse experimento,

Márcia Tejo

aprendem conceitos que vivenciarão na vida adulta. Algumas observações a serem tratadas em relação à infância ultrapassam a análise da sociedade deturpada e repleta de ilusões, que atingem em cheio os relacionamentos entre adultos e crianças.

Elas constroem experiências subjetivas, diferenciadas em várias situações, meios intelectuais, capital cultural, interesses, projetos, atitudes, energia, estratégias e desafios. As relações de hoje entre pais e filhos, professores e alunos, impactarão no resultado do adulto futuro, que é cheio das impressões que guarda da sua infância.

A afeição na relação entre o professor e o aluno também influencia no desenvolvimento da criança. A importância do cuidado na educação está em contribuir para o desenvolvimento da moral, da autonomia; para a felicidade e estimular o aprendizado.

É importante que educadores sejam afetuosos e comprometidos com a educação, percorrendo, além de suas práticas pedagógicas. Quando a criança recebe afeto, ela cresce e se desenvolve com muito mais segurança e determinação.

As relações entre o professor, o conteúdo escolar e o aluno são marcados pelo afeto. Ressalto que a maneira como o educador apresenta o conteúdo, em sala de aula, pode afetar cada aluno e, certamente, influenciará de diversas formas na sua aprendizagem. Pode-se concluir que é necessário haver uma relação que envolva sentimentos, práticas pedagógicas e ações adotadas. A criança precisa sentir prazer no ato do ensino para estar motivada e buscar novos conhecimentos.

Escrevo isso porque quero contribuir com os pais e professores para que voltem o olhar para esse assunto também tão importante e tão pouco explorado, mas que, com certeza, fará a diferença nas nossas crianças de hoje que representam o nosso futuro no amanhã.

A criança interior é uma parte da nossa mente que experienciou a vida, adaptando-se a certos comportamentos e padrões que impactam na vida adulta. O relacionamento que tivemos com nossos pais na infância acaba influenciando – e muito – cada relacionamento que temos na fase adulta.

Quando crianças, aprendemos a nos expressar dizendo o que e como nos sentimos. E precisamos de uma figura adulta para nos guiar. No entanto, queremos ser vistos e ouvidos pelos nossos pais e buscamos lidar com essa realidade, adaptando-nos. E isso significa agradar aos nossos pais de forma a nos tornar o que eles esperam que sejamos e não o que de fato somos. A tendência, em geral, nessa busca para agradar aos pais, é adotarmos comportamentos que eles valorizem e considerem como "bons" e, com isso, acabamos rejeitando as partes de nós mesmos que são vistas por eles como vergonhosas ou "más".

Ainda que se tente desvencilhar, é muito provável que eles tenham grande força em como você age e em como de fato você é. É inconsciente, é onde estão nossas necessidades não satisfeitas, emoções reprimidas, nossa criatividade, intuição e capacidade de brincar. A maioria de nós nasceu de pais que carregam seus próprios traumas não resolvidos, herdados de seus próprios pais e ancestrais e é difícil para eles saberem como lidar com suas próprias emoções e, por consequência, com as nossas.

Em geral, a interferência da infância na vida adulta é intensa, mesmo que, às vezes, não seja percebida. Por isso é comum dizer que os adultos são uma extensão de quem foram e viveram quando crianças, porque essa primeira fase da vida atua diretamente na construção das conexões cerebrais. Nos primeiros anos, dependendo de como as conexões forem trabalhadas, será possível a geração de comportamentos e padrões diferenciados.

Quando a nossa criança interior é ferida, todas as emoções mal resolvidas, necessidades que não foram atendidas e situações dolorosas resultam em sentimentos, e esses perpetuam em nós, criando uma espécie de lente pela qual passamos a enxergar o mundo. Alguns desses impactos acabam causando, em nossa vida adulta, a baixa autoestima, o medo de críticas e de não ser aceito, resistência a mudanças, imagem corporal distorcida, medo de abandono nos relacionamentos, entre outros. Essas vivências podem fazer com que nossas fantasias infantis se tornem recorrentes e venham à tona em diferentes situações em nossa vida adulta.

Já o impacto das verdades que nos foram ditas tem uma interferência grande na nossa vida adulta, porque as crianças tomam o que lhes é dito como verdade absoluta. Especialmente quando dito pelos pais, professores, avós e demais pessoas que as crianças entendem como referências. Porém, nem todas as coisas que ouvimos nessa fase foram positivas e, infelizmente, às vezes nos deixam confusos, assustados, medrosos e até desligados da nossa natureza infantil.

Alguns sinais são o medo de receber críticas, vergonha de se expressar em algumas situações, dificuldade em dizer "não", responsabilizar-se pelas emoções dos outros, aguardar que outras pessoas falem primeiro para saber o que é "certo" fazer ou dizer, ou de que forma se posicionar. A nossa tendência é invalidar essas emoções e perpetuar esse ciclo – como nosso pai ou nossa mãe fizeram no passado. Assim, a nossa criança interior permanece não sendo ouvida, mas manifesta-se em momentos de nossa vida adulta em que somos confrontados com experiências que nos remetem a alguma experiência já vivida anteriormente.

Por esse motivo, quanto antes aprendermos sobre o tema e acolhermos nossa criança interior, mais conseguiremos melhorar a nossa confiança. Em inúmeros aspectos e nessas condições, nossa criança interior está experimentando incertezas, medo e confusão.

Começar a validar (enxergar e escutar) como pais amorosos e sábios, pode parecer estranho ou bobo. Mas não devemos ficar assustados. O ego vai tentar resistir, porque ele está sempre procurando proteger a criança interior, dirá coisas como: "isso é bobagem", "que perda de tempo". Entretanto, apenas observe. Isso faz parte do processo.

Trabalhar a criança interior causa empatia por nós mesmos, por nossos pais e até pelos outros, pois, a partir da cura de nossa criança, conseguimos sentir a criança interior de outras pessoas se manifestando diante de alguma situação. E as emoções surgirão com intensidade à medida que esse "contato" for acontecendo.

Nossos pais também passaram por essas coisas em algum momento. Eles não tinham, naquela ocasião, o conhecimento e o acesso a informações que temos hoje. Assim, de maneira inconsciente, podem ter projetado seus traumas em nós. Por isso é importante também trabalharmos o perdão em alguns casos, pois eles nos deram o que temos de mais precioso: "a vida". Devemos nos perdoar por atitudes que tomamos sem saber, coisas que não nos permitimos viver em detrimento de outras pessoas, falta de coragem, não acreditar em si... Estudar e entender o autoconhecimento é um processo fantástico e libertador.

Curar a jornada interior é um processo, muitas vezes, longo e nada fácil, acredite! É onde aprendemos a ter paciência e aceitação por nós mesmos e honrar a nossa história.

Outro aspecto do passado é que ele pode mudar a maneira como percebemos ou nos sentimos diante de um determinado desafio como mencionado acima. Experiências traumáticas podem causar incertezas diante de certos cenários e, da mesma forma, elas podem contribuir para gerar algum tipo de desânimo, medo ou fobia. Mas, por outro lado, experiências positivas, engrandecedoras e motivadoras contribuem no engajamento. Ou seja, o passado pode ditar o que você gosta ou não, determinando como várias situações são encaradas.

Disciplina e afeto

Isso tudo contribui na transformação e condução de alguns comportamentos, para que as ações sejam moldadas de maneiras diferentes. Somando a tomada de decisões à percepção de elementos, fatores e situações; o jeito como nós agimos está diretamente ligado ao que nos aconteceu antes. Quem passa por sucessivas experiências negativas ou traumáticas pode desenvolver um comportamento menos social e mais agressivo; e pessoas com interesses variados, provavelmente, serão mais tolerantes e comunicativas.

Nem toda decisão que você julga acertada é tomada baseada apenas na análise da situação atual. A influência do passado recai sobre o processo, gerando a condução por um caminho diferente.

Uma criança que teve bons relacionamentos tomará decisões melhores quando adulta, se isso envolver o ato de se relacionar. Isso é mais fácil ao repetir padrões que funcionam ou com os quais já se está acostumada. Além disso, o passado pode criar hábitos, ainda que consolidados de maneira pouco racional. Alguém que faz tudo sempre da mesma forma tomará decisões semelhantes ao longo do tempo.

De certa maneira, tudo o que somos hoje é um reflexo das experiências que fomos expostos durante os primeiros anos de vida. E podemos dizer que todos os modos de agir de um adulto são um reflexo do que aconteceu na infância, porém, há alguns comportamentos que se destacam devido ao impacto que sofrem pelo que aconteceu nos primeiros anos de vida.

O relacionamento com os pais é um exemplo. Os pais são as primeiras pessoas com quem a criança cria vínculos fortes. Ao mesmo tempo, esse relacionamento é a causa de muitos comportamentos e reflexo de tantos outros, o que significa que o que aconteceu na nossa infância poderá afetar, diretamente, a forma como agimos com nossos pais quando adultos, e o contrário também é verdadeiro. A tendência é que um relacionamento saudável e com diálogo na infância, provavelmente siga esse aspecto.

No tocante aos medos, embora sejam respostas irracionais a uma situação, é muito comum que tenham origem no começo da vida. Traumas com determinados quadros podem causar uma resposta irracional e persistente no cérebro, levando a essas condições. É por isso que crianças que são frequentemente assustadas para dormir se transformam em adultos com medo do escuro. Se uma criança não pode brincar em áreas externas, por exemplo, e nunca tem a chance de se machucar, tende a ser um adulto com medos e fobias. E isso está relacionado ao comportamento dos pais.

O aprendizado marca nosso emocional, pois a capacidade de aprender não está apenas ligada à absorção de informação técnica e à boa memória. Nesse sentido, está diretamente relacionada às emoções e pode gerar marcas permanentes, gerando comportamentos de proteção, medo ou aversão. E como mexem com as emoções, positivamente ou não, as ações da infância acabam gerando um aprendizado atrelado a essas sensações. Dessa forma, tende a se consolidar mais facilmente, atingindo a vida adulta. E a tendência é que se mantenha, pelo menos, até que haja alguma intervenção como ajuda psicológica, no caso de traumas.

A capacidade de ser independente e de tomar boas decisões sozinho começa logo na infância. Ainda que, com pouca idade, seja necessária a supervisão dos pais, a superproteção pode criar adultos muito dependentes emocionalmente e que não são capazes de agir de maneira independente. Se a criança não tem a oportunidade de tomar decisões e lidar com as consequências delas, provavelmente não conseguirá lidar com a frustração e terá um medo constante de errar. Além disso, faz com que o indivíduo cresça acomodado, sabendo que outras pessoas resolverão o que deveria ser feito e isso gera adultos incapazes de conquistar coisas de maneira independente ou de assumir responsabilidades.

A construção de ideias estruturais do cérebro está diretamente ligada à relação de alguns conceitos básicos e funcionam como alicerces do funcionamento cerebral, determinando que alguém saiba o que é certo ou errado. E isso pode acontecer na primeira infância, em que o cérebro ainda é flexível e recebe melhor novas informações e conceitos. Novos conhecimentos, nesse momento, são bem mais simples de serem inseridos.

Nessa construção, errar significa que os adultos têm probabilidades maiores de não possuir um comportamento adequado. Uma criança que não entende a importância de se comunicar e os conceitos relacionados, dificilmente conseguirá desenvolver essas habilidades plenamente.

Em parte, o processo de tomada de decisão ajuda a consolidar a experiência pois, dependendo do que aconteceu no passado, um indivíduo pode utilizar esses fatores para tentar determinar o que acontecerá no futuro. "Aprender com os erros". Se alguém pratica uma ação e percebe que ela gera erros e dificuldades, evitará que ela aconteça novamente. Com a consolidação desse aprendizado, uma pessoa pode criar um acervo, a ser consultado, para aumentar as chances de sucesso; além de contribuir na transformação e condução de alguns comportamentos para que as ações sejam adequadas de diferentes maneiras e que, somadas, determinem que o jeito como nós agimos está di-

246 Disciplina e afeto

retamente ligado ao que aconteceu antes. Consecutivas experiências, quando negativas ou traumáticas, podem desenvolver um comportamento menos social, agressivo. Enquanto pessoas com interesses variados, provavelmente, serão mais tolerantes e comunicativas. Durante essa fase inicial da vida, é que as pessoas são apresentadas a muitas situações que normalizam padrões e atuações em seu comportamento, e vários elementos serão convencionados devido a essa exposição, ajudando a modificar o que acontece no futuro.

Crianças que vivem em um ambiente agressivo e violento tendem a encarar essa situação como natural, o que causa impactos na vida adulta. Já crianças que são estimuladas a trabalhar a tolerância e o convívio com culturas diferentes terão uma visão positiva sobre o tema no futuro. A influência da infância na vida adulta está diretamente ligada ao meio e ao que nos foi apresentado, de forma que se visualize os elementos no futuro, de acordo com o que foi naturalizado para nós enquanto crianças. E isso está ligado à confiança e à autoestima. Se não somos estimulados a acreditar em nós, esse padrão tende a se tornar recorrente com o tempo.

Tudo fica ainda pior quando há quadros de abuso emocional e *bullying*. Quando atacados dessa maneira, crescemos com baixa autoestima, dificuldade de relacionamento social e de autocontrole. Traumas podem ser os responsáveis pela perda ou abandono de um amigo ou de um parente. E se os pais estiverem envolvidos, como ao não criar padrões positivos de estímulo, por exemplo, o quadro tende a se fortalecer.

Os comportamentos compulsivos, inclusive em relação à comida, podem estar diretamente relacionados a questões psicológicas. A depressão e a ansiedade podem influenciar diversos padrões de comportamento. O seu aparecimento pode estar ligado à infância, pois quem sofre *bullying* na escola têm chances aumentadas de desenvolver ansiedade e depressão. Outros tipos de maus-tratos – castigos severos, agressões físicas e rejeição – também aumentam o risco de depressão.

Quem desenvolve habilidades matemáticas logo cedo melhora a capacidade de leitura. Com isso, é natural que haja um interesse maior em livros e hábitos de leitura em geral. Por outro lado, uma pessoa que tenha sido abusada sexualmente na infância, provavelmente, terá a sua memória dissimulada, além de outras áreas do cérebro. Como consequência, tende a perder o interesse em tarefas e assuntos que exijam essa habilidade.

A profissão escolhida e o desempenho dentro do mercado de trabalho de um adulto são outros comportamentos que demonstram a influência da infância na vida adulta. Um conjunto de fatores – quando a pessoa ainda é pequena – ajuda a definir o que acontecerá mais tarde, na hora de procurar um trabalho. Por exemplo, mulheres que cresceram vendo, desde pequenas, as mães trabalhando têm uma probabilidade maior de se tornarem chefes e ganham 23% a mais do que aquelas que não passaram por isso; e quem teve bom desempenho social no jardim de infância possui maior probabilidade de fazer faculdade e de conseguir um trabalho antes dos 25 anos de idade. As crianças que encaram situações de pobreza tendem a ter menor escolaridade e, com isso, normalmente trabalham em empregos que pagam menos.

Muitas vezes, as pessoas sentem dificuldade de criar conexões emocionais com outras porque não compreendem a importância da intimidade e como criá-la. Um divórcio dos pais na infância gera adultos com dificuldades em se apegar a outras pessoas e a criar laços profundos; e é preciso que as crianças experimentem um relacionamento afetuoso e próximo dos pais para entender melhor o conceito.

Outro fator importante é a violência e agressividade, pois dificilmente um adulto violento assume esse comportamento por conta própria ou apenas por vontade. Na maioria dos casos, a agressividade e os padrões violentos têm a ver com experiências da infância. Considerando que as crianças são altamente influenciáveis pelo meio em que se encaixam; quem cresce assistindo a programas violentos tem maiores chances de se tornar agressivo e semelhante a adultos intolerantes ou pouco abertos para novas experiências. Um fator determinante diz respeito às crenças limitantes como possíveis limites religiosos definidos desde muito cedo. Além disso, crianças que brincam de imitar e interpretar papéis tendem a ser empáticas e muito mais tolerantes. Os adultos que imitam seus pais são propensos a conhecer e propagar novas culturas.

A partir dos dois anos de idade, a criança começa a desenvolver a empatia. A falta de preocupação com isso, como o estímulo do compartilhamento e de ações de ajuda, pode levar a adultos com menores níveis de tolerância.

Apesar de ser um tema ainda pouco explorado, a liderança é um comportamento que tem influência nos primeiros anos de vida e três fatores influenciam: o estilo de educação dos pais, o envolvimento com habilidades de liderança, e até mesmo a genética. Assim, uma criança que desde cedo é estimulada a agir como líder reconhecerá a importância dessa ação e se tornará confortável e mais segura. E, consequentemente, essas ações levarão a um adulto mais confiante e capaz de tomar a frente na hora de decidir, ajudando os outros, principalmente no que tange ao mercado de trabalho.

Saber lidar com as próprias emoções, desde cedo, é importantíssimo para as crianças. E quanto maior o nível de inteligência emocional, maior a concentração e o poder de foco; e – como resultado – melhores relacionamentos e aumento da empatia. Isso é trabalhado de maneira consistente desde os primeiros anos de vida, e é provável que, quando adultos, consigam controlar o estresse e lidar com frustrações. Isso leva a relacionamentos melhores e comportamentos mais adequados, até mesmo no trabalho.

Pais que discutem problemas diante dos filhos podem ajudar nesse sentido, já que é um quadro que melhora as habilidades de comunicação e aumenta a segurança emocional.

Adultos bem-sucedidos devem muito de seus resultados ao que experimentaram na infância. Quem aprende o autocontrole tem mais chances de se tornar um adulto bem ajustado, saudável e com boa relação com o dinheiro.

A afetividade é um fator que pode influenciar – e muito – a vida de toda criança; em relação à vida familiar, no cotidiano escolar, nas relações sociais, entre outros; e impactar em adultos bem resolvidos, encorajados e mais felizes. Resolvi compartilhar um relato de alguns estudos que tenho realizado ao autoconhecimento e baseado na minha própria história no intuito de contribuir com os papais prematuros e, também, os adultos, que podem e devem buscar autoconhecimento para ampliarem o leque de suas capacidades cognitivas, habilidades na construção de valores e na busca da felicidade.

Quando uma criança experimenta uma infância com muito estresse, pouco afeto ou pouco apoio emocional, existe um risco muito maior de que, no futuro, enfrente problemas de autoestima, desenvolva doenças crônicas e entre em relacionamentos abusivos, além de maior risco para desenvolver outras doenças.

Está tudo bem! Se chegamos até aqui sem alguns conhecimentos, imagine, leitor, o que somos capazes de fazer com essas informações que hoje temos acesso. Quebre barreiras e desperte o gigante que existe dentro de você!

Portanto, "celebre a criança interior que existe dentro de você!".

29

LIMITE COM AMOROSIDADE

É possível dar limite com amorosidade? Sim. O limite deve ser colocado com antecipação para evitar desconfortos, ruídos e estresse. Quando colocado antecipadamente é possível sustentar com amorosidade.

MARIA AMÁLIA FORTE BANZATO

Maria Amália Forte Banzato

Contatos
Instagram: @maria.amalia_caminhosdocoracao
youtube.com/@maria.amalia_caminhosdocoracao

Educadora, especialista em psicologia social, autora de livros, palestrante e criadora do projeto Caminhos do Coração

Começo compartilhando com vocês que a minha história pessoal interferiu muito na escolha da minha profissão. Fui uma aluna muito quieta, tímida e comprometida com o meu aprendizado. Sempre fui muito intensa nas minhas emoções e sentimentos e, por diversas vezes, durante a minha escolarização, eu não soube bem como lidar com eles. Não conseguia entender como os afetos interferiam no meu processo de aprender e tampouco porque era tratado como algo quase que velado na escola. Passei a minha escolarização silente e me comunicava pela escrita, na maioria das vezes, em anotações em meu diário, até que, no ensino fundamental 2, tive uma professora de português que passava redações semanais para serem escritas com temas da vida cotidiana e ela sempre se preocupava em escrever *feedbacks* para os alunos. Nossa! Eu passava a semana esperando pelo tema e desejando que eu fosse sorteada para que ela lesse a minha produção.

Tenho certeza que, tanto as escritas no meu diário quanto os textos produzidos para a Dona Deomira — era esse o seu nome — foram essenciais para que eu me mantivesse saudável intelectual e emocionalmente.

Decidi cursar o magistério, primeiro por amor às crianças e à profissão e segundo, porque desejava entender melhor a relação dos afetos com o aprendizado. Foi nesse momento que se iniciou a minha jornada de estudos e vivências sobre a importância dos afetos na vida e na escola. Observações e estudos ao longo de mais de trinta anos, me conferiram propriedade para afirmar que afetos e limites caminham juntos. Afeto, como a própria palavra traduz, diz respeito a tudo aquilo que nos afeta e isso significa que somos afetados o tempo todo no cotidiano. O que nos afeta provoca sentimentos e emoções! A maneira como somos "afetados" está diretamente relacionada à nossa história pessoal. Já o limite é saber o que podemos ou não fazer, é contenção e é segurança. **Colocar limite é um ato de amor!** Gosto de pensar que limite é como um grande abraço, portanto, desse ponto de vista, o limite que abraça e assegura precisa ser colocado com amorosidade.

Maria Amália Forte Banzato

Tempos difíceis estes que estamos vivendo, em que há excessiva permissividade e dificuldade para colocar limites para os filhos. As demandas do dia a dia, o pouco tempo com os filhos, impõem aos pais essa dificuldade de estabelecer limites, ou seja, dificuldade para determinar claramente para a criança ou jovem o que pode fazer, até onde é possível ir. Essa fragilidade por parte dos pais produz inseguranças e temores nas crianças e jovens, e muitos não sabem lidar com o não, com a frustração e com a adversidade.

Compreendo a dificuldade por parte de muitos pais, e entendo que é de fundamental importância resgatar a tarefa da educação dos filhos, os valores e princípios que sustentam essa função e a importância de conhecer quais são os desdobramentos da falta de limite. As crianças, e também os adolescentes, necessitam de limites claros, bem delineados e amorosos para que possam se desenvolver de maneira saudável. A falta de limite e a permissividade adoecem as crianças e jovens! Já tomou consciência disso? Já parou para analisar quais são os desdobramentos da falta de limite? A falta de limite para com os nossos filhos cria estresse na relação, prejudica o desenvolvimento social da criança ou jovem, os tornam inseguros e frágeis e pode levar a doenças de ordem emocional, ao uso de drogas e bebidas alcoólicas.

Está claro para mim que, no exercício do papel de mãe, foi mais fácil colocar limites para meus filhos em decorrência de conhecer os desdobramentos da falta deles na instituição escolar, em que estive por mais de 35 anos na função de professora e posteriormente como coordenadora. Observar e vislumbrar as consequências da falta de limite ou a permissividade no contexto escolar, me ajudou a construir a habilidade para colocar limites com amorosidade para os meus filhos.

Para que o adulto consiga colocar limites claros, de maneira amorosa, é preciso ter clareza em alguns pontos: O limite é o que mantém a segurança, o amor, a liberdade e a saúde das crianças e jovens; O limite organiza os ambientes e as relações; Saber colocar limite exige que o adulto tenha clareza do seu papel como autoridade. Aquele que ajuda a crescer necessita ter clareza dos valores que sustentam suas ações e do tamanho das suas responsabilidades enquanto pais.

Difícil? Exigente! Quando temos clareza do nosso papel de autoridade e sabemos o que queremos ensinar e o que desejamos para nossos filhos fica mais fácil colocar os limites com amorosidade. Quando conseguimos ter clareza dos nossos porquês é possível assegurar e sustentar os nãos de maneira leve e amorosa. O que compromete a relação entre pais e filhos é exatamente a falta de limites claros. Quando os limites não estão claros, há uma enorme chance dos pais exercerem seu papel com autoritarismo e até com agressividade. Sem o limite claro não há contorno e, desse modo, as relações ficam frágeis e em desordem. Filhos com limites claros crescem de maneira saudável, com facilidade para se adaptarem em diferentes contextos, desenvolvem habilidades sociais e emocionais, são seguros, sabem lidar com adversidades e têm recursos internos para lidar com os problemas da vida. Se o limite é o que gera contorno para as relações, o que organiza e cuida; uma criança ou jovem com limites claros, desde a sua infância, aprende a se respeitar, a respeitar o outro e entende que o limite é fundamental para relações verdadeiras, francas e respeitosas. Compreender com clareza a importância do limite e os desdobramentos da falta dele, nos conferem maior potência para o exercício do nosso papel; realizando o limite com amorosidade, oferecendo a criança ou ao jovem a sua escuta, presença e clareza dos valores, para poder dar-lhes o limite com amorosidade que significa sustentar o que pode e não pode de maneira gentil.

30

A LINGUAGEM DO ENCORAJAMENTO

CRIANDO FILHOS EMOCIONALMENTE SAUDÁVEIS

Neste capítulo, trataremos sobre o encorajamento, ferramenta poderosa para a criação de filhos emocionalmente saudáveis. A conexão entre pais e filhos acontece quando a mensagem de amor é clara. Quando o tempo dedicado à criança é genuíno, quando os pais fazem questão de estar com seus filhos, olhar nos olhos e fazer coisas com eles. "Segue sendo meu sonho criar a paz no mundo através da paz nos lares e salas de aula. Quando tratamos as crianças com dignidade e respeito, e lhes ensinamos valiosas habilidades de vida para formar um bom caráter, elas derramarão paz no mundo" (JANE NELSEN).

MARILAN BARRETO BRAGA

Marilan Barreto Braga

Contatos
marilanbbraga@gmail.com
Instagram: @marilanbraga
Facebook: psicologamarilanbraga
71 99901 1075
74 98838 0575 (WhatsApp)

Psicóloga. Especialista em Crianças e Adolescentes. Especialista em Terapia Cognitivo-comportamental. Especialista em Psicologia Escolar. Psicopedagoga. Educadora parental em Disciplina Positiva. Especialista em Habilidades Sociais, Estilos Parentais e Treino de Pais. Especialista em Disciplina Positiva para Crianças com Deficiência. Atua em consultório, com acompanhamento psicoterapêutico individual e oficinas de treinamento em habilidades socioemocionais com crianças e adolescentes. Trabalha com atendimento e diagnóstico multidisciplinar e coordena o AMAR – Centro Multidisciplinar em Educação Inclusiva, projeto de sua autoria. Mãe e apaixonada por crianças. Acredita que o cuidado e o amor pela infância transformam o mundo.

As crianças estão mais motivadas a cooperar, aprender novas habilidades e dar afeto e respeito quando se sentem motivadas, conectadas e amadas.
JANE NELSEN

O amor é a maior ferramenta na arte de criar filhos. O encorajamento parte dessa ferramenta tão potente e poderosa.

O encorajamento é uma linguagem nova para muitos pais e, como qualquer outra linguagem, é preciso dedicação e prática para se tornar fluente.

De maneira prática, vamos entender a diferença entre elogio e encorajamento.

Muitas vezes, os pais acham que estão encorajando os filhos a se esforçarem, terem bons resultados ou melhorarem o comportamento por meio de elogios, porém existe uma diferença entre esses dois extremos.

Como agir de forma encorajadora com as crianças?

Por ser uma nova linguagem, algumas práticas, ações e atitudes são totalmente desconhecidas para os pais, por isso é importante entender, na prática, como a linguagem do encorajamento pode ser colocada em ação.

Encorajamento vem do latim "COR" que significa coração. Visto que coragem significa "agir com o coração" e no dicionário também é definida como determinação no desempenho de uma atividade necessária, zelo e perseverança, o encorajamento significa abrir espaço e incentivar os outros a agir com o coração, com determinação e perseverança.

O encorajamento é visto como uma nova linguagem, composta de ações e atitudes que motivam os outros a agir com determinação e perseverança, e é pouco explorada na nossa cultura, pois a maioria de nós aprende outras maneiras de "encorajar" ou "incentivar" as crianças a agirem de maneira aceitável.

A verdade é que, totalmente ao contrário do que o encorajamento propõe, as práticas comuns para incentivar as crianças a agirem melhor envolvem culpa, vergonha e medo. E é justamente isso que vamos explorar.

Marilan Barreto Braga

Aprendendo a linguagem do encorajamento

Rudolf Dreikurs tem uma frase que diz: "Crianças precisam de encorajamento, assim como as plantas precisam de água. Elas não podem sobreviver sem isso". Partindo desse ponto, é necessário que você treine o seu olhar para aprender a identificar quando está sendo encorajador com seu filho e quando não está.

A maioria (senão todos) dos métodos tradicionais que aprendemos para educar filhos, e que vêm passando de geração em geração, são desencorajadores, focam unicamente em eliminar o mau comportamento das crianças a qualquer custo, envolvendo atitudes como bater, humilhar, envergonhar, chantagear e punir.

Apesar de serem métodos que a maioria dos adultos cresce habituado e que acredita ser a única forma de educar os filhos, podem causar danos irreparáveis na vida adulta da criança, como ansiedade, depressão, baixa autoestima e dificuldade em confiar e se relacionar com as pessoas.

São métodos que reforçam o mau comportamento das crianças e fazem os pais entrarem em um ciclo desgastante e exaustivo na relação com os filhos, fazendo com que as crianças desenvolvam crenças de que não são aceitas, importantes e pertencentes.

Para você ter noção do quanto esses métodos tradicionais estão arraigados em nossa cultura, quero que dê um "check" nos recursos que já utilizou para educar sua criança:

( ) gritos;
( ) palmadas;
( ) chantagens, "você só vai fazer tal coisa que tanto gosta, se fizer isso que eu quero primeiro";
( ) punição "você vai ficar três dias sem celular ou videogame por estar dando tanto trabalho na escola";
( ) cantinho do pensamento "vai para o seu quarto pensar no que você fez";
( ) ameaças "você vai ver só quando chegar em casa, você me paga";
( ) recompensas ou prêmios para comprar a criança "tira nota boa na escola, que você ganha aquele presente no natal";
( ) sermões;
( ) agressões verbais: humilhar, xingar e depreciar a criança;
( ) agressões físicas: beliscar, puxar os cabelos, dar murro, porrada, jogar objetos etc.

Disciplina e afeto

A pergunta é: qual desses recursos você já usou e qual desses, ainda hoje, é visto como comum e aceitável no meio em que vive?

Todos esses recursos são desrespeitosos, extremamente prejudiciais para o desenvolvimento da criança e danosos para a formação dela.

Apesar de serem recursos que "resolvem" o mau comportamento e trazem um resultado satisfatório para os pais momentaneamente, não moldam valores e princípios e buscam alcançar o bom comportamento da criança com base na dor, no medo, na raiva, na tristeza e na vergonha.

Afinal, o que é encorajamento?

Rudolf Dreikurs, um dos fundadores da abordagem da disciplina positiva, é enfático ao dizer uma necessidade que as crianças possuem e que, geralmente, é desconhecida por muitos pais: a necessidade de serem encorajadas.

Segundo o autor, uma criança mal comportada é uma criança desencorajada. As crianças estão mais motivadas a cooperar, aprender novas habilidades e dar afeto e respeito quando se sentem motivadas, conectadas e amadas, fazendo-nos refletir sobre a necessidade de desenvolvermos essa linguagem para efetivamente encorajar o bom comportamento das crianças e não querer eliminá-lo a todo custo.

Quando não usamos o encorajamento com nossas crianças, estamos também tirando as motivações internas que as levam a se comportarem mal.

Ao contrário do que foi mencionado acima sobre os métodos tradicionais, o encorajamento desenvolve o senso de capacidade, pertencimento, importância e aceitação, além de contribuir para a construção da autonomia e da autoestima da criança, não só na infância, mas também para a vida adulta.

A verdade é que o encorajamento constrói bases internas sólidas que ajudam a criança a desenvolver autoconfiança e perseverança para lidar com erros e fracassos de forma flexível e resiliente. O encorajamento contribui para essa construção ao focar no processo e na tarefa, não apenas no resultado e na pessoa. Dessa forma, o erro é visto como uma oportunidade de aprendizado, também uma habilidade que precisa ser treinada e desenvolvida.

Assim, o valor da criança não está atribuído aos seus erros ou acertos, e ela não se sente menos amada ou não aceita por ter errado, e sim se sente aceita, importante e pertencente, apesar de seus erros. Então, o encorajamento na educação dos filhos serve para nós, adultos, oferecermos oportunidade para as crianças se sentirem capazes, seja de realizar pequenas tarefas no dia a dia, seja de fazer algo novo ou resolver um problema ou conflito.

Porém, a grande dificuldade está na mudança de linguagem que os pais precisam desenvolver e, para desenvolver essa linguagem, é importante ter em mente que o encorajamento não é uma "varinha mágica" que remove automaticamente o mau comportamento da criança.

E que nem a linguagem do encorajamento, nem qualquer outra ferramenta da disciplina positiva possui o objetivo de alterar o comportamento da criança. A verdade é que a mudança no comportamento é uma resposta do que ela vivencia no ambiente em que vive, assim como nós, adultos. Para agir melhor, a criança precisa se sentir melhor, por isso a mudança no comportamento é inevitável quando ela se sente encorajada, aceita, importante e pertencente.

Para proporcionar esse ambiente para as crianças, os adultos precisam se desafiar a tomar novas decisões e saírem da sua zona de conforto para adquirir novas habilidades e praticar efetivamente a linguagem do encorajamento. E uma maneira de começar a promover essa mudança é aprender a unificar a gentileza com a firmeza.

A linguagem da firmeza e gentileza é uma abordagem socioemocional para nós, adultos, pais, mães e educadores, que queremos desenvolver nas crianças habilidades de vida, prepará-las para a vida. É uma linguagem respeitosa e encorajadora.

A gentileza mostra respeito pela criança ao usá-la para conduzir situações conflituosas com a criança. A firmeza mostra respeito por nós, adultos, ao usá-la sendo firme em suas decisões.

Dessa forma, será capaz de conduzir a situação sendo gentil com a criança e, ao mesmo tempo, sendo firme em sua decisão como adulto e responsável pela criança e pela relação de vocês.

Se conectar com as crianças, demonstrando afeto para desenvolver um senso de aceitação e importância, gerando benefícios incalculáveis para sua criança e para a relação de vocês.

Benefícios

- tratar a criança com respeito, validando seus sentimentos;
- encorajar e reconhecer atitudes e comportamentos;
- manter uma estrutura familiar equilibrada;
- criar filhos com amor incondicional e amá-los pelo que são e não pelo que fazem;
- focar no esforço por meio de encorajamento;

- ensinar habilidades sociais e de vida valiosas para a formação de um bom caráter (respeito, preocupação com os outros, resolução de problemas, responsabilidade, contribuição, cooperação);

Sair da oscilação entre ser autoritário e permissivo, encontrando uma linha de equilíbrio.

Ser gentil não é satisfazer todas as vontades da criança, proteger e socorrer de qualquer decepção, isso é ser permissivo. Não é respeitoso mimar as crianças e livrá-las de qualquer frustração, pois assim não serão capazes de desenvolver os "músculos da decepção".

Mostrar respeito pela criança é validar seus sentimentos: "Estou vendo que você está chateado (ou bravo, triste, nervoso etc.)". É dar suporte e acreditar que ela consegue sobreviver às decepções e desenvolver um senso de capacidade no processo. É permitir que tenha a oportunidade de fazer escolhas que sejam respeitosas para ambos os lados por meio das escolhas limitadas. «Vamos para o casamento e, para essa festa, não podemos usar fantasia. Você pode escolher ESTA roupa ou ESTA. Qual você prefere?".

A gentileza e a firmeza unem o respeito e a dignidade para você e para a sua criança. Não é GENTIL permitir que as crianças tratem você (ou outros) com desrespeito. Não permitir que as crianças faltem com respeito por você ou pelos outros não significa lidar com a situação de maneira punitiva. A punição é desrespeitosa. Você não pode fazer com que a outra pessoa a trate com respeito, mas pode tratar a si mesmo com respeito.

Se seu filho te desrespeitar respondendo grosseiramente, um jeito gentil e firme de lidar com isso é sair do ambiente. Mais tarde, você poderá dizer isso da seguinte forma: "Filho, sinto muito por você ter ficado nervoso. Eu respeito os seus sentimentos, mas não da maneira que você lida com eles. Sempre que você me tratar com desrespeito, eu vou, simplesmente, sair por um tempo. Eu te amo e quero estar com você, então quando estiver pronto para me tratar com respeito me avisa, que ficarei feliz em poder te ajudar a descobrir outras formas de enfrentar sua raiva". Sair do ambiente é tratar com respeito e um ótimo exemplo para as crianças. Desde que esse combinado seja feito antecipadamente.

A linguagem do encorajamento também inclui estarmos conectados com as crianças, não existe encorajamento sem conexão genuína. A conexão entre pais e filhos acontece quando a mensagem de amor é clara. Quando o tempo dedicado à criança é genuíno, quando os pais fazem questão de estar com seus filhos, olhar nos olhos e fazer coisas com eles.

Marilan Barreto Braga

Dedicar regularmente um tempo especial com seus filhos garante que eles se sintam pertencentes e importantes. Esse tempo não deve ser obrigatório e sim um tempo de entrega plena, verdadeira, programada e especial.

- Crianças menores que 2 anos requerem muito tempo e não compreendem "tempo especial", elas precisam sentir que estão se divertindo, então não precisa marcar um tempo;
- Crianças entre 2 a 6 anos de idade precisam de pelo menos quinze minutos por dia de tempo de qualidade;
- Crianças entre 6 e 12 anos de idade podem não necessitar de tempo especial todos os dias, mas elas precisam e gostam de ter esse momento também;
- Pergunte a elas o que fizeram durante o dia, quais brincadeiras elas mais se interessam, o que gostariam de fazer em um momento com você. Dedique atenção exclusiva por dia, para escuta ativa, olho no olho, um momento de amor, abraços e carinho. Com afirmações positivas e encorajadoras, diga também: "Eu te amo, você é importante para mim". Desligue o celular e curta esse momento. Esses momentos farão parte das memórias afetivas da infância do seu filho.

Diferença entre elogio e encorajamento

É comum os pais se confundirem entre elogiar e encorajar os filhos, por não saberem a diferença entre os efeitos de cada uma dessas práticas. Como já vimos no início deste capítulo o significado de encorajamento, vamos ver agora o que significa o elogio.

Elogiar significa julgamento favorável a favor de alguém. Em relação aos filhos, podemos dizer que é a atitude que você adota ao enaltecer qualidades e comportamentos positivos da criança. Um fato importante sobre o elogio é que ele só valida o resultado final, e só pode ser usado quando a criança obtém êxito em algum comportamento e tarefa.

Já o encorajamento é válido para todas as etapas de um processo, e pode ser usado independente do resultado final ter sido satisfatório ou não, pois como mencionamos acima, para agir bem, a criança precisa se sentir bem. Dessa forma, o encorajamento é eficaz diante dos erros e das falhas, tanto quanto diante do sucesso.

Aqui estão algumas características para você compreender melhor a diferença entre os dois.

Elogio	Encorajamento
Foca na pessoa e no resultado final.	Foca na ação e no esforço independentemente do resultado final.
Está ligado à opinião e ao sentimento de quem faz o elogio.	Está ligado à atitude e ao empenho da criança.
Nutre o senso de aprovação (a criança precisa cada vez mais do elogio para se sentir aceita).	Nutre o senso de capacidade e aceitação (a criança se sente capaz e aceita independentemente de suas ações).
Ensina a criança a depender da validação dos outros.	Ensina a criança a se sentir valorizada independentemente da validação dos outros.

O que falamos e como falamos aos nossos filhos influencia na forma como se comportam e na autoestima. Por isso, é importante pensarmos antes de falar. Muito se fala em não elogiar a criança pois o resultado, a longo prazo, é um adolescente ou adulto viciado em elogios e aprovação, gerando insegurança e demora na tomada de decisões.

Quando nós usamos o elogio para definir a criança: inteligente, bonita, boazinha, esperta, espetacular, ela acredita que aquilo é tudo o que ela é, e não permite sair daquele lugar ou falhar em relação àquilo. Quando ela não consegue alcançar aquela expectativa, já parte para o outro extremo: "eu sou feia, sou burra, sou má".

A criança tem a necessidade de se sentir aceita, de se sentir importante e muitas vezes no elogio encontra isso. Mas o elogio em demasia causa essa dependência. Então, a criança pode se tornar aquela pessoa que sempre depende de estímulo externo para agir. Quando nós ajudamos a criança a fazer essa separação do que ela fez e do que ela é, se sente mais confortável para arriscar, errar e tentar de novo.

Desse modo, ela entende que um erro não faz dela burra, a escolha de uma roupa que não caiu bem no corpo dela, não faz dela feia, falhar com as pessoas ou ter um comportamento ruim, não faz dela má.

Claro que podemos elogiar, porém não um elogio vago e sim com foco no esforço e dedicação da criança. Veja alguns exemplos.

Marilan Barreto Braga

Frases de elogio	Frases de encorajamento
"Adorei o seu vestido! Ficou lindo!"	"Você escolheu bem seu vestido. Ficou lindo no seu corpo".
"Você é muito inteligente".	"Estou vendo que você foi bem na avaliação, acertou todos os problemas, fez todas as contas antes de assinalar as respostas. Você se dedicou e deve estar orgulhoso de si mesmo".
"Seu desenho é tão lindo!"	"Adorei a forma que você usou as cores. Qual a sua preferida?"
"Eu estou tão orgulhosa por você ter passado de ano".	"Você se esforçou nas provas e conseguiu passar de ano, deve estar orgulhosa de si mesma".
"Você é muito comportada, é uma boa menina".	"Obrigada por esperar minha reunião terminar, deve ter sido difícil ficar quieta esse tempo todo, e você conseguiu".

Costumamos dizer que o elogio é como um doce, não tem problema ele ser "consumido" às vezes, porém essa não deve ser sua única prática para motivar e incentivar seu filho a se comportar bem ou realizar o que precisa ser feito.

O melhor é se adaptar a essa nova linguagem e permitir que frases de encorajamento façam cada vez mais parte do seu relacionamento com a criança.

Como agir de forma encorajadora com as crianças

A maior dificuldade está em mudar a forma que vemos e reagimos ao comportamento das crianças, porque se usarmos o encorajamento para mudar o comportamento delas e não estivermos em mente a importância e o objetivo do encorajamento, vamos nos deixar levar pela sensação de estar recompensando o mau comportamento.

O encorajamento é uma construção e a mudança no comportamento da criança é uma consequência de um ambiente encorajador, por isso não deve ser seu objetivo usar o encorajamento como uma "varinha mágica".

Pelo fato de ter aprendido a lidar com o mau comportamento da criança sempre de forma hostil, castigando, punindo, gritando e até batendo, agir de maneira encorajadora pode ser um grande desafio, pois uma voz interna (que por sinal, às vezes, grita muito alto) pode tentar convencer você de que está recompensando a criança por ter agido mal. Ao ser encorajadora com a criança, fique atenta a essa voz, pois ela vai surgir.

Então, para agir de forma encorajadora diante do mau comportamento das crianças, você precisa primeiro se sentir encorajado, pois não consegue passar algo que não tem.

Além disso, precisa saber o momento certo de usar o ENCORAJAMENTO. Nem sempre a criança que está com raiva, medo ou frustrada vai aceitar suas palavras. Atitudes de encorajamento e, principalmente, quando ela perceber que é algo novo entre vocês, pode resistir a isso.

Se você se acalma, dá um tempo positivo, sai de cena, respira fundo, conseguirá ser mais efetiva em encorajar. A sua linguagem vai mudar a forma que reage ao mau comportamento. Assim como você precisa de tempo e treinamento para executar essa mudança, seu filho também vai precisar. Seu filho precisa de tempo para aderir à mudança.

Isso significa que falar frases e palavras de encorajamento não vai surtir um efeito imediato. Assim como você, ele também precisa de um tempo, para mudar o comportamento de REATIVO para REFLEXIVO.

Então, não tente usar o encorajamento somente na hora do conflito, até porque vai ser mais difícil para você e para o seu filho acreditar e aceitar. Na hora do conflito, saia de perto quando possível (garantindo que deixará a criança em segurança) e, depois, tente abordar de forma diferente, quando os dois estiverem mais calmos.

Você pode dizer: "Olha, eu acho que estamos muito chateados para conversar agora, vamos conversar quando estivermos mais calmos, pode ser?".

Como podemos mudar essa linguagem de crítica, sermões, humilhação para uma linguagem de encorajamento? Você pode começar a praticar as seguintes alternativas.

Eu preciso que a criança ajude nas tarefas domésticas.

Experimente dizer: "A sua contribuição é muito importante para nossa casa, o que você pode fazer para cooperar na limpeza, organização da casa? Tirar o pó ou recolher o lixo?".

Quando a criança faz algo que magoa você ou outra pessoa.

Experimente dizer: "Eu me importo com você e queria saber por que está magoado e magoou seu amigo. Quer falar sobre isso agora?".

Quando a criança se frustra por não conseguir fazer algo.

Experimente dizer: "Lembra quando você amarrou seus sapatos pela primeira vez? Quanto tempo demorou até você ficar bom nisso? Eu confio que praticando, logo logo você conseguirá fazer isso".

Quando a criança está com preguiça de começar uma atividade.

Experimente dizer: "Eu tenho certeza de que você consegue organizar seu guarda-roupa. Se você precisar de ajuda, eu venho aqui te orientar. E que tal colocar uma musiquinha para animar?".

O encorajamento é a unificação de palavras com atitudes. Apesar de você ter lido algumas "frases prontas" para encorajar sua criança, essas mesmas frases precisam estar alinhadas ao desejo genuíno de compreendê-la e fazê-la se sentir melhor, com um olhar empático, com uma voz calma e acolhedora, com paciência para conduzir a situação.

Outra forma de encorajar a criança a agir melhor é estimulando-a a cooperar. Existem algumas atitudes que estimulam as crianças a cooperar conosco. Para colocar em prática, é preciso termos em mente que o sentimento, a intenção por trás do que fazemos ou falamos é transparente e muito importante. O sentimento e a intenção por trás das nossas palavras é evidente no nosso tom de voz.

Veja os passos para conseguir a cooperação

1. Ouvir e expressar compreensão pelo sentimento da criança: ouvir não é chegar julgando, acusando, é simplesmente querer saber o que aconteceu pela percepção da criança. O nosso objetivo aqui é criar um ambiente que incite a proximidade e confiança, e não distância e hostilidade.

2. Mostre empatia: mostrar empatia não é concordar com o que a criança fez de errado, e sim compreender o sentimento que ela teve para reagir daquela forma, e aqui você pode também falar de alguma vez que passou ou sentiu algo parecido, quando criança ou já adulto. Porque isso gera uma conexão para o próximo passo.

3. Convidar a criança para buscar por uma solução: perguntar se ela tem alguma ideia para evitar aquela situação no futuro ou resolver o problema causado, e aí você pode ir sugerindo e direcionando a criança para o que deve ser feito.

Este capítulo tem o objetivo de contribuir para um ambiente familiar mais encorajador, com muito amor e harmonia.

Lembre-se de que nem sempre conseguirá ser encorajadora em suas palavras e ações. Isso vai acontecer porque nem todos os dias estamos nos sentindo bem para sermos uma fonte de coragem para as pessoas que estão ao nosso redor, especialmente nossos filhos que, por um bom tempo, somos o mundo deles e toda a referência que eles têm sobre seres humanos.

Justamente por esse essa referência, precisamos demonstrar que vamos falhar como filhas, profissionais, esposas e mães e que, mesmo essas falhas não definem quem somos, fazem parte de nós, assim como outras centenas de habilidades e qualidades.

Ser encorajador e usar a linguagem do encorajamento é uma dessas habilidades em que confio para explorar e aperfeiçoar a partir de agora.

Referências

LOTT, L.; NELSEN, J. *Manual do educador parental; ensinando habilidades para criar filhos no modelo da Disciplina Positiva.* 7. ed. São Paulo: Disciplina Positiva Brasil, 2018.

NELSEN, J. *Disciplina Positiva: o guia clássico para pais e professores que desejam ajudar as crianças a desenvolver autodisciplina, responsabilidade, cooperação e habilidades para resolver problemas.* 3. ed. São Paulo: Manole, 2015.

MASTINE, I.; THOMAS, L.; SITA, M. *Coaching para pais vol. 2: estratégias e ferramentas para promover a harmonia familiar.* São Paulo: Literare Books International, 2018.

MINATEL, I. *Temperamentos sem limites: como conseguir resultados com crianças da raiva e com crianças da tristeza.* 2. ed. São Paulo: Novo Século, 2019.

31

QUANDO COMEÇAR?

Será que tem um momento específico para dar disciplina e afeto? Essas duas palavras são essenciais para o desenvolvimento de um ser humano saudável e forte. Venha, vamos descobrir mais sobre o assunto?

NANDA OLIVEIRA

Nanda Oliveira

Contatos
Nandaoliveirapsicanalista@gmail.com
Instagram: @nandapsicanalista

Psicanalista formada pelo Instituto FD (2022) e psicoembrióloga pelo IBCP (2022). Casada, mãe de três filhos e dois enteados. Há mais de dez anos, trabalha com crianças.

Nós nos preparamos para muitas coisas, mas para ter um filho são raros os casais que fazem isso, isso quando existe um casal.

Temos que pensar em preparar o local onde essa criança vai ser recebida, preparar o emocional dos pais e toda família, a gestação é a base do ser humano. Pense numa planta. Não tem como você plantá-la em qualquer terra, tem que preparar a terra específica, porque cada planta pede um tipo de terra. Umas gostam de sombra, outras de sol; têm aquelas que gostam de sol e sombra; precisam de adubo, de água; tem que observar se tem alguma praga ou fungo. Há todo um processo. Agora, se plantada de qualquer jeito, ela pode nascer, crescer; mas não terá vivacidade, ou talvez nem sobreviva. Se com uma planta é assim, imagina com um ser humano.

Na nossa necessidade emocional, pensamos a curto prazo ou no momento com quem vamos nos relacionar, sem entender que dessa união poderá surgir outro ser humano. É primordial pensarmos no companheiro dessa jornada maravilhosa. Pensar, analisar cada coisa antes de gestar. Um ser humano bem gestado, educado com disciplina, afeto e amor – tudo na dosagem certa – será um ser humano forte e resistente. Um ser humano incrível, com inteligência emocional, com seu cognitivo e psiquismo estruturado.

Durante a gestação da minha irmã, meu pai e minha mãe passaram por vários conflitos que terminou em separação. Ao nascer, minha irmã, quando via meu pai, morria de medo e gritava: "O bicho chegou, mamãe! O bicho chegou!, e pelo longo da vida não se relacionaram bem. Veja a importância de tudo que relatei.

Uma criança no ventre não sabe discernir o que está acontecendo, só decifra o que é ruim e o que é bom, então, a gestante tem que se preocupar com o seu emocional, conversar bastante com o bebê. Quando acontecer algo bom, falar para ele o que aconteceu. E quando acontecer algo ruim, falar para ele também e explicar que não tem nada a ver com ele. O bebê já vai nascer se sentindo pertencente à família. E isso não é só a mãe que tem que fazer, o pai

Nanda Oliveira

também. A mulher é ensinada desde de criança a ser mãe, mas o homem não é ensinado a ser pai. É passado para o homem que ele é o provedor, mas não se passa que ele tem que dar amor, carinho, afeto e disciplina para seu filho.

Disciplina e afeto devem ser inseridos na vida da criança desde o ventre. Um casal com disciplina, com horários certos, ordenados, conciliados com o seu emocional estruturado, terá uma criança que já vai nascer disciplinada, conectada e sabendo que, quando ela vier ao mundo, terá uma rotina a ser seguida. Um pai presente, desde a gestação, faz toda a diferença. Preocupa-se com a esposa entendendo que ela está num momento que precisa de cuidado e carinho.

É claro que essa rotina não pode ser interrompida após o nascimento do bebê. Ela tem que perdurar ao longo da vida da criança até que aquela criança tenha maturidade. E quando ela se tornar um adulto, estará alicerçado e você já não terá mais que se preocupar. Rotinas têm que ser delegadas e colocadas ao longo da vida da criança, principalmente nos tempos em que estamos vivendo, porque o nosso tempo é muito corrido e, se nós não tivermos uma rotina, uma organização – não só para a criança, mas para todos da casa –, ela não conseguirá caminhar em equilíbrio.

Não podemos colocar tudo dentro de uma caixinha, dentro de um bloco de notas a ser realizado. Mas é lógico que tem que ter aquele dia de você sair da rotina, de fazer algo diferente.

Gestar é um ato de amor, você empresta sua barriga, seu corpo. Depois do nascimento, você perde noite de sono; mas olhar para o bebê e ver um lindo sorriso é maravilhoso, todo o sacrifício é esquecido. Devemos analisar muito bem antes de colocar uma vida no mundo, pensar que tipo de pessoa vamos entregar ao mundo. Ela será aquela que vai ajudar a construir ou aquela que vai destruir? São perguntas que devemos fazer.

Muitas vezes, queremos descontar nos nossos filhos o que passamos na infância: ah, apanhei, vou bater; fui humilhada, vou humilhar; fui rejeitada, vou rejeitar. Às vezes, você faz isso inconscientemente ou faz totalmente o inverso, coloca numa redoma onde ninguém pode tocá-lo. Falei lá, no início, que, antes de pensar em ter um filho, temos que pensar com quem vamos gerar esse filho, se é alguém que vai ajudar a educá-lo. A pergunta certa a ser feita antes de pensar em gestar é: que tipo de ser humano o mundo está precisando?

Na minha jornada de mãe e líder de crianças, venho observando o quanto a infância vem sendo destruída. Estamos todos conectados à internet, conseguimos acessar o mundo e, às vezes, não conseguimos nos conectar com os nossos dentro da própria casa.

Alguns pais se sentem perdidos por não saberem o que fazer. Portanto, vou colocar algumas dicas abaixo.

- **Encontre seu filho onde ele está**

Conectar-se exige que você desça ao nível da bagunça ou crise dele e veja o mundo da maneira que ele vê. Vá até lá, entre no seu mundo, em vez de esperá-lo amadurecer para se relacionar.

- **Interesse-se pelas coisas que ele se interessa**

Descubra quais são os interesses do seu filho, mesmo que você não os aprove. Saia da zona de conforto e do legalismo. Palavras do tipo "não concordo" não ajudam em nada na conexão e empurram-no ele para mais longe de você.

- **Valide o que seu filho está sentindo**

Apenas reconheça seus sentimentos e ofereça compreensão da dor ou da confusão emocional. Isso cria segurança para que ele possa passar por essas emoções e voltar à conexão.

- **Tenha empatia**

A empatia não vai para guerra.

Não espere que seu filho pense como adulto. Ele nunca estive lá antes! Mas você, certamente, pode pensar como seu filho, você já esteve lá. Mude a sua mentalidade para uma que reflita mais de perto com a do seu filho – é aí que a conexão acontece.

- **Desligue a tecnologia**

A criança vai se lembrar, pelo resto da vida, que ela é importante o suficiente para seus pais desligaram o telefone para ouvi-la. A conexão começa com olho no olho.

- **Abrace seu filho**

O toque físico ajuda você a desenvolver uma forte conexão emocional com seu filho e a quebrar barreiras da vergonha e da timidez entre vocês. Se ele relutar em ser abraçado, em vez de ficar chateado, da próxima vez, peça o consentimento dele antes de abraçar. Ele está desejoso por isso, acredite.

Nanda Oliveira

- **Manutenção diária**

Se as necessidades de conexão do seu filho não foram atendidas, por qualquer motivo, ele, provavelmente, recorreu ao grupo de colegas para tentar satisfazê-las. Você precisará fazer algum trabalho de reparo e persistência no relacionamento para que o apego de seu filho se concentre em você, onde ele pertence. Não desista!

As crianças, hoje, não sabem ouvir, falar, demonstrar sentimentos, e o pior: não sabem brincar, quando brincam querem fazer o que aprenderam no jogo e cada dia mais temos crianças apáticas e tristes. A arte de brincar é muito valiosa, trabalha o cognitivo, a criatividade, o emocional da criança – principalmente quando os pais participam – e contribui para que ela se torne um adulto mais confiante e seguro. Invista em ensinar as brincadeiras que você gostava para seu filho; se não conhece nenhuma, aprendam juntos.

Sabia que um adolescente fica em média 56 horas conectado? Isso é uma média, dependendo, essas horas podem até dobrar. A fala dos pais é: "Mas o que faço? Não tenho tempo". Mas me diz o que você faz quando chega em casa, principalmente os homens? Geralmente, está muito cansado, chega em casa e vai deitar um pouco. E realmente descansa? Não, na maioria dos casos, passa o resto da noite ao telefone também. Nunca tem tempo para os filhos, mas para as redes sociais tem. Usamos o tempo como desculpa pela nossa falha. Não tem tempo para brincar, ensinar e dar amor para seu filho hoje? Mas amanhã terá que arrumar tempo para buscá-lo em lugares que trará vergonha, tristeza, dor e prejuízo. E, talvez, nem poderá trazê-lo para casa mais. Pense bem!

Ganhe tempo, não o perca no caminho. A vida é uma estrada sem volta.

O tempo que você investir hoje será recompensador amanhã. Ao ir à formatura do seu filho, assistir-lhe dando uma palestra, exercendo grandes cargos ou, simplesmente, olhar nos olhos dele e ver que ele está feliz, realizado no sonho dele, na vontade dele.

Não é só sobre chegar em grandes lugares, a questão é sobre ter um ser humano realizado, certo de si mesmo, certo do porquê está aqui, cumprindo o que veio fazer. Porque cada um de nós está aqui com um propósito, cada um de nós veio aqui para fazer alguma coisa. Não estamos aqui de passagem, estamos aqui para passar e deixar algo diferente. Então, nós passamos e deixamos o nosso legado e os nossos filhos também têm a mesma estrutura, a mesma força para passar e deixar o seu legado. Não hesite em passar o que você sabe, não hesite em dar o seu melhor.

Então, quer dizer que tenho que criar um ser humano antifalhas? Isso não possível. Seria maravilhoso se a gente conseguisse não errar, seria perfeito. Mas nós somos imperfeitos, temos nossas falhas, temos aqueles momentos em que saímos do controle, momentos de estresse, de raiva. Às vezes, não conseguimos controlar, mas temos que nos preparar para dar o nosso melhor, não para simplesmente replicar mais um de nós mesmos, mas um melhor do que nós. Um melhor em todos os sentidos.

> É claro que à medida que um ser humano cresce, ele recebe muitas informações e influências; da escola, dos amigos, da sociedade, além do que já tem em si próprio, como herança. Contudo, com certeza, o que ele recebe dos pais tem uma força extraordinária.
> ELIZABETH PIMENTEL

Antes mesmo da pandemia – que obrigou muitas pessoas a ficarem em casa –, eu já estava me organizando para ficar mais em casa. A pandemia acelerou meu processo, então, decidi fazer algo diferente. Sou mãe de dois jovens e, na época, um bebê com seus dois anos e pouquinho. Ele tinha começado a ir para creche e, com tudo fechado, fomos obrigados a ficar dentro de casa. Seria fácil colocar um desenho no celular ou na televisão para distrai-lo e ele ficar lá quietinho e eu resolver outras coisas. Porém, percebi que, sem o estímulo da escola, ele seria prejudicado no seu desenvolvimento, então, pesquisei na internet como eu poderia brincar com ele, ensinar o alfabeto etc. Hoje ele tem cinco anos e já sabe ler fluentemente. Lê desde os quatros aninhos. Tudo de forma bem gostosa, brincando com ele, sentando no chão, brincando de esconde-esconde, cantando e lendo a Bíblia.

Sempre tive o costume de brincar com meus filhos, sentava, fazia fazendinha na terra, brincava de carrinho. Momentos maravilhosos.

Ao brincar, o cérebro recebe hormônios, libera neurotransmissores que ajudam no aprendizado, auxiliam na redução do estresse, como a aceticolina, sustância que favorece o estado de concentração, memória, atenção e aprendizado; e a serotonina, responsável em regular o humor e reduzir a ansiedade; a endorfina, encarregada na diminuição da tensão neural e a sensação de bem-estar; dopamina, hormônio do prazer, que ativa o sistema de recompensa e motivação.

É muito importante a criança brincar, e é melhor ainda quando você está por perto. Entenda que é brincar não é brinquedo. Quando você dedica tempo para seu filho, ele se sente pertencente e amado. Assim, não vai ser qualquer coisa que vai entristecê-lo. E, se acontecer, ele terá a certeza de que terá alguém para confortá-lo.

Sete verdades que os pais precisam saber

1. Ser pai é ter a oportunidade de ser o pai que você não teve.
2. Cada filho é uma flecha nas mãos do pai que é o guerreiro. É o pai que dá o senso de destino aos filhos.
3. Ser pai é ser pastor de um pequeno rebanho chamado família. O bom pastor dá a vida pelas suas ovelhas.
4. Não cobre dos seus filhos aquilo que você não pratica. O exemplo do pai fala mais do que suas palavras.
5. As palavras de um pai desenham o futuro profético dos filhos.
6. Um bom pai é aquele que procura ser uma cópia de Jesus dentro e fora de casa. Seu filho já disse "Pai, eu vejo Jesus em você!"
7. Você gostaria de ter um pai como você é para os seus filhos?

(Pr. Josué Gonçalves)

Volta lá no ponto 5 e leia novamente. Já parou para analisar que tipo de palavras tem proferido a seu filho? Olha o que diz na bíblia:

> Eu lhes digo: no dia do juízo, vocês prestarão conta de cada palavra inútil que falarem. Por suas palavras vocês serão absolvidos, e por elas serão condenados
> (Mt 12:36-37)

Reflita sobre cada ponto colocado acima. Como pais, temos uma responsabilidade enorme no tipo de ser humano que vamos colocar no mundo. Há exceções. Há crianças que crescem em um lar disfuncional e se tornam pessoas maravilhosas. Mas, como disse, são exceções. Vai ficar aí de braços cruzados esperando a sorte cair do céu? Posicione-se.

Referências

PIMENTEL, E. *O poder da palavra dos pais.* Rio de Janeiro: Betel, 2021.

BÍBLIA SAGRADA, nova versão transformadora. São Paulo: Mundo Cristão, 2016.

BLOG comitê pela cidadania . Disponível em: <http//www.comitepelacidadania.org>. Acesso em: 12 abr. de 2023.

32

CULTURA DE PAZ E SOLIDARIEDADE NA INFÂNCIA

Quando você coloca um filho no mundo, o desejo de torná-lo uma morada melhor vira um compromisso. Você não aceita a possibilidade de um futuro ainda injusto. O clamor por solidariedade, por igualdade, torna-se, então, ações práticas. Urgentes. Você compreende que o amor pelos seus pode e deve se transformar em um movimento capaz de impactar muitos outros. Neste capítulo, conto sobre o que aprendi na minha trajetória como mãe, mobilizadora social e escritora.

NATHÁLIA REZENDE SIMÕES

Nathalia Rezende Simões

Contatos
www.comopossofazerobem.com.br
contato@comopossofazerobem.com.br
Instagram: @nathaliasimoes
31 98868 6627

Relações públicas e publicitária pela PUC-MG, especialista em Comunicação Interna para Públicos Estratégicos pelo IEC (PUC-MG) e em Gestão Empreendedora em Marketing Digital pelo BI Internacional. Atuou, por cinco anos, no mercado privado nas áreas de tecnologia e educação. Após a experiência de fundar um projeto de conexão entre voluntários e organizações sociais, no qual teve oportunidade de conhecer diferentes causas sociais, uma chave virou e passou a atuar no Terceiro Setor, nas áreas de marketing e captação de recursos. Ao longo de dez anos de experiência na área social, também ministrou cursos, palestras e lançou o livro infantil *Como posso fazer o bem?*

Introdução

Eu acredito que o amor vence.
O amor cura. O amor transforma. O amor desata nós. O amor-próprio e o amor ao próximo.
Em minha caminhada na área social, por mais que eu tenha convivido com mazelas e vulnerabilidades sociais, reuni provas concretas de que o amor vence. Pode não ser no tempo esperado pelos humanos.
Sigo acreditando nisso. No entanto, mais do que acreditar, é preciso promover. Semear. Levar onde não tem. Fortalecer onde está "capenga".
E as crianças? São doadoras natas de amor. Mas também precisam de reciprocidade. Abraçam o amor. Festejam o amor! E querem o amor genuíno perto delas.
Eu quero mais é estar entre elas.

O meu despertar para o voluntariado aconteceu a partir de um pedido de ajuda. Uma grande amiga fazia parte da diretoria de uma organização social sem fins lucrativos em Belo Horizonte-MG e precisava de apoio para implementar e organizar o setor de comunicação e captação de recursos. Sou formada em Relações Públicas e Publicidade e, na época, trabalhava na área comercial de uma grande empresa de tecnologia para o mercado educacional.

Ao mergulhar no universo da instituição, descobri que existiam demandas complexas e que eu precisava chamar mais pessoas para ajudar. Quando eu fiz isso, percebi que havia muitas pessoas dispostas a contribuir com causas sociais, mas não sabiam como. Além de mim, formei um pequeno grupo que,

Nathália Rezende Simões

em pouco tempo, tomou a proporção de uma rede que conectava habilidades e corações de voluntários às necessidades de organizações sociais.

Na época, essa rede – intitulada "Voluntário Coletivo" – passou a apoiar mais de 50 organizações e ter quase 500 perfis de voluntários cadastrados. Experimentei a premissa de que fazer o bem une as pessoas e pode se expandir em proporções inimagináveis.

Comecei essa trajetória como alguém que nunca tinha sido voluntária e desconhecia seu verdadeiro sentido para alguém que mobiliza e conecta pessoas em prol de diversas causas sociais.

Ao longo desses anos, na maior parte deles, estive conectada à área de desenvolvimento institucional do Projeto Assistencial Novo Céu, uma organização social sem fins lucrativos de médio porte que tem a missão de acolher pessoas com paralisia cerebral, localizada em Contagem, na grande BH. O contato frequente com voluntários e doadores me trouxe aprendizados imensuráveis e, sobretudo, muita fé na semente do bem.

Ouvi, de forma recorrente, relatos dos próprios voluntários sobre os impactos positivos que o trabalho voluntário trouxe na vida de cada um. Há estudos sobre o tema, como o publicado pela Universidade de Buffalo, em Nova Iorque. Eles descobriram que o trabalho voluntário pode ajudar a diminuir os efeitos do estresse sobre a saúde. Os resultados são ainda maiores em pessoas com níveis mais altos de voluntariado, ou seja, quanto mais você pratica ações em benefício dos outros, menos chances de viver estressado.

Sou testemunha da minha própria transformação, mas também de muitas pessoas que pude conviver ao longo desses anos. As vantagens são percebidas de maneira muito particular, mas há um consenso entre quem viveu experiências voluntárias de que fazer o bem faz bem.

É preciso compreender que ser voluntário é estar disponível verdadeiramente, de coração aberto. Muitas pessoas se frustram por projetarem uma prática de voluntariado e a realidade ser diferente. Há desafios inerentes, por isso é importante se preparar. No caso de colaborar com organizações sociais, é necessário conhecer a causa em que elas atuam, assim como suas diretrizes em relação à atuação voluntária. Nos locais em que há gestão de voluntários, existem vários passos antes de se integrar como, por exemplo: visita à instituição, entrevista, cadastro e até treinamento.

As primeiras perguntas que as pessoas devem se fazer são: pelo que seu coração bate? Quais os problemas gosta ou gostaria de ajudar a resolver? Quais as causas que mais sensibilizam você? A partir disso, fica mais fácil procurar organizações sociais para ajudar.

Por que educar as crianças para o voluntariado?

O voluntariado é a prática, a concretude, a atitude. Antes disso, existe um despertar. Um coração sensível, capaz de perceber que é preciso ajudar. Isso começa a ser semeado na infância. As crianças são literais, observadoras e com capacidade imensa de aprender com os exemplos diários de amor, respeito, empatia e solidariedade. E o contrário também.

> Educar as crianças, desde muito cedo, para estarem atentas aos outros, às suas necessidades e às do planeta poderá criar uma mentalidade e cultura do voluntariado – se for realizado em larga escala e fizer parte das estratégias pedagógicas dos educadores, sejam professores de escolas públicas ou particulares, educadores sociais, animadores socioculturais, entre outros. Dessa forma, poderemos criar uma geração de voluntários com ampla consciência do que é (e o que não é) voluntariado, e das implicações inerentes à sua realização como, por exemplo, o compromisso, a responsabilidade e a necessidade de preparação prévia.
> (Manual Pedagógico para o Voluntariado, 2017)

Despertar para o voluntariado na infância – um propósito

A maternidade me impulsionou ainda mais para criar ferramentas de transformação social. Tenho três filhas e, com o nascimento de cada uma delas, surgiu em mim uma vontade enorme de trazer para o universo infantil o sentido do que eu vivia e aprendia no trabalho de interface com voluntários e doadores.

No dia 22 de agosto de 2021, Dia Nacional do Voluntariado, ano pandêmico, lancei meu primeiro livro infantil, intitulado *Como posso fazer o bem?*. No livro, mãe e filha, personagens centrais da história, dialogam sobre as oportunidades de fazer o bem, começando pelo entorno delas.

O livro é um incentivo para as crianças conhecerem as diversas formas de praticar o voluntariado e traz valores essenciais como a colaboração, empatia e a solidariedade. Por meio do diálogo com sua mãe, a menina Marina, personagem principal da história, compreende que fazer o bem começa com ações simples em seu próprio espaço, mas desenvolve, também, um olhar atento para as carências de atos de gentileza e solidariedade com as pessoas entorno dela.

A ideia de escrever sobre esse tema para crianças nasceu exatamente porque eu acredito que esses conceitos podem e devem ser abordados na infância. A partir dos quatro anos, as crianças são capazes de se projetarem nas histórias que leem e a fazerem conexões com sua realidade. São conexões afetivas que se perpetuam durante toda a sua vida.

Uma maneira de iniciar a consciência do voluntariado na infância é estimulando a autonomia da criança em tarefas importantes como a organização do espaço que ela habita, o contato com a natureza para que ela conheça e valorize a fauna e a flora, o convívio com pessoas de diferentes idades, lugares, raças e classes sociais, demonstrando respeito a essas diferenças e também a própria doação, pois o ato de doar de maneira genuína é um incentivo para que ela compartilhe e doe também. A solidariedade será um valor natural, uma consequência das referências positivas que vivenciou ao longo de sua formação.

Esse repertório é aumentado todos os dias. Não adianta dizer o que tem que ser feito, mas fazer junto. E isso é uma construção diária que parte dos cuidadores da criança (do ambiente escolar e familiar).

Coloco-me como uma semeadora desse movimento de conscientizar e fortalecer a cultura de doação entre adultos e crianças.

É sempre tempo para esse despertar. Fazer o bem não tem idade e limite. O voluntariado pode e deve ser ensinado em todos os ambientes possíveis. Aliás, a criança precisa de coerência e referência.

A formação de crianças solidárias

A educação de valores é parte essencial na formação de uma pessoa e tem impactos por toda a vida. Ao estimular nas crianças a valorização de boas atitudes, é possível ajudá-las a desenvolverem valores éticos e morais desde cedo, contribuindo para a formação de uma sociedade mais justa e equilibrada.

Hoje, muito se discute, por exemplo, sobre casos de *bullying*, poluição do meio ambiente, preconceitos, entre outros temas. Com a educação de valores, essas questões passam a fazer parte do pensamento crítico das crianças, que crescerão mais conscientes de seus atos.

Bate-papo com a autora no Colégio Santa Maria de Belo Horizonte, em dezembro de 2021.
Fonte: arquivo pessoal.

No Brasil, a Base Nacional Comum Curricular na educação infantil preconiza que a escola deve oportunizar "a expressão dos afetos, a mediação das frustrações, a resolução de conflitos e a regulação das emoções", além da aprendizagem de "conteúdos" propriamente dita.

A BNCC propõe um ensino em que a criança vai à escola para também assimilar valores.

Na perspectiva do Programa de Educação em Valores Humanos – série educação para a paz –, temos conjuntos de valores absolutos e valores relativos. São eles:

Ação correta

- Dever.
- Ética.
- Honradez.
- Vida salutar.
- Iniciativa.
- Perseverança.
- Responsabilidade.
- Respeito.
- Esforço.

- Simplicidade.
- Amabilidade.
- Bondade.
- Disciplina.
- Limpeza.
- Ordem.
- Coragem.
- Integridade.
- Dignidade.
- Serviço ao próximo.
- Prudência.

Paz

- Silêncio interior.
- Calma.
- Contentamento.
- Tranquilidade.
- Paciência.
- Autocontrole.
- Autoestima.
- Autoconfiança.
- Autoaceitação.
- Tolerância.
- Concentração.
- Desprendimento (desapego).

Amor

- Dedicação.
- Amizade.
- Generosidade.
- Devoção.
- Gratidão.
- Caridade.
- Perdão.
- Compaixão.
- Compreensão.
- Simpatia.
- Igualdade.
- Alegria.
- Espírito de sacrifício e renúncia.

Não violência

- Fraternidade.
- Cooperação.
- Concórdia.
- Altruísmo.
- Força interior.
- Respeito à cidadania.
- Patriotismo.
- Responsabilidade cívica.
- Unidade.
- Solidariedade.
- Respeito à natureza.
- Respeito pelas diferenças, raças, culturas e religiões.
- Uso adequado: do tempo, da energia do dinheiro, da energia vital, da energia do alimento, do conhecimento.

Em nosso calendário, existem muitas datas que estimulam boas ações. Elas podem ser incorporadas ao calendário estudantil e trazer oportunidades de se trabalhar temáticas específicas, conhecer organizações sociais que trabalham na resolução/minimização de problemas sociais e realizar ações práticas com os alunos.

As atividades devem propiciar socialização, autonomia, cooperação e respeito. O impacto social positivo é resultado do esforço coletivo e a cooperação deve ser estimulada no lugar da competição.

Janeiro

4 de janeiro – Dia Mundial do Braille.
6 de janeiro – Dia da Gratidão.
24 de janeiro – Dia Internacional da Educação.

Fevereiro

20 de fevereiro – Dia Mundial da Justiça Social.

Março

1 de março – Dia da Discriminação Zero.
8 de março – Dia Internacional da Mulher.
20 de março – Dia Internacional da Felicidade.

21 de março – Dia Internacional para a Eliminação da Discriminação Racial.
21 de março – Dia Internacional da Síndrome de Down.
21 de março – Dia Internacional das Florestas.
22 de março – Dia Mundial da Água.
24 de março – Dia Internacional para o Direito à Verdade Sobre Graves Violações dos Direitos Humanos e pela Dignidade das Vítimas.

Abril

2 de abril – Dia Mundial da Conscientização do Autismo.
6 de abril – Dia Internacional do Esporte para o Desenvolvimento e a Paz/ Dia Nacional de Mobilização pela Promoção da Saúde e Qualidade de Vida.
7 de abril – Dia Mundial da Saúde.
22 de abril – Dia Internacional d Terra.

Maio

16 de maio – Dia Internacional da Vida em União pela Paz.
21 de maio – Dia Mundial da Diversidade Cultural para o Diálogo e O desenvolvimento.

Junho

5 de junho – Dia Mundial do Meio Ambiente.
7 de junho – Dia Mundial da Segurança Alimentar.
12 de junho – Dia Mundial Contra o Trabalho Infantil.
14 de junho – Dia Mundial do Doador de Sangue.
17 de junho – Dia Mundial de Combate à Desertificação e à Seca.
20 de junho – Dia Mundial do Refugiado.

Julho

6 de julho – Dia Internacional das Cooperativas.

Agosto

9 de agosto – Dia Internacional dos Povos Indígenas.
12 de agosto – Dia Internacional da Juventude.
19 de agosto – Dia Mundial Humanitário.
28 de agosto – Dia Nacional do Voluntariado.

Disciplina e afeto

Setembro

5 de setembro – Dia Internacional da Caridade.
7 de setembro – Dia Internacional do Ar Limpo para o Céu Azul.
8 de setembro – Dia Internacional da Alfabetização.
21 de setembro – Dia Internacional da Paz.

Outubro

1 de outubro – Dia Internacional dos Idosos.
2 de outubro – Dia Internacional da Não Violência.
5 de outubro – Dia Mundial dos Professores.
10 de outubro – Dia Mundial da Saúde Mental.
12 de outubro – Dia das Crianças.
13 de outubro – Dia Internacional para a Redução de Desastres Naturais.
16 de outubro – Dia Mundial da Alimentação.
17 de outubro – Dia Internacional para a Erradicação da Pobreza.
24 de outubro – Dia das Nações Unidas.

Novembro

10 de novembro – Dia Mundial da Ciência para a Paz e para o Desenvolvimento.
16 de novembro – Dia Internacional da Tolerância.
20 de novembro – Dia da Consciência Negra.
25 de novembro – Dia Internacional para a Eliminação da Violência Contra as Mulheres.

Dezembro

3 de dezembro – Dia Internacional das Pessoas com Deficiência.
5 de dezembro – Dia Internacional dos Voluntários para o Desenvolvimento Econômico e Social.
9 de dezembro – Dia Internacional Contra a Corrupção.
10 de dezembro – Dia dos Direitos Humanos.
20 de dezembro – Dia Internacional da Solidariedade Humana.
25 de dezembro – Natal.

Dia Mundial de Doar (data móvel): é a terça-feira, após a Black Friday (última sexta-feira de novembro).

Referências

AUMENTADOR de asas – manual pedagógico de educação para o voluntariado. Gondomar: Pista Mágica, 2017.

FILANTROPIA. História do voluntariado no Brasil. *Revista Filantropia,* São Paulo, 01 de jul. de 2010. Disponível em: <https://www.filantropia.ong/informacao/historia_do_voluntariado_no_brasil>. Acesso em: 22 jul. de 2022.

MARTINELLI, M. *Aulas de transformação: o programa de educação em valores humanos.* São Paulo: Peirópolis, 1996.

MINISTÉRIO DA EDUCAÇÃO. Base Nacional Comum Curricular: educação é a base. A etapa da educação infantil. Disponível em: <http://basenacionalcomum.mec.gov.br/abase/>. Acesso em: 13 abr. de 2023.

SIMÕES, N.; LUIZ, S. *Como posso fazer o bem?* Divinópolis: Adelante, 2021.

33

COMO O SEU CÉREBRO INFLUENCIA NO DESENVOLVIMENTO DO CÉREBRO DO SEU FILHO?

Um limão não cai longe do limoeiro, assim como uma criança não é muito diferente de seus pais. Enquanto pais, influenciamos no desenvolvimento dos nossos filhos não apenas para a cor do cabelo, a altura, a cor dos olhos, mas também na visão de mundo, vida e comportamentos. Os primeiros anos de vida e as relações traçadas representam um marco que impactará no restante da vida de uma pessoa.

PATRICIA ALESSANDRA ZANESCO

Patrícia Alessandra Zanesco

Contatos
psipatriciazanesco@gmail.com
Instagram: @psicologia_da_paz
46 99101 5952

Psicóloga graduada na Unidep/PR, em 2015, especialista em Neuropsicologia, em 2020. Educadora parental e em Disciplina Positiva, certificada pela Positive Discipline Association (PDA). Mentora parental, ministra cursos de Educação Parental em Disciplina Positiva e Primeira Infância. Trabalha com intervenção precoce em crianças com autismo e atraso de desenvolvimento.

Uma atmosfera familiar saudável, alegre e organizada, que atenda às necessidades da criança, faz com que ela receba os estímulos necessários para o bom desenvolvimento. Apesar das tentativas, muitos pais se descontrolam por conta das situações cotidianas vivenciadas com a criança, o estresse do trabalho e a agitação da vida moderna. E o que deveria ser uma situação para ser resolvida rapidamente acaba sendo um verdadeiro transtorno.

Até os seis anos de idade, 90% das conexões cerebrais são desenvolvidas, e as condições ambientais contribuem na qualidade dessas conexões. Assim, o amor recebido pela criança afeta diretamente o hipocampo, região cerebral que pode crescer até duas vezes mais rápido na criança que está inserida em um ambiente acolhedor e de afeto, já que as formações sinápticas que contribuíram para a aquisição de sistemas mais complexos são fortemente influenciadas por essa relação.

O cérebro humano é plástico e tem capacidade de aprendizado até o fim da vida, porém o ritmo diminui consideravelmente após a primeira infância. Por esse motivo, as emoções e os sentimentos dos pais, bem como a forma que se comportam, são um dos fatores que mais afetam as crianças e despertam comportamentos nelas. Em momentos de birras, por exemplo, corre-se um grande risco de desencadear uma segunda birra, a dos pais, pois tendem a reagir em vez de agir, baseados em crenças que desenvolveram na infância.

Nenhum coração sofre com o bem de outrem, mas o triunfo de um, fonte de encantamento e de alegria para os outros, cria frequentemente imitadores. Todos têm um ar feliz e satisfeito de fazer "o que podem", sem que o que os outros fazem suscite uma vontade ou uma terrível emulação. Todos crescem na paz (MONTESSORI, 1969).

Desde a infância, somos influenciados pelos pais, tutores, professores, amigos, familiares e, aos poucos, vamos criando crenças que passam a ser verdades em nossas vidas. Ao nos tornamos adultos e pais, essas crenças, se

Patricia Alessandra Zanesco

não trabalhadas, passam a interferir na nossa forma de agir, de nos relacionar com o outro e na educação dos nossos filhos.

De acordo com Nelsen (2020), "pais infelizes criam filhos infelizes". Mesmo muitos pais apresentando dificuldades em aceitar a afirmação, há comprovações de que as crianças absorvem o estresse e a infelicidade dos pais e demonstram, por meio de comportamentos inapropriados, irritabilidade, birras e choros.

Por isso, é importante o adulto trabalhar as crenças e ressignificá-las para que consiga entender melhor o filho e ajudá-lo a lidar com algumas situações que geram estresse. A epigenética vem nos afirmar que o ambiente em que você está inserido afeta os traços e comportamentos, ou seja, o ambiente tem um impacto determinante na expressão genética, tanto favoráveis quanto desfavoráveis.

Piaget revela que a criança aprende pela interação ativa com o ambiente em que vive, descrevendo os estágios neurodesenvolvimentais, sequenciais, clarificando o modo como a criança compreende e interfere no mundo em que habita. Erik Erikson contribui ressaltando que o contexto socioambiental do indivíduo, especialmente na infância, influencia no comportamento e no futuro da sociedade.

Os estudos desses especialistas demonstram que a forma como se é tratado pelas figuras de vínculo é como explorará o mundo e, ao adentrar a vida adulta, se relacionará consigo mesmo. Estudos da neurociência afirmam que os vínculos seguros estão associados às funções pré-frontais do cérebro, como a regulação do corpo, a conexão e a empatia com os outros e consigo mesmo, a regulação emocional, a flexibilidade cognitiva, senso de moral; além de tornar a mente mais plástica.

A criança precisa da ajuda de adultos para que atenda às necessidades básicas dela. Se o ambiente não for acolhedor e de afeto, a criança não se desenvolve plenamente e com saúde. Pais estressados podem deixar de olhar para os filhos e demonstrar carinho. Filhos de pais estressados se sentem carentes e procuram ter reações contrárias para chamar a atenção de seus tutores, o que gera mais tensão entre eles.

Quando os pais olham para si mesmos e se cuidam, passam a ficar atentos, também, aos seus filhos. Afinal, os vínculos representam a herança que recebemos enquanto espécie. Para que o cérebro humano se desenvolva, precisamos traçar relacionamentos com figuras vinculares.

Ao cuidar de si, cuida-se dos filhos

O que você pensa sobre família, filhos, educação? Veja o que está projetando em seus filhos. Reflita a respeito de suas crenças sobre a vida e o mundo. Se acredita que o mundo é um lugar difícil e a vida é dura, certamente não está desenvolvendo um sentimento de admiração e de capacidade em seus filhos.

Um grande equívoco que os pais comentem ao terem filhos é perderem-se de si mesmos, abandonando os sonhos e objetivos, acreditando que precisam se dedicar integralmente à criação das crianças. Assim, se inicia um ciclo de estresse e sobrecarga.

Quando nos afastamos de nós mesmos, nos afastamos de nossos sonhos. Sabemos que os filhos são prioridade e, para a maioria dos pais, o que há de mais importante em suas existências. Contudo, para que eles possam assumir verdadeiramente responsabilidade sobre as próprias vidas, nosso papel é nos colocarmos ao lado, incentivando, encorajando e não os protegendo em excesso.

Ao cuidar de nós mesmos, estamos dando exemplo de cuidado e de forma de viver saudáveis. Manter o equilíbrio entre os papéis que desempenhamos – vida conjugal, social, profissional, financeira, familiar, espiritual, saúde e lazer – proporcionará bem-estar às pessoas que conviverem conosco e ao ambiente familiar.

Ao nos mantermos em equilíbrio, seremos modelos para que nossos filhos também se mantenham. Já sabemos que, nos dias mais difíceis de trabalho, ao voltarmos para casa, teremos os dias mais difíceis com nossos filhos. O contrário também é verdadeiro.

Então, reencontre seus sonhos de criança, coloque-os em um papel, divida isso com seus filhos e aproveite para ensiná-los a sonhar. Talvez seus filhos sejam parte da realização de seus sonhos e não saibam disso.

Busque reencontrar o que lhe faz bem e pratique. Sim, é difícil com as crianças. Contudo, mais vale a qualidade do tempo em que passamos com elas do que a quantidade. Se bem apoiadas, elas terão autonomia para lidarem com as situações quando não estivermos por perto.

A fruta não cai longe do pé, o limão não cai longe do limoeiro, o filho que mais nos desafia é o que mais desperta as nossas feridas, e as feridas são nossas e não dos nossos filhos. Cabe a cada um de nós cuidarmos delas com responsabilidade. Só assim preservaremos o nosso bem-estar, ensinando aos filhos a cuidarem de si para desenvolverem uma vida saudável.

Patricia Alessandra Zanesco

Referências

BARTOSZECK, A. B.; BARTOSZECK, F. K. *Neurociência dos seis primeiros anos – implicações educacionais*. Disponível em: <https://educacao.mppr.mp.br/arquivos/File/projeto_estrategico/argumentos_neurologicos_neurociencia_6_prim_anos_bartoszeck.pdf>. Acesso em: 26 nov. de 2021.

DOHERTY, G. *Zero To Six: The Basis For School Readiness*. Canadá: Apllied Research Branch, 1997.

NELSEN, J.; BILL, K.; MARCHESE, J. *Disciplina positiva para pais ocupados: como equilibrar vida profissional e criação de filhos*. Barueri: Manole, 2020.

OLIVEIRA, G. Lições de pediatria. In: Saraiva. Jorge(org.). *Neurociência e comportamento*. Coimbra: Imprensa da Universidade de Coimbra. Disponível em: <https://digitalis-dsp.uc.pt/bitstream/10316.2/43113/1/Neurodesenvolvimento%20e%20comportamento.pdf>. Acesso em: 21 nov. de 2021.

PAPALIA, D. E.; FELDMAN, R. D. *Desenvolvimento humano*. 12. ed. Porto Alegre: Artmed, 2013.

SIEGEL. D. *Cérebro adolescente, o grande potencial, a coragem e a criatividade da mente dos 12 aos 24 anos*. São Paulo: nVersos, 2016.

34

É POSSÍVEL EDUCAR COM AMOR?

Este capítulo visa trazer a reflexão sobre uma educação pautada no amor. Para quem trabalha com infância, é mãe, pai, esta é uma leitura importante para pensarmos a disciplina e o afeto nas nossas práticas enquanto educadores, cuidadores e tutores. A autora nos convida a olhar para a criança, a partir da infância, fase em que ela se desenvolve e compreende o mundo; sempre com afeto, empatia e respeito, para a construção de uma vida saudável em todos os aspectos.

POTYRA NAJARA

Potyra Najara

Contatos
potyraescritora@gmail.com
Instagram: @potyranajara
YouTube Potyra Najara
47 99907 7482

Atriz, escritora, circense, contadora de histórias, produtora cultural e palestrante. Fundadora da NOVA Cia. de Teatro, professora de teatro e habilidades circenses. Mãe de Yoshabel Batschauer. Participou, como atriz, em mais de 40 espetáculos, entre teatro e circo, publicou três livros solo e mais cinco livros como coautora, incluído o best-seller *Contos que curam*, pela Literare Books International. Formada em Artes Cênicas pela UDESC. Especialista em Contação de Histórias e Literatura Infantojuvenil. Especialista em Arte, Educação e Terapia. Especialista em Conciliação e Mediação de Conflitos. Certificada pela MasterMind – Treinamento de Liderança e Alta Performance. Mestra em Contoexpressão: contos e fábulas como ferramentas psicoeducativas e terapêuticas, pelo Instituto IASE (Valencia, Espanha). É confreira na Academia de Letras do Brasil – ALB – Seccional/ Suíça. Foi diretora do Teatro Municipal Bruno Nitz e é contadora de histórias oficial do projeto Ônibus de Histórias "Conta pra Mim", em Balneário Camboriú (SC).

Quando me tornei mãe, a única coisa de que eu tinha certeza era de que um serzinho sairia de dentro de mim para habitar este mundo. Assim, tive uma nova certeza: eu seria o caminho, a guia, a mediadora entre minha filha e o mundo. Com essa constatação, ficou totalmente claro que só havia uma forma de mediar essa interação: com amor. **Amor** no mais amplo sentido da palavra. Não apenas com frases do tipo "eu te amo", "pode contar comigo", mas estando ali de fato, todos os dias, com inteireza.

Por que começo um texto em um livro que trata de disciplina e afeto contando minhas certezas e descobertas ao me tornar mãe? Porque toda interação humana, independentemente de níveis de envolvimento, é construída a partir de uma relação, e uma relação sem amor e afeto não é mais do que mero convívio. Muitos pais, mães e profissionais da educação passam pela vida de filhos, filhas e estudantes como mero convívio, sem conexão. Isso tem se alastrado ainda mais devido a eletrônicos, redes sociais e à constante desconexão interpessoal.

Minha filha e eu temos um relacionamento de muita cumplicidade. Foi natural, construído no decorrer da nossa experiência juntas. Mas ela é minha filha, então muitas pessoas ficam curiosas em saber como chegamos até aqui, passando por várias fases da vida, naturalmente. Não tivemos problemas com a escola, amizades ou a famosa fase da adolescência rebelde, com saídas escondidas e discordâncias. Isso não significa que a gente sempre concordou sobre tudo, mas se deve muito a um relacionamento pautado em respeito, confiança e conexão; culminando em quem somos hoje: amigas, parceiras e admiradoras uma da outra. Acredito que é assim que construímos um relacionamento saudável.

Não há uma receita pronta para que a disciplina e o afeto levem a um relacionamento saudável e duradouro, mas há caminhos possíveis. Para pensarmos um pouco sobre isso, vou começar pela palavra "respeito".

O **respeito** sempre foi a base da minha interação com ela. Como mães, por vezes ficamos no lugar de quem diz o que se deve ou não fazer, o que é

Potyra Najara

bom ou não, porém precisamos lembrar que nossas crianças são indivíduos em formação e merecem estar no centro de suas escolhas. Isso é respeito. Tudo que desejarmos apresentar ou ensinar a eles – filhas, filhos ou alunos – devemos fazer mostrando os caminhos e respeitando sua individualidade, sua capacidade de compreender o que é melhor para si, dando a oportunidade de se fortalecerem enquanto pessoa.

Sigo com a palavra **confiança**. Às vezes achamos que, para conquistarmos ou perdemos a confiança de alguém, precisamos cometer grandes gestos ou grandes erros. Isso não é verdade. Os filhos, os alunos, aprendem muito com exemplos e pequenos gestos. É na infância que você constrói essa relação, cumprindo as promessas que faz, dando espaço para que se expressem quando precisam, respeitando seus gostos, suas vontades, suas peculiaridades. A forma com que você gera confiança faz com que estabeleçam, dentro de si, se é ou não um lugar para voltar e desabafar, ou se terão que buscar isso em outro lugar.

Trago, então, a palavra **conexão**. Outro ponto importante. Desde que nascem, os bebês têm uma conexão com os genitores. Enquanto crescem e se desenvolvem, o ideal é que essa conexão vá se expandindo e que, a cada fase de desenvolvimento, a criança esteja cada vez mais próxima dos pais, sentindo segurança e conexão. Isso também não se dá naturalmente, exige esforço de nossa parte para desprender tempo de qualidade para com os pequenos. Nós, adultos, precisamos entender que o mundo da criança é diferente do nosso, as experiências que ela tem e a percepção das coisas parte da sua maturidade e interesse. Precisamos sempre proporcionar momentos interessantes e prazerosos para ela. Em casa, precisamos gerar conexão não apenas ao alimentar, dar banho e pôr para dormir, mas viver momentos de alegria, ludicidade e desenvolvimento com nossas crianças. Há várias formas de construir esses laços: brincadeiras, jogos, livros, histórias, cantigas, passeios e muito afeto.

Com amor, respeito, confiança e conexão, chegamos então a um **relacionamento**. Uma educação pautada nesses termos – sem gritos, culpa, conflitos – ajuda a construir uma personalidade segura. Quem educa deve ser capaz de conversar, explicar, compreender. Quem recebe, ao se sentir amado, desenvolve uma autoestima saudável, com autoamor e autovalor, com um olhar amoroso sobre si. Como indivíduos, nossas crianças têm uma vida inteira para se relacionar com diversas pessoas e consigo mesmas. Mostre o caminho, aja com respeito, inspire confiança, crie conexão e, naturalmente, vai nascer o relacionamento amoroso e duradouro entre vocês.

A cada dia que vivemos com nossos filhos, nossos estudantes, nossas crianças, é uma nova face do amar que aprendemos. O importante é sempre servir o amor primeiro. Anderson Cavalcante, em seu livro *O que realmente importa,* cita o Rick Warren com a seguinte frase: "A melhor utilidade que se pode dar à vida é amar. A melhor expressão do amor é o tempo. O melhor momento para amar é agora".

Para mim, esse é o segredo de um relacionamento afetuoso, saudável e duradouro: **dedicar tempo para amar agora.**

Minha filha está com 21 anos, e, ao escrever este capítulo, pedi para ela relembrar algumas coisas de nossa relação de quando era pequena. Os exemplos que me deu mostram como eu a tratava com respeito ao pedir algo ou dar uma instrução. É muito bom vê-la adulta, relatando com carinho a forma com que foi educada e amada. Fiquei muito feliz em receber esse retorno, porque eu, sinceramente, não conseguiria tratar uma criança com palavras duras e grosseiras apenas para que ela cumpra uma ordem,. Ainda mais sabendo que estou no lugar de quem ensina como faz, pois as crianças aprendem com o exemplo.

Se uma criança tiver uma atitude errada, o adulto deve corrigir o erro, e não condenar a criança. Se ela quebrar um copo, por exemplo, pode-se chamar sua atenção e não dizer que ela destrói tudo, que não para nada na sua mão, que faz tudo errado. Como você tem ensinado suas crianças? IçamiTiba, em seu livro *Quem ama Educa,* diz "O respeito ensina a criança que ela é amada não pelo que faz ou tem, mas pelo simples fato de existir". Deixo essa reflexão.

Em minha busca pela educação amorosa e respeitosa, chegou a mim o livro *Crianças Francesas não fazem manha,* de Pamela Druckerman. Tive uma grata surpresa ao me identificar com diversas situações. Descobri que eu havia educado minha filha nesses termos de amor, respeito e empatia, mesmo não tendo lido nada a respeito. Quando fiz essa leitura, minha filha tinha 15 anos, e hoje sempre indico para quem tem filhos ou trabalha com crianças. Muitos de nós fomos educados de uma forma diferente, com dureza e severidade, sem afeto. Não consigo conceber que a sociedade não evolua nesse quesito, por isso desejei compor com você essas reflexões, para olharmos além do que nos aconteceu e decidirmos por novas formas de educar. Com disciplina, sim, mas pautada no afeto.

Tem várias coisas que gosto no livro de Druckerman. Compartilho esta parte específica para mostrar um pouco melhor minha visão: "Para ser um tipo diferente de mãe ou pai, você não apenas precisa de uma nova filosofia de criação de filhos. Você precisa de uma visão bem diferente do que uma criança realmente é".

Quando você trata a sua criança com ternura e calma, você dilui a possibilidade de que ela fique ansiosa e responda de forma agressiva. O que muitos adultos fazem é tratar suas crianças com grosseria e falta de educação, esperando que elas se calem ou obedeçam, mas esquecem que crianças são indivíduos exatamente como eles, terão sempre uma reação frente a uma ação. Logo, quem precisa rever a forma de agir não são as crianças. Ainda no livro de Druckerman, há o trecho de uma canção francesa que elucida melhor essa afirmação: "Os pequenos peixes na água nadam tão bem quanto os grandes".

Ao nadar num mar de amor, afeto, empatia e ternura, os pequenos peixes nadarão muito bem. Quiçá melhor que os peixes grandes.

Acredito totalmente em uma educação respeitosa. No afeto e na empatia como ingredientes principais para qualquer relação humana. Isso tem me levado a pesquisar, e um dos tesouros que encontrei foi a *CNV - Comunicação não violenta*, de Marshall Rosenberg. Em seu livro *Vivendo a comunicação não violenta*, ele nos situa no que de fato está ancorada essa prática:

> Por ter sido educado a pensar de certo modo sobre o que significa criar filhos, eu achava que a tarefa do pai e da mãe era fazer as crianças se comportarem. Veja, depois que nos definimos como autoridade – professor, pai, mãe – na cultura em que fui educado, consideramos nossa responsabilidade fazer as pessoas que rotulamos como 'crianças' ou 'alunos' se comportarem de determinada maneira. Agora vejo que esse objetivo está fadado ao fracasso, porque aprendi que toda vez que nossa meta é levar outra pessoa a se comportar de determinada maneira, o mais provável é que ela resista, não importa o que estejamos pedindo. Isso parece ser verdade quando o outro tem dois ou 92 anos.
> (ROSENBERG, Marshall)

Fui criada em um ideal de educação em que as crianças não tinham voz, nem vez. Adultos decidiam o que elas comiam, vestiam, bebiam e sentiam. Enquanto os adultos à minha volta pensavam que sabiam tudo sobre mim, eu os observava. Sem dúvida, ali comecei a pensar sobre tudo o que compartilho com vocês aqui. Enquanto o olhar do adulto enxerga as crianças como meros receptores de informações, 'obedecedores' de ordens, as crianças, internamente, lidam com diversas situações complexas geradas pelo desrespeito, pela invisibilidade, por sua incapacidade de se expressar. Sempre que um adulto autoritariamente fere a criança e gera dores que podem se tornar traumas para toda a vida, a 'famosa' rebeldia adolescente pode ser uma resposta a todo desrespeito e privações que sofreu na infância. Os adultos precisam fazer uma pausa e refletir sobre como se comportam em relação às crianças de seu convívio, sejam filhos, alunos, parentes ou vizinhos. Como você reagiria se alguém tratasse você da mesma forma com que trata as crianças para as quais você é autoridade? Todos nós, seja aos dois ou aos 92 anos, como diz Marshall, desejamos afeto, compreensão, respeito, liberdade e autonomia para sermos quem somos e escolher o que desejamos.

Como atriz e escritora, trabalho muito com as histórias. Ao longo das minhas pesquisas, encontrei a *Contoexpressão*, metodologia de Claudine Bernardes, e descobri um lugar para aplicar minhas experiências artísticas como o ser humano sensível que sou, que acredita na evolução por meio de relacionamentos de paz, da regulação e conscientização das emoções.

Para elucidar melhor sobre os ganhos na aplicação dessa metodologia para o desenvolvimento das habilidades emocionais e de uma educação pautada no amor, no respeito e no afeto, aproveito as palavras de Claudine Bernardes, no livro *Contos que Curam*:

> "A linguagem simbólica é um valioso recurso que se esconde por trás da simplicidade das histórias e que é usada para explicar problemas, etapas ou fatos por meio de símbolos ou imagens direcionadas ao inconsciente humano, sugerindo possibilidades e alternativas. Graças a essa linguagem específica, as crianças veem as suas preocupações e desejos expressos. Atualmente, usamos essa linguagem para representar coisas que não estão ao alcance do entendimento humano, isto é, coisas que não podemos explicar com fatos".

Hoje sou mestra em Contexpressão pelo instituto IASE de Valença. A convite de Claudine Bernardes, sou coautora do livro *Contos que curam* e também coautora e consultora literária do livro *Conto expressão: o poder terapêutico dos contos*, que trabalham essa temática. Assim, ajudamos nossas crianças a se desenvolverem de forma integral para suas relações futuras. Quando regulamos nossas emoções, temos mais autonomia e liberdade de ser e agir, resultando em uma vida mais plena e feliz. Isso ajuda o indivíduo a encontrar-se consigo mesmo e com suas particularidades, como cita o livro *Conto expressão:*

> A contoexpressão utiliza a narrativa como ponte que comunica cada pessoa com o seu próprio mundo interior. Os símbolos e metáforas, existentes dentro dos contos, são conduzidos ao interior do ser

humano por meio do fio da narrativa, despertando e conectando-se com os símbolos pessoais.

Nesse sentido, a contoexpressão se mostra como suporte para o desenvolvimento socioemocional e dos relacionamentos, e se faz importante para nós, adultos, que desejamos nos aperfeiçoar na tarefa de educar. Quando escolhemos uma educação pautada no amor, automaticamente, teremos como resultado um relacionamento repleto de confiança, ternura, conexão e afeto. Se tudo que eu disse aqui ainda soar um pouco estranho, pense sempre na empatia. Na dúvida, acolha, pense em como você gostaria de ser tratado.

Ter minha filha me levou a essa busca de educar com amor, é ela quem me ensina e me inspira a cada dia. Que me impulsiona a ser melhor e a desenvolver minha humanidade, minha capacidade de amar e ser gentil. Ela é minha motivação diária.

O mundo se tornou um lugar melhor para se viver porque ela está aqui. Filha, eu amo você, muito obrigada por me ensinar tanto e me permitir ser parte da sua existência e desse ser humano incrível que você é.

Referências

BERNARDES, C. *Conto expressão: o poder terapêutico dos contos.* São Paulo: Literare Books International, 2022.

BERNARDES, C. *Contos que curam.* São Paulo: Literare Books International, 2019.

CAVALCANTE, A. *O que realmente importa?* São Paulo: Editora Gente, 2009.

DRUCKERMAN, P. *Crianças francesas não fazem manha: os segredos dos parisienses para educar os filhos.* Rio de Janeiro: Objetiva, 2013.

ROSENBERG, M. *Vivendo a comunicação não violenta.* Rio de Janeiro: Sextante, 2019.

TIBA, I. *Quem ama educa: formando cidadãos éticos.* São Paulo: Integrare Editora, 2012.

35

EMOÇÕES, PARA QUE TE QUERO? DESCUBRA COMO USÁ-LAS AO SEU FAVOR

Muito se fala sobre inteligência emocional, entretanto, muitas pessoas ainda não sabem como trilhar o caminho para uma vida emocionalmente saudável. Neste capítulo, os pais entenderão a importância de se conectar com seu mundo interior, pois toda mudança começa por nós, para que assim consigamos nos conectar com nossos filhos, ajudando-os a desenvolver habilidades socioemocionais, que resultam na autoconfiança e no fortalecimento dos vínculos entre adultos e crianças.

RITA DE KACIA PARENTE

Rita de Kacia Parente

Contatos
ritinhaalves24@gmail.com
Instagram: @ritadekaciapsi
87 99990 6119

Psicóloga, psicopedagoga e criadora da Turminha das Superemoções. Mãe da Maria, que está com oito anos; tia da Laura, de um ano e cinco meses; e madrinha do Lucas, de 14 anos. Tem experiência na psicologia escolar e social, suas primeiras áreas de atuação. Atua na área clínica com a abordagem terapia cognitivo-comportamental, atendendo crianças, adolescentes, adultos e famílias. Idealizadora da oficina Nutrindo emoções e brincando com as emoções, criadora dos e-books de atividades: *Educação Emocional na Escola para Crianças* e *Educação emocional na escola para adolescentes*. Certificada em Educação Parental em Disciplina Positiva pela Positive Discipline Association (EUA). Coautora do livro *Manual da infância: os desafios dos pais* (Literare Books International). Direciona seu trabalho com amor e acredita que trabalhar a educação emocional de crianças é investir no futuro dos adultos.

Antes de concluir a graduação em psicologia e de ser mãe, já vinha aperfeiçoando os estudos, na área da psicologia, sobre desenvolvimento infantil e a vida emocional da criança, e me chamaram atenção as obras: *A criança em desenvolvimento,* de Helen Bee, no ano de 2013, e *Teoria do apego,* de Cristiano Nabuco de Abreu, em 2010. Com a chegada de Maria Eliza, em 2013, comecei a entender qual era o meu propósito de vida. Com seu amor me transformei e comecei, sinceramente, a entender o relacionamento entre mãe e filha.

Porém eu jamais poderia imaginar a dimensão do meu amor por minha filha. Não imaginava o misto de emoções que iria sentir ao longo das nossas vidas, a felicidade que seria ao vê-la pela primeira vez, ao sorrir, falar mamãe, caminhar, ir para à escola. Ao longo dos seus primeiros anos, um misto de emoções estavam presentes em alguns momentos em que eu não conseguia agir de maneira assertiva e me culpava. E essa culpa me paralisava a ponto de não me deixar enxergar outras possibilidades. Junto com a culpa vinha a decepção e a tristeza, quando eu não conseguia me comunicar com ela. Essa culpa acrescentava uma carga ainda maior às emoções que eu já vinha sentindo. No entanto, foram exatamente esses momentos, com esse turbilhão de sentimentos mistos, que me fizeram entender que eu estava aprendendo sobre as nossas emoções, passando a cuidar melhor de mim, da minha filha e da nossa família. Ao longo desses anos, no meu trabalho com famílias, estudando, sendo mãe, venho aprendendo que a comunicação emocional consciente proporciona aos pais a compreensão das suas próprias emoções e das crianças, pois os relacionamentos que proporcionamos aos nossos filhos terão um forte impacto no seu futuro.

As minhas crenças, relacionadas ao sentimento de culpa, naquela época, foram sendo aprendidas ao longo da minha infância. E quando eu passei a acessar as minhas memórias da infância, fui me conhecendo melhor, libertando-me das minhas culpas e entendendo que o foco não estava no que havia acontecido na minha infância, mas no que eu, como uma criança, decidia sobre o que aconteceu. Pois o que somos hoje está baseado no que decidimos quando éramos crianças (LYNN LOTT, 2019).

As mensagens que você recebeu na infância, as conclusões às quais chegou quando era criança – por meio da percepção sobre si mesmo – os outros e o mundo são, repetidamente, as mesmas ideias que você tem sobre a sua vida hoje. Você carrega essas mensagens antigas como bagagens, ou seja, essas mensagens que você recebeu quando era criança, suas experiências, transformaram-se em crenças que você mantém na vida adulta. Crenças são ideias e pensamentos que são construídos na infância e que levamos como verdades absolutas, ocorrendo de maneira automática.

Pare um pouco a sua leitura, feche os olhos e volte a sua infância! Quais foram as emoções que falaram que você não deveria sentir? Que você foi repreendido por senti-las? Que você estava errado por sentir raiva, que o seu medo era sinal de fraqueza? Que você não teria motivos para ficar triste? E que você não deveria falar sobre o que sentia? Quais mensagens você recebeu, na infância, sobre as emoções? Neste momento, você deve estar se perguntando coisas do tipo: "O que as minhas memórias da infância têm a ver com os meus sentimentos e comportamentos hoje?" ou "Eu não quero lembrar do meu passado!" Quanto mais você acessar as suas memórias antigas, as informações que existem dentro de si, mais vai aprender sobre a origem dos seus padrões de pensamentos, sentimentos e comportamentos, e assim identificar o porquê de determinados comportamentos e as formas como modificá-los, aceitando sua jornada e se encorajando para conseguir seguir novas escolhas de modo consciente.

Dependendo da educação recebida, você pode não ter sido ensinado a falar sobre as suas emoções. Talvez por essa razão, até hoje, você apresente dificuldade de sentir ou nomear seus sentimentos. As emoções são parte natural e saudável para a nossa sobrevivência, estão presentes nas nossas vidas e, na medida certa, podem nos ajudar e até nos protegerem.

Com o desenvolvimento emocional saudável, ampliamos ao longo do tempo o autoconhecimento e aprendemos a ter um olhar mais gentil para nós mesmos; isso, consequentemente, fará que tenhamos muito a oferecer ao outro.

A saúde mental vem ocupando cada vez mais espaço dentro das relações interpessoal e intrapessoal. Segundo Troglio (2022) em *Orientação familiar: teoria e prática*, com a pandemia da covid-19, vivenciamos um misto de emoções e tivemos que nos adaptar e ser resilientes diante desses sentimentos mistos, que causaram transformações nas nossas vidas. Mas o que ficou claro nesses últimos tempos foi sobre a importância de nos acolhermos e de regularmos as nossas emoções. E para aprendermos a conviver e lidar com as emoções, efetivamente, é importante saber identificá-las e nos permitir senti-las.

Pensar, sentir e agir: o caminho para o eu emocional

Os seus pensamentos têm um enorme impacto sobre o que você sente e o que você faz para equilibrar todas as diferentes áreas da sua vida. Você já se comportou de uma determinada maneira e, em seguida, ficou se questionando por que sempre se comporta assim? Para que você possa encontrar respostas quanto ao porquê de você agir dessa forma e encontrar maneiras mais assertivas de se comportar, é necessário acessar seus pensamentos e sentimentos.

O que conduz seus comportamentos são seus próprios pensamentos e sentimentos. Isso quer dizer que a capacidade de mudar determinada atitude depende exclusivamente de você.

Mesmo que algumas situações ou pessoas possam aborrecer você, elas não definem como você vai se comportar. O que acarreta, de fato, o modo como você se comporta são seus pensamentos e emoções, que estão interligadas com os conteúdos dos seus pensamentos. Ou seja, sentimentos originam-se de pensamentos, e comportamentos originam-se de sentimentos. (LYNN LOTT, 2019).

Você não pode ter uma emoção sem um pensamento. Em algumas situações você pode estar ou não consciente desse pensamento.

Segundo Leahy (2021), as emoções são sentimentos que têm um significado para nós. As emoções abrangem a tristeza, a solidão, a ansiedade, a alegria, o amor. Normalmente podemos confundir emoções com pensamentos. Porém pensamentos são crenças, ideias sobre as nossas experiências vividas; já as emoções são, caracteristicamente, sentimentos que temos referentes aos nossos pensamentos. Eis aqui um exemplo que representa essa ideia: Uma jovem pode dizer que pensa que não vai conseguir passar no teste. O que pode dar origem a um ou vários sentimentos (ansiedade, tristeza), e esses sentimentos também podem dar origem a um pensamento ("não sou inteligente o suficiente"). Ou seja, pensamentos dão origem às emoções que estão relacionadas a alguma situação em nossas vidas.

A tal da regulação emocional

As emoções nos comunicam sobre as nossas necessidades; e as estratégias que utilizamos para lidar com as emoções podem intensificar os problemas ou nos fazer encontrar soluções.

Você pode começar validando as suas emoções difíceis e se acolhendo. Olhe para si com mais gentileza, reconhecendo que está tudo bem se você se sentir cansado e sem motivação, em alguns momentos. É necessário que você normalize o que sente, reconheça que todas as pessoas no mundo sentem emoções e que elas são passageiras. Direcione um olhar gentil para si mesmo, o mesmo olhar que você dirigiria para alguém especial para si. Entretanto, muitas pessoas ainda não sabem como alcançar essa regulação emocional. Não compreendem que as nossas emoções precisam ser sentidas e cuidadas. Muitas vezes, quando sentimos emoções desagradáveis, necessitamos ser ouvidos, compreendidos, conectados com alguém e com nós mesmos. Por exemplo, quando nos sentimos tristes a expressão dessa emoção pode estar presente por meio do choro, que, consequentemente, nos causa alívio. O choro faz parte da natureza humana. É o primeiro som que emitimos quando nascemos e que nos acompanha até o final da nossa vida.

Observo nos relatos de alguns pacientes que eles se sentem culpados e envergonhados quando expressam a sua tristeza por meio do choro. O pensamento é de que eles são "fracos". Talvez, quando crianças, ouviu-se "pare de chorar" ou até foi levado a acreditar que o seu choro era algo de que deveria se envergonhar. A tristeza é um sentimento importante que todas as pessoas no mundo experimentam, e assim como as demais emoções, é essencial para o nosso funcionamento.

Vagliati (2022), em *Orientação familiar: teoria e prática*, aborda a tristeza em seu lado positivo e negativo. É uma emoção que, em seu lado positivo, desperta o desejo de mudança, que nos impulsiona e nos mostra o que é verdadeiramente importante. Em seu lado negativo, ela pode nos paralisar, trazer a sensação de que estamos sozinhos, causando um voluntário afastamento das pessoas. Um equívoco, já que diante desse sentimento é essencial estar com pessoas que nos transmitam confiança. É importante que, diante dessa emoção, consigamos acolher e sentir. Quando fugimos desse sentimento, por nos causar desconforto, não conseguimos pensar em estratégias de enfrentamento e em formas de mudar o nosso comportamento.

Com a validação emocional estamos comunicando que compreendemos o ponto de vista do outro. E, quando validamos, estamos aumentando a consciência e o conhecimento das emoções. E o mais importante: estamos mostrando que sentir as emoções é uma parte essencial na nossa existência. Regular as emoções é um processo importante para o desenvolvimento de crianças e adolescentes. Esse processo irá ajudá-los a expressar suas emoções de modo favorável e a ter um relacionamento saudável com as outras pessoas. Quando falamos na importância de regular as emoções não quer dizer que devemos parar de senti-las, mas estar no controle, reconhecendo as sensações físicas, ou seja, como essas emoções se manifestam no corpo e como buscar estratégias para agir de maneira mais saudável.

Não é fórmula mágica, é ação

Mudanças não acontecem de uma hora para outra, mas quando você decide que vai se comprometer com o seu próprio crescimento, passa a ter esse olhar mais gentil para si mesmo. E decide encorajar-se.

Somos humanos e necessitamos nos familiarizar com as nossas emoções, pois elas têm a finalidade de nos alertar e nos proteger. Com todas as mudanças que vêm acontecendo, ao longo do tempo, é necessário aprendermos a nos conectar com o nosso mundo interior e regular as nossas emoções para pensarmos antes de agir e encontrar o caminho do eu emocional. É essencial termos em mente que as experiências familiares influenciam no desenvolvimento das crianças. A forma como os pais lidam com as suas emoções tende a prever a forma como os filhos vão lidar com as suas, e esse traço pode até mesmo ser passado entre as famílias (CRISTINA CAVACO, 2022).

Quando desenvolvemos a inteligência emocional, estamos trabalhando o cuidado com as nossas emoções, estamos praticando o autocuidado, para que assim possamos cuidar dos nossos filhos e da nossa família. A educação emocional familiar consciente nos proporciona uma jornada mais leve para lidar com as nossas emoções e as emoções das nossas crianças, e assim exercer melhor a supermissão de educar.

Referências

ABREU, C. N. *Teoria do apego: fundamentos, pesquisas e implicações clínicas.* São Paulo: Casa do psicólogo, 2010.

BECK, J. S. *Terapia cognitivo comportamental: teoria e prática.* Porto Alegre: Artmed, 2013.

BEE, H. *A criança em desenvolvimento*. trad. Maria Adriana Veríssimo Veronese. 9.ed. Porto Alegre: Artmed, 2003.

GOTTMAN, J.; DECLAIRE, J. *Inteligência emocional e a arte de educar nossos filhos: como aplicar os conceitos revolucionários da inteligência emocional para uma nova compreensão da relação entre pais e filhos*. Rio de Janeiro: Objetiva, 1997.

LEAHY, R. L. *Não acredite em tudo o que você sente: identifique seus esquemas emocionais e liberte-se da ansiedade e da depressão*. Porto Alegre: Artmed, 2021.

LOTT, L.; KENTZ, M. K.; WEST, D. *Conhecer-se é amar a si próprio: exercícios para desenvolver a autoconsciência e para realizar mudanças positivas e encorajadoras*. Barueri: Manole, 2019.

LOTT, L.; MENDENHALL, B. *Autoconsciência, aceitação e o princípio do encorajamento: pensar, sentir e agir como uma nova pessoa em apenas 8 semanas*. Barueri: Manole, 2019.

RAYES, C. *Orientação familiar: teoria e prática*. São Paulo: Literare Books Internacional, 2022.

THALMANN, Y. *Caderno de exercícios para viver livre e parar de se culpar*. Petrópolis: Vozes, 2015.

36

"NÃO SEI MAIS O QUE FAZER"

A frase que intitula este capítulo foi ouvida inúmeras vezes pela autora ao longo da sua trajetória de educadora. É muito comum pais e mães que realmente não sabem como agir em determinada situação com seus filhos, mas o que muitos responsáveis não sabem é que existem estratégias efetivas para auxiliá-los na educação de seus filhos. A Educação Parental, embasada na Disciplina Positiva, é a forma mais completa de intervir nas relações familiares, mostrando que é possível educar sem que se perca a autoridade de pais, sendo amorosos e firmes ao mesmo tempo.

ROSANE GALANTE ALMEIDA

Rosane Galante Almeida

Contatos
facebook.com/rosanegalanteeducadoraparental
rosanegalante76@gmail.com
Instagram: @rosanegalanteoficial
77 99128 4999

Pedagoga, graduada pela Universidade Estadual da Bahia (UNEB), especialista em Psicopedagogia e em Gestão Escolar pela Universidade de São Paulo (USP), educadora parental integral, certificada por Bete P. Rodrigues, consultoria em Educação. Rosane já lecionou para as turmas de educação infantil, ensino fundamental, séries iniciais e finais. Atuou como orientadora educacional e, atualmente, é coordenadora pedagógica do ensino fundamental e do ensino médio. Em sua trajetória, Rosane percebeu o quanto é cada vez mais comum as queixas das famílias no que diz respeito ao comportamento dos filhos, desde os pequenos – com suas frequentes birras – à tão temível adolescência. Seu propósito profissional, então, foi de encontrar um meio para ajudar mães e pais a se realizarem na maior e mais importante missão de suas vidas: a educação do seu filho.

Imagine a seguinte cena: mãe e filho estão em uma loja de departamento. O filho vê um brinquedo desejado e, ao receber o "hoje não" da mãe, joga-se no chão e começa a chorar.

Agora, vamos mudar a situação: o filho adolescente não desgruda o olho da tela do celular durante a refeição, enquanto o pai lhe pergunta como foi seu dia na escola.

Ainda temos os clássicos: "já falei um milhão de vezes e ele não me escuta", "guarde seus brinquedos, ou vou me livrar deles", "na minha época não era assim". Isso lhe soa familiar?

O que muitos pais e mães não sabem é que, apesar de não existir um manual, uma receita pronta, uma fórmula mágica, é possível sim ter filhos educados, responsáveis, amorosos, cooperativos e, o melhor de tudo, por meio de uma relação afetuosa, sem conflitos, sem desgaste e para a vida toda.

Filho não nasce com manual, mas os pais podem contar com a ajuda da educação parental

A educação parental tem o objetivo de orientar e guiar pais/mães/avós/cuidadores na formação de crianças e adolescentes, de forma científica, prática e assertiva, pela disciplina positiva.

Muitas vezes nós, pais e mães, temos a falsa crença de que, quando nossos filhos crescem, não sentem mais a necessidade da demonstração de afeto, de limites e, principalmente, da nossa presença; em verdade, existirá para sempre uma necessidade mútua de carinho, responsabilidade, compromisso e realização.

O primeiro passo para se (re)estabelecer uma relação de respeito e cumplicidade na família é garantir a existência de um laço forte que une a todos que fazem parte dela: a conexão.

Rosane Galante Almeida

Mas como construir a tão sonhada relação ideal (ou desejada) com os filhos – seja na infância ou, principalmente, se esses já se encontram na adolescência?

Felizmente, somos a primeira geração de pais capazes de encontrar na ciência a melhor forma de educar nossos filhos, de entender que não é com a punição que se consegue a disciplina, e que é possível ser gentil e firme para se construir uma relação afetiva por toda a vida.

A disciplina positiva, baseada nos princípios de Alfred Adler e desenvolvida pela estadunidense Jane Nelsen, é "construtiva, encorajadora, afirmativa, útil (...) e tem como propósito ensinar habilidades sociais e de vida aos seus filhos" (NELSEN, 2020).

Dentre as inúmeras ferramentas que a disciplina positiva nos propõe, destacamos as cinco atitudes que nós, pais e educadores, precisamos desenvolver para que de fato ela surta efeito. São elas:

- Ser respeitoso (gentil e firme ao mesmo tempo);
- Ajudar as crianças e adolescentes a se sentirem aceitos (conexão) e importantes (contribuição);
- Ensinar habilidades sociais e de vida valiosas para desenvolverem um bom caráter;
- Convidar as crianças e adolescentes a descobrirem que são capazes e a usarem seu poder de maneira construtiva.

Um bom exemplo de gentileza e firmeza a ser utilizado em uma situação de regras é usar a frase "Querido, eu amo você e a resposta é não" ou, então, "Você poderá jogar assim que terminar o dever de casa". O mais importante e talvez o mais difícil, mas que a longo prazo dará um resultado mais eficaz, é cumprir o que você diz que irá fazer.

Ser gentil não deve ser confundido com ser permissivo. Desde a mais tenra idade, limites devem ser estabelecidos de forma respeitosa. Talvez essa seja a forma mais assertiva para que, ao chegar na adolescência, os pais não tenham a sensação de "já ter tentado de tudo", sem obter sucesso.

Criar conexão com os filhos demanda tempo de qualidade. Por mais que nos custe, nesta vida corrida que vivemos, a melhor forma de demonstrar nosso afeto e o quanto nossos filhos são importantes é estar, verdadeiramente, por alguns momentos do dia, ao lado deles. E acreditem, o tempo que passamos ao lado dos nossos filhos passa muito rápido. Entre a infância e a adolescência, quando eles já não exigem tanto nossa companhia, o intervalo de tempo é curto. Tempo para ouvir e para ser ouvido – de preferência, sem distrações – é fundamental para uma relação afetuosa entre pais e filhos.

Mãos à obra! Ferramentas poderosas da disciplina positiva

Tratando-se de família, não existe um padrão, um modelo e, portanto, não é possível existir um manual a ser seguido na educação dos filhos. Entretanto, a disciplina positiva elenca algumas ações que, comprovadamente, contribuem para que a relação entre pais/filhos, professores/alunos, adultos/crianças sejam harmoniosas, afetuosas e, acima de tudo, respeitosas.

De forma resumida, algumas estratégias simples que fazem uma enorme diferença a longo prazo:

Reuniões de família – um momento semanal para discutir assuntos, compartilhar sentimentos, elaborar soluções para situações diversas. As crianças e os adolescentes aprendem habilidades sociais e de vida durante as reuniões. Também é uma excelente oportunidade para ouvir e ser ouvido.

Escolhas limitadas – ofereça duas escolhas e acrescente "você decide" ao final da frase. Isso será empoderador e evitará discussões.

Momento especial – reserve um tempo no dia, na semana ou no mês para fazer algo que não seja habitual. É dessa forma que a conexão entre vocês se consolidará. Caso tenha mais de um filho, é importante que tenha um momento único com cada um deles.

Limite o uso de eletrônicos/telas – essa estratégia não se aplica apenas aos nossos filhos, mas a nós, principalmente quando estamos com eles.

Pausa positiva – o objetivo da pausa positiva é acalmar uma situação de conflito. Com os filhos, escolher um local da casa para se acalmar. Escolham um nome para esse lugar e, quando você estiver perdendo o controle sobre alguma situação, seja o exemplo e use o espaço para se acalmar. O tempo para ficar no local não precisa ser predefinido.

Empodere seus filhos – "uma criança precisa de encorajamento, tal como uma planta precisa de água" (RUDOLF DREIKURS).

Foque em buscar soluções juntos, demonstre confiança, pergunte com frequência: "como você se sente?", "como isso que você quer vai afetar sua vida?", "como você poderia fazer isso de outra forma?

Controle o seu comportamento – alguém já disse que, se a palavra convence, o exemplo arrasta. A conduta dos nossos filhos tende a ser semelhante ao nosso agir. E quando cometer erros, desculpe-se com seu filho, será uma grande oportunidade de ensiná-lo a agir de forma respeitosa.

Escuta ativa – reservar um tempo durante a semana para sentar em silêncio ao lado dos filhos. Caso eles perguntem algo, diga apenas que quer ficar com eles por alguns momentos. Ouvir sem julgar, se defender ou explicar.

Abrace seu filho – parece algo óbvio e desnecessário ser lembrado, mas o abraço é capaz de inibir uma birra, acalmar um adolescente enraivecido e transformar uma briga em um agradável momento de conexão. Troque o sermão por um abraço e descubra uma forma inédita de evitar uma confusão.

Referências

GOLEMAN, D. *Inteligência emocional: a teoria revolucionária que define o que é ser inteligente.* Rio de Janeiro: Objetiva, 2012.

NELSEN, J. *Disciplina Positiva.* São Paulo: Manole, 2015.

NELSEN, J.; BILL, K.; MARCHESE, J. *Disciplina Positiva para pais ocupados: como equilibrar vida profissional e criação de filhos.* São Paulo: Manole, 2020.

NELSEN, J., LOTT, L.; GLEN, S. *Disciplina Positiva de A a Z: 1001 soluções para os desafios da parentalidade.* São Paulo: Manole 2020.

PERRY, P. *O livro que você gostaria que seus pais tivessem lido (e seus filhos ficarão gratos por você ler).* Rio de Janeiro: Fontanar, 2020.

37

FIRMEZA E GENTILEZA
GRANDE DESAFIO PARA
PAIS E PROFESSORES

Segundo Rudolf Dreikurs, nosso grande desafio como pais é "nos tornarmos companheiros dos nossos filhos, sábios o bastante para guiar seus caminhos e capazes o suficiente para orientá-los, sem permitir que se tornem rebeldes, e, também, sem reprimi-los". Esse desafio ocorre também no contexto escolar, em que professores e gestores ficam perdidos e inseguros e, muitas vezes, recorrem ora ao autoritarismo, ora à permissividade e negligência. Desse modo, nossas crianças e adolescentes crescem sem um ambiente familiar e escolar que proporcione a segurança e o direcionamento adequados ao seu desenvolvimento.

ROSANIA MARIA INÁCIO FERREIRA

Rosania Maria Inácio Ferreira

Contatos
rosaniamif@yahoo.com.br
Instagram: @rosaniai
Facebook: Rosania Maria Inácio Ferreira
62 99213 4368

Licenciada em Letras Vernáculas e especialista em Linguística – UFG. Professora de redação no Colégio WRJ e Colégio Arena, com mais de 25 anos de experiência. MBA em Gestão de Pessoas por Competências e *Coaching* – IPOG. Programação Neurolinguística (PNL) – US. Formação em Eneagrama – Instituto Eneagrama Shalom. Pedagogia Sistêmica – IDESV. Formação em Abordagem Sistêmico-fenomenológica – IDESV. Formação em Constelação Individual com Bonecos e Âncoras – Clínica Enteléquia. Formação em Disciplina Positiva – Positive Discipline Association. Formação em Educação Socioemocional e Vivências Socioemocionais para Professores – Instituto Ser Educativo. Educadora parental, apaixonada pela educação e pelo desenvolvimento humano.

Sabemos que relacionamento é um grande desafio para muitos de nós, e não seria diferente no relacionamento entre pais e filhos ou professores e alunos. Assumir a responsabilidade de cuidar e educar outro ser humano é, no meu ponto de vista, uma enorme prova de coragem (ação do coração – no sentido etimológico da palavra) e exige de nós, pais, habilidades que não temos ou que ainda não estão completamente desenvolvidas.

Quando me tornei mãe pela primeira vez, tinha 25 anos e estava concluindo minha pós-graduação em Linguística. Então, o cenário do nascimento do meu primeiro filho foi este: mãe jovem, inexperiente e ansiosa. O desejo de fazer tudo certo e "perfeito", somado à falta de conhecimento e experiência para conduzir os desafios da maternidade, levaram-me, pela primeira vez, ao consultório de uma psicóloga. Sofria e fazia sofrer buscando uma perfeição inexistente, pois ainda não tinha compreensão sobre uma verdade simples e inquestionável, "viver é experimentar riscos, incertezas e se expor emocionalmente. Mas isso não precisa ser algo ruim" (Brené Brown, 2016).

Depois de oito anos, meu segundo filho chegou e, por sorte dele, encontrou uma mãe não tão jovem, já com alguma experiência e com a terapia em andamento. Estava mais cansada? Sim. A disposição para as infinitas festinhas de coleguinhas era menor? Certamente. Mas já estava menos ansiosa e com a "caixinha de ferramentas" para educar mais organizada e com mais recursos. Desse modo, esse novo contexto fez grande diferença no desenvolvimento do meu segundo filho, já que era uma mãe menos exigente e estressada, mais paciente e tolerante. Conteúdo também trabalhado na terapia. E, afinal, entendi que dei para cada filho o melhor de mim naquele período, o que era capaz de oferecer; e compreendi que só podemos dar aquilo que existe em nós; só podemos cuidar do outro se cuidarmos primeiramente de nós mesmos.

Falei um pouco da minha história para dizer algo simples e que considero irrefutável: educar não é fácil, e eu assumi essa tarefa duas vezes, primeiramente, como professora de adolescentes e depois como mãe. Assim, é

Rosania Maria Inácio Ferreira

necessário compreendermos que precisamos zelar pela segurança dos nossos filhos, cuidar da alimentação, higiene, saúde, lazer e, também, escolher a instituição de ensino que irá contribuir para a formação deles. Ainda devemos nos ocupar dos valores éticos e da saúde emocional das nossas crianças e jovens. Percebemos, por consequência, que são muitas escolhas difíceis e nos sentimos inseguros e "perdidos".

Concordo quando Rudolf Dreikurs afirma que:

> Não sabemos o que fazer com nossos filhos, porque os métodos tradicionais não funcionam mais e nós não aprendemos métodos novos que possam substituí-los.
> (RUDOLF DREIKURS, 1964)

E se eu errar? Nesse sentido, inúmeras questões tumultuam nossos pensamentos e nos inquietam: devo colocá-lo de castigo? Seria melhor usar o cantinho do pensamento? E algumas palmadas para definir os limites? Vivemos perdidos com o excesso de informações de um lado e, de outro, com a falta de informações coerentes e de qualidade. Além disso, nem sempre sabemos onde ou como procurar ajuda, não é verdade?

Desse modo, para refletirmos sobre a importante tarefa de educar, gostaria de explorar, ainda que superficialmente, os estilos parentais: permissivo, autoritário, negligente e encorajador. Se você nunca ouviu falar a respeito, sugiro que procure ler sobre o tema e, se possível, faça o teste do pesquisador e clínico psicológico John Gottman "Avaliando seu estilo parental". Primeiramente, falaremos sobre o estilo parental permissivo (importante lembrar que na mesma casa/família, pai e mãe podem apresentar estilos diferentes).

Então, vamos começar! Pais permissivos são pouco exigentes, temem frustrar os filhos ou comprometer sua autoestima e apresentam dificuldade para definir limites. Geralmente, os pais permissivos sentem culpa e tentam compensar os filhos sendo gentis, compreensivos e "bonzinhos" o tempo todo. É comum também que assumam o papel de consertarem tudo, não permitindo que as crianças e/ou os adolescentes arquem com as consequências de suas escolhas e decisões. Afinal, a responsabilidade é sempre do outro: do coleguinha, do vizinho, do professor e da escola, não é mesmo?

Atitude essa que percebo de forma recorrente no contexto escolar. Pais que superprotegem os filhos e são capazes de, até mesmo, apresentar um atestado duvidoso para garantir benefícios e facilidades para si mesmos (já que não querem desgaste em casa) e também para o filho.

322 Disciplina e afeto

Já o estilo parental autoritário é bem diferente e vai para o outro extremo. Os pais são muito exigentes e cobram obediência, são controladores e acreditam na eficiência da ameaça, punição e castigo para educar e conseguir o que desejam dos filhos como padrão de comportamento. Esse estilo de educação traz como efeito a falta de autonomia e a dependência por aprovação. Assim, os filhos demoram um pouco mais para amadurecer e crescem inseguros para tomar decisões e fazer escolhas. É necessário lembrar que pais muito rígidos e críticos comprometem o vínculo afetivo com os filhos e, consequentemente, o diálogo e a confiança.

O terceiro estilo parental é o negligente. É como se esses pais tivessem desistido da função de educadores, por isso buscam terceirizar a educação do filho. São pais ausentes fisicamente (estão muito ocupados com outros interesses) e emocionalmente, portanto não estão disponíveis para a tarefa de educar. Em famílias assim, é comum a inversão de papéis e os filhos (ainda sem maturidade) exercem a liderança na família. Como efeito perigoso, os filhos podem buscar outros grupos para satisfazer a sua necessidade de pertencimento e segurança; contexto que deixa o adolescente muito vulnerável. Nesse modelo de educação, os jovens tendem a ser mais impulsivos e apresentam maior disposição para se envolver em situações de risco para eles.

Falemos agora do quarto estilo parental, o encorajador. Esse estilo parental traz maior equilíbrio e vínculo mais saudável para a relação entre pais e filhos, pois os pais assumem a liderança na família e agem como um preparador emocional. Acreditamos que esse estilo parental seja o mais assertivo para conseguir equilibrar a gentileza e a firmeza. Esses pais conseguem estabelecer limites claros e são consistentes em suas ações, além disso, conseguem dialogar com os filhos e legitimar suas emoções.

Fácil? Não mesmo. Para conseguirmos esse equilíbrio, é necessário desenvolvermos habilidades importantes e necessárias para qualquer relacionamento: escuta ativa, comunicação não violenta, flexibilidade e empatia. Devemos ainda cuidar da nossa saúde mental, das nossas emoções e curar as feridas da nossa infância. E isso não é nada fácil, principalmente, porque não somos pais em período integral, somos também profissionais (das mais diversas áreas), marido/esposa, irmãos, filhos... enfim, exercemos muitos outros papéis.

Portanto, para educar de forma mais consistente e eficiente, é necessário pensar na formação integral dos nossos filhos, e para esse fim precisamos estudar e buscar novas ferramentas para realizarmos as intervenções indispensáveis no processo de formação das crianças e jovens. Conhecer, por exemplo, as necessidades humanas universais pode ser muito útil para compreendermos muitos dos comportamentos dos nossos filhos e também os efeitos das nossas ações na formação deles. O ser humano precisa de segurança, conforto e ordem. Também precisa da validação do seu grupo, sentir que é importante e necessário. Além disso, é fundamental sentir-se amado e ter conexão com aqueles que são importantes para nós. E quem seria mais importante do que o pai e a mãe?

O ser humano ainda precisa de crescimento físico, emocional, intelectual e espiritual, mas, infelizmente, hoje olhamos quase que somente para a formação intelectual dos filhos e deixamos de observar quantas outras necessidades existem. Assim sendo, caso tenha interesse e disposição para iniciar sua jornada de estudo, sugiro que conheçam o autor Anthony Robbins, importante *coach* estadunidense e responsável pela popularização da Programação Neurolinguística.

Mudar não é tarefa fácil, pois é tentador permanecer em nossa zona de conforto e fazer sempre o mesmo aguardando resultados diferentes. Dessa maneira, devemos ter consciência de que, para mudar, não basta a vontade. É necessário entender que a mudança desejada acontece aos poucos, em etapas.

Primeiro vem o desejo de mudar, depois nos conscientizamos dos problemas e necessidades reais. Mais tarde, chega o momento da aceitação (difícil e, às vezes, doloroso – descobrimos que não nos cabe mudar o outro e que devemos nos ocupar da nossa própria transformação), e, por fim, chegamos ao desafiador momento de fazer novas e diferentes escolhas. Se desejamos educar de maneira humanizada, consciente e equilibrada, devemos estar dispostos a mudar, a olhar para nós e buscar o nosso desenvolvimento pessoal. Vale lembrar que, nós, pais, somos o primeiro e mais importante modelo para nossos filhos; e ainda que não pareça, eles estão sempre atentos ao nosso comportamento.

Brené Brown (2016) constatou em suas pesquisas o quanto a humilhação e a vergonha comprometem a conexão com o outro (lembra das necessidades humanas?). Assim sendo, quando humilhamos nossos filhos, fazemos com que se sintam inadequados, inapropriados e não merecedores do afeto do outro. E isso é muito desastroso para a formação e desenvolvimento do cérebro da criança/adolescente, pois deixará marcas profundas por toda a sua vida. Mais tarde, essas marcas exercerão influência em seus futuros relacionamentos e também em sua vida profissional, afetando sua confiança e autonomia por toda a sua vida.

É indiscutível, portanto, a necessidade de rever os paradigmas da educação. Precisamos compreender que a rejeição, o julgamento, a punição e até mesmo a manipulação provocam efeitos desastrosos na formação e no desenvolvimento dos nossos filhos. É igualmente importante entender que aceitação, compreensão, participação e diálogo não significam falta de limites, de rotina e permissividade. As crianças e os adolescentes precisam da nossa presença física e emocional, precisam saber que estão seguros e que são amados por nós, pais, independentemente de suas realizações acadêmicas ou de sua obediência. Para tudo isso, precisamos de tempo, paciência, ferramentas adequadas e disponibilidade.

Lembro com satisfação da palestra do educador Mário Sérgio Cortella, quando ele compara a "pamonhada" (tradição goiana e mineira de reunir a família para preparar a tradicional e deliciosa pamonha) com a preparação do miojo ou as refeições *fast food*, tão populares em nossos dias (se ainda não assistiu, recomendo). Educar é como participar de uma "pamonhada", o processo é lento e trabalhoso, envolve muitas etapas, faz bagunça por toda a casa. E além de fazer a pamonha, providenciar o café e lembrar que alguns preferem com refrigerante, ainda temos que diversificar: pamonha de doce, de sal, com e sem pimenta, com queijo e linguiça, assada, frita... E sempre terá alguém para pedir uma com jiló e carne de sol (cada qual com sua preferência, não é mesmo?). E somente no final da tarde, já exaustos, teremos tempo e disposição para sentarmos na varanda e apreciar a satisfação de vermos a casa limpa, a família reunida em volta da mesa, ouvir o riso e também as desavenças das crianças e desfrutar da pamonha quentinha no prato, pronta para ser saboreada.

Educar é assim também, precisamos de tempo, paciência, constância em nossas ações e, muitas vezes, nos sentiremos exaustos no caminho. Em muitos momentos, teremos a impressão que estamos "trabalhando em vão", que nossos filhos não nos ouvem, que todas as ferramentas utilizadas levaram a lugar algum. Mas, no final da tarde de um dia qualquer, vamos olhar para aquele ser humano (quase adulto ou já adulto) e enxergaremos nele uma pessoa de bem, equilibrada, feliz e capaz de conduzir a própria vida. Então, veremos o resultado de tudo que semeamos ao longo dos anos e desfrutaremos da agradável sensação de dever cumprido, pois fizemos o nosso melhor. E isso é algo que não tem preço!

Rosania Maria Inácio Ferreira

Referências

BROWN, B. *A coragem de ser imperfeito*. Rio de Janeiro: Sextante, 2016.

CORTELLA, M. S. *Cortella e a despamonhalização da vida*. YouTube, 28 de janeiro de 2015. Disponível em: <https://www.youtube.com/watch?-v=x3Eu8oN9_4Q>. Acesso em: 4 jul. de 2022.

DREIKURS, R. *Liberalismo x Repressão: uma orientação segura para os dilemas de pais e filhos*. Rio de Janeiro: Record, 1964.

NELSEN, J; LOTT, L. *Disciplina positiva para adolescentes*. Barueri: Manole, 2019.

ROSEMBERG, M. B. *Vivendo a comunicação não violenta*. Rio de Janeiro: Sextante, 2019.

SIEGEL, D. J.; HARTZELL, M. *Parentalidade consciente*. São Paulo: nVersos, 2020.

38

UMA CONEXÃO ENTRE A DISCIPLINA E O AFETO

Diante da busca pelo conhecimento no que diz respeito à educação, faço uma reflexão sobre a minha família. Eu e meu esposo viemos de famílias diferentes, com costumes e valores diferentes, mas quando namorávamos, os nossos sonhos e projetos para construirmos uma família eram os mesmos. E assim nasceu a nossa família. Temos dois filhos: a Carolina, de 9 anos, e o João Paulo, de 15 anos. Quando o assunto é educação, disciplina e regras, nos deparamos com as crenças que nos foram herdadas das nossas famílias, das nossas infâncias e, sem querer, acabamos repetindo-as com os nossos filhos.

ROSELANY JUNGER DA SILVA

Roselany Junger da Silva

Contatos
rosejungerjp@gmail.com
Instagram: @rose_junger
21 96468 3274

Professora graduada pela UNILASALLE – Rio de Janeiro (2005), com pós-graduação em Educação Infantil e Desenvolvimento pela Universidade Candido Mendes, pós-graduação em Gestão Estratégica de Investimento da Educação Básica, Escola Nacional de Saúde Pública Sergio Arouca – da Fundação Oswaldo Cruz – FIOCRUZ, Extensão A Creche e o Trabalho Cotidiano com Crianças de 0 a 3 anos, PUC-RIO. Formada em *Coach* Integral Sistêmico pela Febracis; educadora parental, pela Parent Coaching Brasil; pós-graduanda em *Parent Coaching* e Inteligência Emocional, pela Parent Coaching; e mestranda em Educação, pela Universidade Internacional Ibero-Americana. Facilitadora em parentalidade consciente; certificação internacional pela Academia da Parentalidade Consciente.

Mas, se não há a busca, não há o conhecimento e, se o conhecimento não chegar, não haverá mudança. Por esse motivo, não podemos parar de buscar. Cada vez mais eu, como mãe, busco fortalecer minhas emoções para que eu seja exemplo, muito mais pelas minhas atitudes do que das minhas palavras. Ser exemplo, ser real, acertar, mas quando falhar, mostrar, conversar, dialogar. E não deixar de buscar os valores da minha família. Com certeza, agindo assim, fortalecerei as emoções dos meus filhos.

Uma família emocionalmente fortalecida nos princípios e nos valores cria filhos fortes e felizes, provocando um relacionamento saudável entre todos os membros da família.

Em busca da conexão

O resultado dessa busca pela disciplina com afeto está sendo positivo dia após dia. Quando os pais pensam que, para se tornar pai e mãe não precisam se preparar, enganam-se! Pai e mãe precisam buscar conhecimento de como criar filhos, mesmo quando acontece acidentalmente, filhos não pedem para vir ao mundo e, por esse motivo, não merecem ser desrespeitados por adultos que acham que têm o poder sobre o filho. Respeite e entenda cada fase, cada momento na vida da criança, isso facilitará o processo em praticamente 99%. Não digo ser permissivo, digo buscar e entender como agir em cada fase, entender que o tempo da criança é diferente do nosso. Quanto menor é a criança, mais imaturo é o cérebro dela. Entender que, quando uma criança está com sono, fome, provavelmente, ela ficará mais propícia a desencadear um comportamento inadequado. Imagine você sentindo algumas dessas coisas sem conseguir se comunicar, se expressar. Assim acontece com a criança. Em alguns momentos, ela não consegue se expressar, então pare, respire e tenha o olhar para o que está acontecendo, porque uma criança chorando, fazendo birra e um adulto gritando não combinam com disciplina e, muito menos, com afeto. **E tem hora que temos que nos dar um "não".** Será que é hora,

Roselany Junger da Silva

será que é necessário tirar a criança da sua rotina? Caso seja necessário, combine, organize-se e evite que o desconforto aconteça. Combine, converse, fale com a criança o que está acontecendo e o que vai acontecer. Com isso, a criança estará preparada para ouvir um "não". Se você informa que está indo ao supermercado para comprar somente ovo e, quando ela chegar lá e pedir um chocolate, você vai dizer: "lembra que eu falei que compraria somente o ovo?". Mesmo que a criança chore, insista, você vai continuar firme dizendo que o combinado foi comprar ovo. Ela irá chorar e se frustrar por não ganhar o chocolate, mas ela estará se preparando para os próximos combinados. Por isso, não ceda no primeiro choro, isso faz parte. Você não precisa gritar, bater e, muito menos, chorar por isso. Mas cumprindo com a palavra, você construirá e fortalecerá os laços afetivos. Ao chegar em casa, com a criança mais calma, não se esqueça de conversar, lembrar os combinados. É preciso que a criança se expresse e sinta que foi ouvida. Educar filhos nunca foi fácil e nunca será. Iremos sempre nos deparar com desafios.

Como você se sente quando é desafiado pela criança?

Você já parou para pensar que, em muitos momentos, nós estamos desafiando os nossos filhos? Estamos desafiando porque queremos enxergar o mundo deles pelo nosso. Somos seres ocupados com tudo, dividimos o tempo de qualidade com as nossas tarefas, incluímos tudo e deixamos o restante para os filhos. O contato olho no olho, o diálogo, o tempo de qualidade precisam estar presentes em uma atenção real, independentemente da sua idade, da sua fase, do seu momento. Filhos querem abraços, carinho, orientação, diálogo e palavras que fortaleçam as relações. E quando a criança percebe toda essa ausência – de carinho, afeto, tempo de qualidade –, ela começa a agir de forma que nós, adultos, traduzimos como indisciplina, birra. Encaramos como se a criança estivesse nos desafiando, quando na verdade ela só precisa ser vista, ser lembrada, ser envolvida naquela estrutura familiar.

Segundo Sara Braga, é essencial que nós, como pais, não isentemos a criança de suas responsabilidades. "Devemos atribuir a ela somente aquilo que ela é capaz de responder".

No cotidiano, nas pequenas coisas do dia a dia, devemos ensinar a criança a participar de tarefas de acordo com a faixa etária.

- 2 a 3 anos: a criança já consegue guardar os brinquedos, colocar as roupas sujas no cesto.

Disciplina e afeto

- 4 a 5 anos: ela consegue organizar os livros e brinquedos, recolher os pratos da mesa.
- 6 a 7 anos: é capaz de dobrar a própria coberta, ajudar a guardar as compras do supermercado.
- 8 a 9 anos: já consegue preparar lanches simples, ajudar nas tarefas de casa como, por exemplo, tirar o pó da mesa de estudo.
- 10 a 11 anos: recolher a roupa do varal, lavar a louça.
- 12 a 13 anos: ela já está na fase da pré-adolescência e pode realizar algumas tarefas sem supervisão, como deixar os pertences nos lugares combinados, organizar e preparar seus lanches e atividades do dia a dia. Pode também fazer algumas compras e ajudar na organização das contas da casa.

Se a colaboração for estimulada desde a infância, quando os filhos chegarem na adolescência, os hábitos estarão tão naturais que eles farão as atividades por conta própria. Ainda assim, caso deseje começar a estimular a colaboração com adolescentes, a partir dos 14 anos, também é possível, porém vai exigir um pouco mais de diálogo e paciência.

Quando a criança participa nas tarefas da casa, ela estará adquirindo autonomia, autorresponsabilidade, além de fortalecer o seu sentimento de que é parte integrante da família. Participar do dia a dia da rotina da família é muito mais importante do que imaginamos. Essa criança, muito mais cedo, torna-se capaz de enfrentar desafios. Muitas vezes, os responsáveis precisam colocar na balança e entender que a criança quer essa autonomia. Porém, as tarefas precisam ser propostas de maneira compreensiva e equilibrada. Para que um momento de desafio e crescimento seja realizado com a colaboração do cuidado e afeto e das exigências e dos limites entre o saber e o fazer nas atividades diárias.

> Ouçam, meus filhos, a instrução de um pai; estejam atentos,
> e obterão discernimento. O ensino que lhes ofereço é bom;
> por isso não abandonem a minha instrução.
> Provérbios 4:1,2

Conforme Provérbios, como pai e mãe, devemos instruir nossos filhos para que eles fiquem atentos e tenham entendimento de todo o ensinamento. Os pais são instrumentos de Deus na educação dos seus filhos, daí a importância dos pais instruírem e praticarem o que falam. Exemplo: se eu digo que não é legal gritar com as pessoas, eu não posso gritar com ninguém.

Porque o exemplo é uma confiança que vai sendo construída dia após dia. As palavras e o diálogo são de fundamental importância, mas o exemplo irá fortalecer e fazer permanecer cada ensinamento.

A forma como você lida com o seu filho na infância é a forma de como ele vai lidar com o mundo. Se você não ensina a disciplina, o autocontrole na infância, ele se tornará um adulto sem limite. A disciplina é um ato de amor com os nossos filhos. Na disciplina é que a criança aprende os seus direitos e deveres, é o momento em que se sente segura e amada.

E quando você se pergunta: "Não sei o que fazer, meu filho não me ouve, não me obedece". A disciplina acontece por meio de um planejamento de algo que para você seja simples, mas para a criança é muito complicado. Exemplo: pedir para a criança arrumar a cama e sair sem dar uma orientação. Para você é simples, mas ela vai ficar sem saber por onde começar. Então, chame seu filho e oriente-o sobre como deve ser feito e acompanhe essa arrumação por alguns dias. Caso veja dificuldade, tenha calma, respire e faça você mesmo, explicando como deve ser feito. Disciplinar com afeto é sempre a melhor opção. Deixe marcas positivas no seu filho e não traumas.

Os pais são modelos, são exemplos para os filhos, sejam coerentes com seus filhos. Não será fácil, mas é possível. E lembre-se que, para quem tem mais de um filho, cada filho reage de um jeito, não tem receita de bolo, mas a disciplina para cada fase é indispensável. Um filho de dois anos irá reagir diferente de uma criança de sete anos, aplicar a disciplina em diferentes contextos e com crianças diferentes vai precisar de um olhar e uma escuta sensível. Os pais têm um coração ensinável e nem tudo o que precisam irão encontrar em livros, mas sim em um diálogo entre você e outro. Porém, a busca será sempre necessária.

A conexão para uma relação de disciplina e afeto acontece a partir do autoconhecimento, a busca por ser quem você e para que você veio ao mundo. Quando sabemos realmente quem somos, conseguimos nos conectar com o outro de forma extraordinária.

Pais emocionalmente saudáveis educam filhos fortes emocionalmente.

Referências

VALADÃO, A. P. *Bíblia: mulheres diante do trono*. São Paulo: Mundo Cristão, 2014.

VIEIRA, P.; BRAGA, S. *Educar, amar e dar limites: os princípios para criar filhos vitoriosos*. São Paulo: Gente, 2021.

39

SÓ O AMOR CONSTRÓI

Neste capítulo, abordaremos como a afetividade tem um papel importante na vida de nossos filhos e educandos. Em muitas ocasiões, o carinho, a compreensão ficam a desejar, prejudicando as relações. Como sabemos, cada um de nós tem sua personalidade, anseios e vivências que nos acompanham desde a fecundação. E essas lembranças marcarão a forma como vamos nos relacionar com a família e o grupo no qual estamos inseridos.

SIMONE DE SOUZA RAMOS

Simone de Souza Ramos

Contatos
simone_ramospk1@hotmail.com
48 99154 7967

Pedagoga e psicopedagoga com especialização em Séries Iniciais e Educação Infantil e especialização em Gestão, Supervisão e Orientação Educacional. Nesses 25 anos no magistério, lecionou em várias escolas e atuou como coordenadora pedagógica na Secretaria da Educação e, atualmente, ocupa a função de orientadora pedagógica no CEI Leãozinho.

A obra *O pequeno príncipe* mostra que o amor e a afetividade são as bases fundamentais para as relações que estabelecemos com os outros. Adeus, disse a raposa:

— É muito simples: a gente só vê bem quando vê com o coração. O essencial é invisível aos olhos. Foi o tempo que perdeu com sua raposa que a tornou tão importante. Os homens esqueceram essa verdade. Mas você não deve esquecê-la. Você é eternamente responsável por aquilo que cativou. É responsável por sua rosa.

Não há como compreender o outro se realmente não quisermos fazê-lo com o coração. Olhar no olho, ver o outro na sua totalidade.

O coração alheio é, muitas vezes, uma pedra que precisa ser lapidada, a paciência e o amor são excelentes ferramentas nesse processo.

Na escola nos deparamos com situações bem difíceis, alunos com falta de limites, agressivos, mal-humorados. Ao recorrer a família, nota-se que a mesma também está enfrentando problemas, muitas vezes sem saber o que fazer.

A afetividade é fundamental em todas as relações. Ao perceber que alguém realmente se importa, que nos quer bem, fica mais fácil a aproximação e, consequentemente, esse vínculo de amizade contribuirá para uma relação de harmonia e aprendizado.

Segundo Siqueira, na obra *50 coisas que os pais nunca devem dizer aos filhos*, quando seu filho praticar um ato contrário ao bom senso, diga-lhe: "O que você fez agora não está correto, mas sei que você pode fazer o que é certo, todos nós nascemos com muitos talentos e habilidades e você deve desenvolvê-los".

A partir dessa concepção, percebemos como as palavras são fortes e devem ser pensadas, buscando a melhor maneira de referir-se ao outro.

Fazendo uma breve retrospectiva na minha prática docente, lembro quando tive alguns alunos com problemas de indisciplina, agressividade, sendo difícil sua relação com a escola.

Procurava compreender sua individualidade, saber um pouco de sua vida, aos poucos ia me aproximando, construindo um vínculo, procurando ver suas reais necessidades, adentrando naquela amargura que a vida encarregou-se de tecer, ia mostrando que podia confiar em mim. Uns demoravam mais tempo, outros menos, sendo extremamente compensador ver a mudança acontecendo na vida deles.

Segundo Levisky (1995), "a adolescência é um processo que ocorre durante o desenvolvimento evolutivo do indivíduo, caracterizado por uma revolução biopsicossocial. A intensidade das vivências desse momento é traduzida pela palavra 'revolução' uma vez que a adolescência é realmente uma transformação radical,uma agitação que se dá no cerne do EU".

Conviver com adolescentes e crianças requer constantes momentos de empatia, compreensão, carinho e amor.

Estão construindo sua personalidade, sua maneira de pensar e reagir mediante as situações.

Muitas vezes, quando são rebeldes, pensamos que o chamar de atenção dizendo como tem que seguir, será absolutamente aceito. Eles irão obedecer aos comandos porque é assim tem que ser. Porém, muitos indivíduos possuem uma boa resiliência, lidam com suas frustrações, dramas de maneira tranquila, ou pelo menos guardam para si, conseguindo relacionar-se bem com as demais pessoas.

Por outro lado, alguns de nós não são tão passivos assim, sua dor, angústia, muitas vezes, é algo que ele nem sabe ao certo do que se trata, isso só o perturba, uma dor invisível que acomete o seu pensar, o seu agir.

E até você compreender do que se trata, ou que isso acontece, muitas relações são afetadas, desorganizadas.

Como citei anteriormente, muitas vezes deparei-me com essas situações.

Assim, buscava nas leituras, nas vivências, nas observações as respostas, e a que vinha em primeiro lugar era uma frase que minha amada mãe, dona Suézia, sempre diz: só o amor constrói.

Desde pequena, observava minha mãe elaborando suas aulas e via quanto amor e carinho ela dedicava àqueles momentos.

Meu pai e minha mãe foram os melhores professores de como ensinar com amor.

Mas voltemos as minhas experiências docentes que contribuíram para fortalecer o meu pensamento sobre amar e educar. Dei aulas particulares para alunos com dificuldades de aprendizagem. Chegavam sem ânimo e, à

336 Disciplina e afeto

medida que o tempo passava, criávamos um vínculo de amizade e confiança. Eles percebiam que, realmente, eu queria o seu bem, com amizade e empatia.

E depois de um tempo, eles enxergavam em mim mais que sua professora, mas alguém que eles podiam confiar e, gradativamente, a amizade ia acontecendo, a confiança e, consequentemente, a aprendizagem melhorava, mostrando a eles seu real potencial.

De acordo com Antoine de Saint-Exupéry:

> Vocês não são absolutamente iguais a minha rosa, não são nada ainda. Ninguém cativou vocês e vocês não cativaram ninguém. São como minha raposa era. Era uma raposa igual a cem mil outras. Mas eu a tornei minha amiga e, por isso, agora, ela é única no mundo.

Que bela é a palavra cativar! Ser afetuoso, mostrar ao outro como você se preocupa.

Sua flor, mesmo em meio a milhões, era a única, porque era a sua flor. Sendo assim, ele dedicou seu tempo a ela. Certa vez, em uma escola que trabalhei, conheci um menino que mostrava em suas atitudes que não gostava de estar na escola, volta e meio brigava com seus colegas, não respeitava os professores.

Porém, quando eu olhava nos seus olhos, via além de todas aquelas atitudes, era um adolescente assustado, sofrido, que, ao seu modo, estava pedindo ajuda.

Nos primeiros dias, quando ele fazia algo errado, eu conversava tentando conhecer sua realidade, onde ele morava, como era sua família.

Mediante o que ele mencionou, resolvi fazer uma visita a sua família. Chegando lá, compreendi várias de suas atitudes. Sua família estava passando por um momento delicado. Nós, como escola, ajudamos no que estava ao nosso alcance.

Ao retornar para minha sala, com meus alunos, o menino já não estava tão arredio. Aos poucos, fomos construindo uma amizade. No recreio, ele vinha conversar, contando como estava sua família, eu procurava ouvir e, no possível, ajudar. Porque, na maioria das vezes, só ouvir o outro já mostra que você realmente se importa, que sente afeto por ele, ele por você, porque você o cativou.

"A sociedade não está dividida em grupo de acordo com suas gerações. Os pais podem estar criando tiranos e não educando seus filhos para futuros cidadãos. Fazem tudo o que eles exigem por temor de perder o amor dos filhos."

Como relata Içami Tiba, há uma questão que atinge educadores e pais. Oferecer uma educação que seja correta, mais perto do esperado, é bom para um crescimento saudável, pois auxilia o ser humano nos seus aspectos sociais, cognitivos, físicos e emocionais.

Proporcionar um limite que instrua com sabedoria, auxiliando o filho a conquistar sua liberdade, seu espaço, de forma equilibrada, altruísta e ciente dos seus direitos e deveres.

Conversando com uma professora, na escola em que trabalhei, ela pediu-me que eu chamasse os pais, pois um aluno de sua turma não queria seguir as normas da escola.

Quando ela pedia que ele a ouvisse, que realizasse as atividades propostas, ele não atendia. Queria que sua vontade prevalecesse em praticamente todas as situações.

A mãe, logo que solicitei sua presença, veio prontamente. Eu e a professora, então, conversamos com ela sobre o que estava acontecendo com seu filho em sala.

A mãe fitou o olhar na professora e disse:

— Sabe, professora, ele faz isso em casa também. Eu trabalho o dia todo e fico pouco tempo com meu filho. Quando ele faz isso em casa, essas peraltices, eu faço que não vejo. Em outros momentos, cedo, fazendo todas as vontades, pois trabalho o dia todo, tenho medo dele não gostar de mim.

Então, conversamos com a mãe, procurando mostrar a ela que não é bem assim que as coisas deveriam acontecer. Assim não estava ajudando seu filho. Passamos algumas orientações e encaminhamos a questão para nossa psicóloga escolar.

Içami Tiba afirma que: "Os pais precisam ficar atentos para perceber seus desejos e ter a perspicácia de identificar as capacidades das crianças. Devem lembrar-se a toda hora de que seu filho vai crescer e de que o gesto de amor mais profundo não é somente abraçar, pegar no colo; mas também estarem presentes em todas as pequenas conquistas, assim a criança adquire confiança de fazer. E uma vez que tenha aprendido a realizar algo, adquire a liberdade de fazê-lo ou não. Se não souber fazer, a criança será prisioneira da sua própria ignorância".

A sociedade atual tem diferentes tipos de educação dos filhos; uma delas é dar à criança, ao adolescente o que se pode comprar, enchê-los de presentes. São mimados, porém, pouco ensinados a encarar a vida como ela é realmente.

O mais interessante é você ajudar seu filho a construir suas vivências como, por exemplo: criar com elas um avião de brinquedo, de papel, passo a passo, o porquê de cada dobra e, depois, juntos, colocá-lo a voar; em vez de ir a uma loja grande e sofisticada e comprar o brinquedo mais caro que exista, porque o processo em si é que dá todo o significado, o resultado final, estar junto do seu filho. Mostra a ele a sutileza do querer bem, do importa-se.

São nessas vivências genuínas e prazerosas que realmente se aprende, pois ali o amor está presente. Nada é mais valioso do que o tempo, principalmente, o que dedicamos a alguém.

Quando volto à memória da minha infância, ela tem cor, cheiro e gratidão. Lembro de cada detalhe, de como fui feliz.

Morava numa rua de uma cidadezinha do interior de Santa Catarina com muitas crianças, brincávamos na rua de esconde-esconde, pega-pega e tantas outras brincadeiras.

Minha mãe e meu pai estavam sempre presentes.

Meu pai fazia o balanço, as cabaninhas, minha mãe sempre por perto, disposta a ajudar. Lembro-me dela fazendo o grude de polvilho para colar as pipas, também, com meu irmão, construindo o campinho na terra para brincarem de bola de gude e supervisionando as cozinhadinhas que fazíamos no quintal.

Quantas experiências agradáveis que trago na memória e no coração! Tenho certeza de que boa parte da minha resiliência para enfrentar problemas ou conflitos da vida adulta vem dessa infância feliz e baseada na confiança e cuidado que nossos pais tinham conosco.

Porém, meus pais também nos ensinaram limites, sabíamos onde poderíamos chegar, ensinaram-nos a ter respeito, a ser solidários. E tínhamos exemplos diários dessas vivências.

Quando soube que estava esperando meu primeiro filho, sabia da responsabilidade que passara a ter naquele momento, pois uma parte do meu coração batia fora de mim. Quanto amor por aquele ser lindo e indefeso. Alguns anos depois, nasceu meu outro menino. Procurei passar os ensinamentos que recebi dos meus pais: educar com amor. Uma relação pautada no diálogo, na escuta. Claro, nem tudo é um mar de rosas, a adolescência chega e com ela muitos conflitos. Mudam-se os hábitos, formam-se novas amizades, essa fase que sabemos não ser fácil para quem passa e quem acompanha, sendo necessário tolerância, compreensão e respeito; a escuta e o amor contribuem para essa transição mais tranquila à vida adulta.

Esse amor e carinho dedico aos meus filhos, Artur e Gabriel; às minhas sobrinhas, Ana Clara e Heloísa; e à minha amada neta Aurora.

Dedico também aos meus alunos queridos, que nesses longos anos como educadora procurei dedicar conhecimentos, amizade e compreensão; pois sei o quanto o ser humano, seja na infância, seja na vida adulta, necessita de amor e afeto, devendo permear as relações para que sejam saudáveis e duradouras.

À minha mãe, Suézia, e ao meu pai, Davemir (in memoriam); ao meu esposo, meu irmão, minha cunhada e às minhas noras, meu carinho!

A vida é bela, basta percebermos os pequenos detalhes que ela nos oferece, o sol que brilha, a flor que desabrocha, a luz do luar e tantos encantos que nos fazem mais felizes. Basta deixar o amor e a gentileza estarem presentes em nossas vivências.

Referências

SAINT-EXUPÉRY, A. *O pequeno príncipe*. Rio de Janeiro: Agir, 2013.

TIBA, I. *Disciplina: limite na medida certa*. São Paulo: Integrare, 2016.

MACEDO, M. M. K. *Adolescência e psicanálise: intersecções possíveis*. Porto Alegre: EdiPUCRS, 2012.

SIQUEIRA, A. *50 coisas que os pais nunca devem dizer aos filhos*. Rio de Janeiro: Habacuc, 2009.

40

MÃE
FONTE PERPÉTUA DE AFETIVIDADE

Neste capítulo, você poderá entender a importância que a afetividade tem para a educação dos filhos. A afetividade – baseada em amor, carinho, atenção, respeito, exemplo e cuidado – passa a inspirar toda a dinâmica das relações familiares. Nestas linhas, destaco que essas bases servem para uma construção sólida e sadia da personalidade, exigindo de todos que as relações familiares sejam permeadas pela responsabilidade, como dever de cuidado e proteção, numa dinâmica de vida com comprometimento com os laços afetivos, promovendo o bem-estar de todos.

SIMONE MATIOLI RENZO

Simone Matioli Renzo

Contatos
simonerenzo@terra.com.br
Facebook: simone.renzomilanes/
LinkedIn: simonerenzo
11 98957 7338

Especialista em Finanças Corporativas (FIA/USP) e Bacharel em Ciências Contábeis com Premiação PROIN (Universidade Uniítalo). Professora de Finanças e Contabilidade na FIA (Fundação Instituto de Administração). PMO nos cursos EAD pela FIA, consultora de finanças e *head* financeira. Mãe de dois filhos, Karina e Raphael; e tia de Giovanna, Maria Eduarda, Gabriel e Maria Luísa.

De todos os institutos sociais existentes na Terra, a família é o mais
importante, do ponto de vista dos alicerces morais que regem a vida.
Emmanuel

Família, "grupo de pessoas que partilha ou que já partilhou a mesma casa, normalmente essas pessoas possuem relações entre si de parentesco, de ancestralidade ou de afetividade".

Segundo o dicionário brasileiro da língua portuguesa, esse é o significado da palavra FAMÍLIA. E olha o que encontramos novamente? Afetividade. Pois é, ela tem o principal papel para o desenvolvimento dos nossos filhos.

Foi confiado à mãe a sublime missão de ser a encarregada de afeto, de paciência, de meiguice com que acudir às necessidades do filho.

Mas devemos prepará-lo para a vida e não para nós. Ele não ficará dentro de casa, trancado, sem lidar com as dificuldades da vida. Muito pelo contrá-rio, deverá enfrentar situações diversas e, para isso, devemos exercitar vários cenários com o objetivo de mitigarmos seus sofrimentos.

Afetividade

Os vínculos afetivos são a base e o princípio da solidariedade, que, antes de constitucional, é um princípio bíblico. Jesus ensinava a "amar o próximo como a si mesmo", "a socorrer o necessitado, a ter compaixão do estrangei-ro, a acolher os órfãos e as viúvas". Grupos que representavam os desiguais daquele momento histórico.

Na esfera familiar, não poderia ser diferente. Farias e Rosenvald realçaram a importância da afetividade na atual acepção de família, ao afirmar que "(...) a entidade familiar deve ser entendida, hoje, como grupo social fundado, essencialmente, em laços de afetividade, pois a outra conclusão não se pode chegar à luz do texto constitucional".

Simone Matioli Renzo

Nesse sentido, é indispensável que a família estabeleça laços afetivos, dividindo um espaço físico e suas experiências emocionais, às vezes, alegrias e vitórias; por outras, dores e insucessos, tendo como objetivo atender às necessidades e garantir o direito à dignidade de cada um de seus membros. Corroboram Farias e Rosenvald ao assentarem: Assim, o afeto caracteriza a entidade familiar como uma verdadeira rede de solidariedade, construída para o desenvolvimento da pessoa, não se permitindo que uma delas possa violar a natural confiança depositada por outra, consistente em ver efetivada a dignidade humana, constitucionalmente assegurada.

O lar é mais importante do que a casa

"O lar são as pessoas da família e não as paredes da casa". E são essas pessoas que devem merecer o amor, o carinho, o respeito.

É necessário analisar o significado da palavra respeito, em sua acepção que se liga à afetividade. Houaiss, Villar e Franco definem respeito como "sentimento que leva alguém a tratar outrem ou alguma coisa com grande atenção, profunda deferência, consideração, reverência". Então, pode-se dizer que respeito é um sentimento nobre, que deve considerar das menores às mais complexas situações envolvendo uma pessoa.

O respeito passa a permear pela família, que considera a pessoa como "ser", observando desde direitos pessoais, identidade, sentimentos, emoções, temores, vontades; até mesmo sonhos, ideais e aspirações. Trata-se de um conjunto de valores que passa a preocupar todos os membros em se esforçar para a promoção da solidariedade na família. Buscando amadurecimento e desenvolvimento para formação do caráter dos filhos. Formando sua personalidade revestindo-os de forças para enfrentarem as situações da vida.

A necessidade de comunicação

Para que nossos filhos saibam se comunicar e se façam compreender, é de suma importância que eles vivenciem isso no lar. Assim, poderão evitar situações, no dia a dia, de aborrecimento.

É imprescindível à preservação da felicidade o diálogo em casa. Não podemos formular perguntas apenas quando indispensáveis, tampouco usar frases curtas ou secas como resposta, como o uso de monossílabos: *sim, não, vou, sei, é, às vezes.*

"Falando, a gente se entende", afirma o antigo provérbio popular.

O problema financeiro

Embora seja preocupante e delicado, ele auxilia na formação dos filhos também.

Quando tudo vai bem, ficamos sem alguns exemplos práticos. Se nos depararmos com a necessidade de ajustar nossas contas à realidade familiar, devemos compartilhar com os nossos filhos de modo que entendam como poderão, se for preciso, lidar com isso durante sua vida. Abaixo, vamos elencar algumas situações.

Fazer um orçamento familiar, simples ou complexo. O importante é fazer, controlar o que recebe, seu salário, e o que gasta mensalmente.

- Ir ao mercado com lista para que compre somente o necessário;
- Substituir alguns produtos de consumo por algo mais barato;
- Economizar com o uso da água e energia.

Todos esses exemplos ficarão na memória de nossos filhos. Podendo eles porem em prática ou ajudar outrem.

Exemplo de mãe, de pai, de responsável

Os pais deverão ser exemplos para seus filhos. Mesmo tendo perdido meu pai muito cedo, lembro-me de todos os seus ensinamentos. De quando conversávamos, eu, minha mãe e meu pai, colando diversas situações que eles já tinham passado e que, se eu as vivenciasse, fizesse igual, se houve êxito. E fizesse diferente, se houve fracasso.

Sempre compartilhei com meus filhos tudo, as alegrias e tristezas. Quando resultavam em alegria, explicava que poderiam fazer igual. Quando o resultado tivesse sido triste/ruim, mostrava alternativas para tentarem obter um bom resultado.

Conclusão

Preparamos nossos filhos desde o nascimento. Quando pequeninos, ensinamos a andar, comer, falar. Quando na fase infantil, ensinamos a ler e escrever com seus professores; na pré-adolescência e adolescência, conversamos com eles antes de irem à escola ou qualquer atividade com amigos. Ficamos atentos com seus comportamentos, suas atitudes, suas dúvidas e anseios. Observando se estão pondo em prática tudo aquilo que ensinamos durante toda a vida, ou seja, o que é certo ou errado. Tentamos nos preparar para qualquer situação, para que juntos consigamos eliminar alguns problemas. Alguns, pois não conseguiremos todos. É fato de que os problemas são importantes para o crescimento e amadurecimento. O que devemos fazer é sempre estar por perto. Eles precisam saber que SEMPRE estaremos ali, esperando por qualquer solicitação que se faça necessária.

Quando chegam na fase adulta, olhamos para trás e pensamos: Nossa! São pessoas do bem, respeitam o próximo, sabem se virar na vida, são bons amigos, bons alunos, bons colegas de trabalho e, futuramente, serão bons pais.

O amor nos acompanha durante toda a trajetória. Posso dizer uma coisa? Tudo isso vale a pena!

Cuidem de seus filhos para que nosso mundo seja melhor.

Referência

CALLIGARIS, R. *A vida em Família*. IDE, 2006.

41

O AUTOCONHECIMENTO NA EDUCAÇÃO DOS FILHOS

Em pleno século XXI, o ser humano continua na busca do sentido da sua existência. É impulsionado a encontrar sentido e valor no que faz e experimenta. Qual significado da vida? A inteligência humana traz a necessidade do autoconhecimento e esse é um processo contínuo. Realize autoanálise com reflexão para encontrar a essência do eu interior, estimulando assim o desenvolvimento e sua saúde mental.

SONIA REGINA SILVA E MARLENE SILVA

Sonia Regina Silva

Contatos
serpai.sermae10@gmail.com
Instagram: @serpaisermãe

Psicóloga clínica. Voltada à compreensão da totalidade humana, contribui, há mais de 20 anos, para que as pessoas possam ser cada vez mais conscientes do seu lugar no mundo.

Marlene Silva

Contatos
serpai.sermae10@gmail.com
Instagram: @serpaisermãe

Psicóloga clínica e pedagoga. Há mais de 20 anos, desenvolve trabalhos nas áreas clínica e escolar. Mãe de dois filhos. Seu propósito de vida é fazer a diferença positiva na vida das pessoas.

Autoconhecimento é a chave

O dito popular diz que "toda criança curiosa é inteligente" e assim essa criança gosta de explorar ambientes novos e ir em busca do desconhecido, de novas descobertas. Somente quer avançar e aprender. Faz sem receio de errar o processo de conhecer novos caminhos, ousando ir além, até que um adulto a paralise com um "não" ou com o medo, impedindo-a de crescer. E sobre o "poder" desse adulto, a criança vai crescendo e perdendo a curiosidade de novas descobertas e passa a aceitar cada vez mais as regras impostas, algumas compreensíveis e outras totalmente descabidas para sua idade. E é assim que acontece. Crescemos sem ousar buscar novos conhecimentos para novas respostas. E com esse comportamento, não adquirimos o autoconhecimento, deixando de compreender aspectos importantes de nossa individualidade, diminuindo nossas chances de aprender a distinguir aprendizados negativos dos positivos, assim, nos afastando de possíveis realizações de metas, objetivos e sonhos pessoais. E agora onde está aquela criança curiosa, inteligente que existia lá na infância?

Esquecida no tempo. E tudo o que existe entre a infância e a vida adulta é uma lacuna preenchida pela falta de conhecimento, restando apenas as verdades das crenças limitantes instaladas dentro das regras descabidas vivenciadas ainda na fase da infância, possivelmente de zero a sete anos de idade, sendo elas a sua única verdade absoluta na vida, devido à falta do autoconhecimento.

O autoconhecimento traz em si os recursos para o desenvolvimento e crescimento pessoal, faz parte desse processo o afeto e a disciplina, possibilitando assim a compreensão de quais os pontos a serem melhorados, assim como os já efetivos. Todos esses aspectos nos impulsionam para o ampliar da consciência, fundamental a todo ser humano.

Conexão familiar – o ponto de equilíbrio

Todo o processo de educação que nós recebemos, desde a infância, está registrado em nossa mente, uma parte consciente, mas a maior parte é inconsciente, que pode ser definido como um conjunto de processos psíquicos misteriosos, até por nós mesmos. Um mundo ainda pouco explorado, por isso desconhecido, o qual tendemos a acessar, mas pouco valorizado como fonte de prosperidade e abundância. Mas é onde estão as respostas para nossas realizações. E tudo o que precisamos para acessar é a curiosidade daquela criança que na infância tinha gosto por explorar novos espaços, rumo a descobertas. E a criança, agora nesse corpo de adulto, precisa de incentivo para encontrar os caminhos que conduzem ao inconsciente. De que forma vivenciar esse processo? Por meio de caminhos como: observação de comportamento, processo de psicoterapia, desenvolvimento das três inteligências humanas: inteligência intelectual, emocional e espiritual.

Esses caminhos funcionam porque, ao trazermos para consciência as emoções negativas registradas no inconsciente – dizemos que saímos da sombra e viemos para a luz, nós nos tornamos autoconscientes. E dessa mistura de conhecer interno e externo é que formamos nossa autopercepção e a forma saudável de educar os filhos. Teremos a segurança e a autoridade de pai e autoridade de mãe: uma mão é firme (disciplina) e outra mão é acolhedora (afeto) e dentro dessa dinâmica está o ponto de equilíbrio necessário para você educar. Aprofundando, imagine uma figura metafórica de um grande ponto de interrogação bem no meio de um lindo mar azul, com uma parte acima do nível do mar. Essa parte visível é o consciente (10%), aqui você sabe o que fazer no momento de educar seu filho. Todo resto do ponto de interrogação, submerso nas profundezas desse mar, corresponde à parte invisível (90%), que é o inconsciente, é onde estão as respostas para os seus maiores desafios na educação dos filhos. Esse é o ponto que quero deixar claro, busque o autoconhecimento para olhar para essa parte submersa e melhor educar os filhos. Ao olhar, o que você percebe? O que sente? O que mudaria para melhor? Provoque a consciência autorreflexiva, a mente observa e investiga o que está sendo vivenciado. Nesse exercício do olhar, alinhado ao caminho descrito acima, você encontrará respostas para melhor educar o seu filho. É um processo. Pratique!

350 Disciplina e afeto

Como desenvolver a inteligência emocional nas crianças

Nosso cérebro tem a incrível capacidade de adaptação ao meio, porém não nascemos inteligentes emocionalmente, mas podemos adquirir essa e outras habilidades em um processo de aprendizagem dinâmico e contínuo. Daniel Goleman, psicólogo, na década de 90, escreveu a obra *Inteligência Emocional* que contribuiu muito sobre o que é a essencial maneira de nos relacionarmos.

Goleman concluiu que o cérebro humano é um órgão sociável e, portanto, estaria apto à socialização. Mas que precisa ser ensinado a isso. Ele afirma existirem quatro etapas básicas nesse processo:

- Autoconhecimento.
- Gerenciar emoções.
- Empatia.
- Sociabilidade.

Como contribuirmos para que os nossos filhos possam começar a difícil jornada pelo autoconhecimento?

1. Autoconhecimento: reconhecendo as emoções, o adulto da relação tem a função de mostrar à criança que "aquilo que ela está sentindo", por mais desconforto que a faça sentir, é da nossa natureza. Acolher essas emoções e poder exteriorizá-las em um ambiente afetuoso e acolhedor é a chave do autodesenvolvimento cognitivo e emocional, o que será levado para a vida.

2. Gerenciamento das emoções: você já mostrou ao seu filho que há algo nele (emoções), que mesmo sendo desconfortável, não o coloca em risco? Já ensinou também que ele será acolhido por um adulto quando ele precisar ou sentir desconforto? Aos poucos, ele vai aprender a se autorregular emocionalmente, isso será um recurso utilizado a vida toda, por exemplo, quando for para o vestibular ou em uma entrevista de emprego.

3. Empatia: habilidade a ser desenvolvida o quanto antes, não se trata apenas de se colocar no lugar do outro, mas sim uma função cerebral que, segundo os estudos, já viria como uma predisposição humana.

Goleman relata os estudos de Martin Hoffman, pesquisador de empatia, que afirma que "Uma criança de um ano se sente aflita ao ver outra caindo e começa a chorar. Sua relação é tão forte e imediata que ela põe o polegar na boca e enterra a cabeça no colo da mãe, como se fosse ela a machucada. Depois do primeiro ano, quando os bebês se tornam mais conscientes de que são distintos dos outros, tentam ativamente consolar outro que chora".

Aos poucos e com o suporte amoroso dos pais, a criança vai compreendendo que o outro sente as mesmas dores que ela, o que a faria considerar qualquer dor causada ao outro.

4. Socialização: é na infância e na interação com a família que a criança vive suas primeiras experiências na arte de relacionar-se. Goleman chama de O Balão do Ensaio Familiar. É na família que iniciamos a aprendizagem emocional, por isso, é muito importante que os pais tenham consciência do quanto o relacionamento do casal está sendo um modelo que os filhos levarão para fora do ambiente familiar. Nesse momento, o modelo apresentado pelos pais não tem como ser questionado pela criança, ela apenas os absorve como uma verdade absoluta e é nessa interação que os filhos extraem grandes e profundos ensinamentos, base para seus relacionamentos futuros.

Vamos assim aprendendo a entrar em contato com nossos próprios sentimentos e como os outros vão reagir aos mesmos. Aprendemos muito ao vivenciar as atitudes de nossos pais, assim como o que nos é oferecido quando lidam individualmente com seus próprios sentimentos, revelando o que se passa na vida emocional do casal.

O método 3Q's

Ao perceber a complexidade da psicodinâmica da família, observamos, na família de origem dos pais, a existência de uma lacuna em que falta o preenchimento de necessidades emocionais primárias, como afeto, espaço seguro, reconhecimento das emoções, acolhimento e, por fim, o estabelecimento da conexão humana.

Mediante essa observação, surge o método 3Q'S como forma de acolhimento aos pais. Desenvolvido pela Serpai&Sermãe, foi criado a partir de 20 anos de prática clínica-escolar e de nossa experiência como mães. Essa sim nossa maior contribuição, pois fomos mães em uma época em que a informação era muito restrita e o conhecimento ficava a cargo de médicos ou grandes especialistas.

Felizmente com o amplo interesse na área do desenvolvimento infantil e com os estudos sobre as competências socioemocionais dos pais, nosso método traz uma luz a estes tempos sombrios, dando-lhes o poder de educar com assertividade, sem serem julgados; ao contrário, acolhidos em suas próprias dores, por vezes carregadas de uma infância negligenciada e pouco afetiva, perpetuada por incertezas de como seus filhos irão sobreviver a um mundo que mais amedronta do que conforta. Acreditamos que a junção das três inteligências humanas – 3Q'S, o Quociente de Inteligência Q.I. (Gardner) + Quociente Emocional (Daniel Goleman) Q.E. + Quociente Espiritual Q.S. (Dana Zorah) – dará condições para que esses pais possam cada vez mais contribuírem para uma educação de qualidade, tanto cognitiva quanto emocional e espiritual.

Descrição do método – contém a junção das três inteligências, Q.I + Q.E.+ Q.S, sendo o resultado dessa junção o desenvolvimento do grau de consciência mais elevada que auxiliará os pais na grande jornada em educar seus filhos. De forma humana e abrangente, desenvolvendo suas habilidades na função de ser pai e mãe, ensinando seus filhos a superarem desafios, transformando a educação em algo prazeroso e resiliente, ampliando a consciência de maneira preventiva, da adolescência à vida adulta.

Quociente de inteligência (Gardner)

- Intrapessoal: reconhece a si mesmo, o que se quer e o que se sente.
- Linguística: encontra as palavras certas para expressar o que sente.
- Cinestésica corporal: conecta mente e corpo.
- Interpessoal: percebe os sentimentos e emoções das outras pessoas.
- Existencial: aborda as questões da existência humana (morte e vida).
- Lógica matemática: quantifica as coisas, cria hipóteses e provas.

Quociente emocional (Daniel Goleman)

- Autoconhecimento – processo de autoconexão com o ser, o propósito.
- Autogerenciamento das emoções.
- Empatia – reconhecimento das próprias dores, assim como as das outras pessoas.
- Relações inter/intrapessoais de qualidade – sociabilidade.

Quociente espiritual (Danah Zohar)

A espiritualidade sempre esteve presente na história do mundo. O quociente espiritual tem a ver com o que "algo" significa para mim, o sentido de algo, e não apenas como as coisas afetam minha emoção e como eu reajo a isso. O que existe em nosso cérebro que nos dá uma inteligência centrada no sentido? Ela fala de alma, dos princípios e valores e qual o propósito maior de vida dentro desses valores - é realizar o que faz o "coração cantar" e obter prosperidade e abundância. A inteligência espiritual tem a ver com a conexão do eu, com o que eu acredito e coloco a serviço da humanidade. Formas de conexão: reconhecer seu valor e lugar no mundo, sentir e ser grato, a prática do "sinto muito" e do perdão, a oração, e o diálogo com algo maior o qual chamamos Deus.

Refletindo com o coração – nossas crianças merecem, com urgência, de um olhar afetuoso e recheado de autorresponsabilidade, que se aprimora pelo autoconhecimento cada vez mais necessário para humanizar as relações familiares. "Você ama seu filho, ama o suficiente para mudar o seu comportamento por ele?"

Se sim, aprofunde e faça um mergulho para dentro de si na busca do seu autoconhecimento em Serpai&Sermãe.

Referências

CANUTO, A.. CARVALHO, A.. ISOLDI, A. L. *A culpa não é minha!? Guia para resolver seus conflitos e tomar decisões.* São Paulo: Literare Books International, 2018.

GOLEMAN, D. *Inteligência emocional.* 48. ed. Rio de Janeiro: Objetiva, 1995.

ZOHAR, D. MARSHALL, I. *Inteligência espiritual.* 10. ed. Rio de Janeiro: Viva Livros, 2021.

42

OS PAIS QUE PODEMOS SER

Nunca tivemos tanto conhecimento sobre a criação de filhos como temos nos dias de hoje. Apesar disso, os pais estão cada vez mais perdidos. O volume de informação não reflete qualidade, tendo como uma das consequências a adoção de práticas educativas cuja missão é a felicidade. Em busca desse ideal, muitos deixam de assumir a autoridade parental, que é fundamental para o estabelecimento de repertórios comportamentais importantes para a vida.

VIVIANE PEREIRA DOS SANTOS

Viviane Pereira dos Santos

Contato
Instagram: @vivianesantospsicologa

Graduada em Psicologia pela UFMA. Especialista em Saúde Mental e mestre em Psicologia (UFMA). É psicoterapeuta analítico-comportamental, com atuação, na clínica, com crianças, adolescentes e orientação de pais.

Final de tarde de um sábado, mãe e filho passeiam pelo shopping. Tudo transcorre bem até o momento em que passam em frente a uma vitrine de brinquedos. A criança corre em direção à loja e pega um carrinho. A mãe explica pacientemente o porquê não irá comprá-lo. Ele insiste, ela se mantém firme. O menino não se dá por vencido, atira-se ao chão e começa a chorar. A plateia atenta espera o desenrolar do próximo ato.

Essa é uma cena prosaica que nos faz lembrar que educar uma criança requer entrar em contato com desconfortos emocionais diversos: sentimentos de vergonha, irritação, insegurança, incompetência e culpa. Os olhares de julgamento e opiniões não solicitadas de terceiros questionam a educação parental.

A escolha por uma determinada atitude para solucionar esse problema envolve: o repertório dos pais para gerir as próprias emoções, habilidades educativas parentais para lidar com a situação, expectativas em relação ao comportamento da criança e o modelo educativo parental. Esses aspectos serão discutidos a seguir.

As expectativas em relação ao comportamento da criança estão diretamente relacionadas à concepção de infância da atualidade, na qual predomina a ideia de que é dever dos pais fazer os filhos felizes (LIPOVETSKY, 2020). Não há nada de errado em desejar o melhor para eles, contudo estabelecer a felicidade como meta primordial pode trazer prejuízos para ambos.

Esse ideal tem produzido pais superprotetores e hipervigilantes que evitam a todo custo que os filhos entrem em contato com as frustrações e dificuldades inerentes à vida (WHITTINGHAW & COYNE, 2019). A tentativa de fazê-los felizes o tempo inteiro é contraproducente, pois pode gerar intolerância ao sofrimento. Como irão reagir quando uma pessoa falar algo que não queiram ouvir?

Ademais, evitar que a criança entre em contato com a frustração retira, também, a oportunidade dela aprender a lidar com as situações que acon-

Viviane Pereira dos Santos

tecem em sua vida. A consequência pode ser uma criança pouco empática e desconectada dos fatos de sua vida.

A título de exemplo, imagine um pai que decide não contar ao filho que um ente querido faleceu, por temer que ele fique triste. Nessa situação, o pai evita a tristeza da criança, mas também a oportunidade dela aprender a lidar com a perda. Ainda nesse cenário, a criança pode se questionar sobre o porquê dessa pessoa subitamente desaparecer de sua vida. "Será que não gosta mais de mim? Será que fiz algo errado?". Agir dessa maneira é naturalizar que as pessoas podem sair da vida uma das outras sem explicação, e invalidar a importância de sentimentos fraternos.

Dito de outro modo, aquilo que a criança aprende por meio da experiência é tão importante quanto o que ela aprende por meio de conselhos expressos verbalmente sobre o que ela deve ou não fazer. Em ambos os casos, as habilidades educativas dos cuidadores têm relevância para o desenvolvimento de repertórios de habilidades de vida dos filhos.

Embora nosso contexto cultural considere que as mães possuem repertório inato para cuidar dos filhos, ele de fato é aprendido por meio da história de vida e do ambiente social em que vivem (BADINTER, 2009). Nessa perspectiva, observa-se um aumento das fontes de informação sobre a criação de filhos, em que se destaca as redes sociais como propagadora de conteúdo e agente influenciador na tomada de decisão parental, desde a escolha do enxoval até aspectos do desenvolvimento infantil.

Contudo, muito do conhecimento consumido pelos pais carece de cientificidade e algumas vezes apresenta orientações contraditórias, contribuindo para que se sintam inseguros na tarefa de criação dos filhos. Um exemplo disso são os pais que confundem o exercício da autoridade parental com o autoritarismo, renunciando ao primeiro.

Ao assumir a autoridade, os pais favorecem o aprendizado da obediência que é fundamental para o desenvolvimento de repertórios como autonomia, autocontrole e socialização (MCMAHON; FOREHAND, 2015). Porém, o maior desafio não é estabelecer regras para serem seguidas, mas manter-se consistente diante dos protestos dos filhos e da rotina estressante.

Pais que possuem poucas habilidades para lidar com estressores, como dificuldades econômicas, ausência de rede de apoio e problemas de saúde dos filhos possuem maior chance de utilizar práticas educativas coercitivas, que utilizam a punição como uma das formas de controle do comportamento infantil (PATTERSON *et al.*, 2002).

Palmadas, castigos e ameaças são exemplos de práticas educativas coercitivas comuns nos lares brasileiros. A utilização da punição como prática disciplinar deve-se, em grande parte, ao seu efeito imediato, pois no momento em que é aplicada, geralmente, a criança para de apresentar o comportamento indesejado. Desse modo, os pais continuam a utilizá-la como estratégia educativa em situações semelhantes (SKINNER, 2003).

Porém, a punição não é uma estratégia eficiente para extinguir um comportamento, em longo prazo funciona como desvantagem, tanto para quem a recebe quanto para quem a aplica (SKINNER, 2003). Não é raro pais se surpreenderam ao saber que o filho continua a emitir o comportamento de forma escondida. Esse exemplo ilustra um dos efeitos da punição, que se caracteriza em o indivíduo deixar de apresentar o comportamento indesejado na presença de quem o puniu (SKINNER, 2003).

Outra consequência do uso da punição é desencadear na criança respostas emocionais típicas da raiva, como tremor, taquicardia e choro (SKINNER, 2003). Os pais, ao observarem esse efeito no filho, entram em contato com sentimentos de pena e culpa. Diante desse contexto, é comum tentarem recompensar a criança como alternativa para livrarem-se do desconforto. Um exemplo é a criança que chora como forma de conseguir o que deseja, pois aprendeu que agindo dessa maneira os pais cedem.

Há pais que não querem bater no filho, mas se veem perdidos ao corrigir o comportamento da criança, porque eles mesmos tiveram modelo educativo pautado em práticas aversivas. Por vezes oscilam entre utilizar estratégias que valorizam a colaboração da criança e o uso de punição em momentos críticos do comportamento infantil.

De maneira geral, os pais se comportam sob influência da própria história de vida. Embora não seja possível atuar sobre o passado, olhar para ele ajuda a entender as escolhas feitas no presente, avaliá-las e buscar novas formas de vivenciar a parentalidade. Mais do que uma decisão, requer disposição para aprender, sendo que qualquer mudança implica adaptação. O que por sua vez pode gerar níveis de desconforto frente ao novo.

O exercício da parentalidade é essencial para a vida humana, pois parte do repertório comportamental do indivíduo é aprendido no contexto familiar, por meio de processos de imitação e interação social que ocorre entre a criança e seus cuidadores (WHITTINGHAW & COYNE, 2019). Assim, como há uma diversidade de configurações familiares, também existe uma variedade de formas de exercer uma parentalidade saudável.

Viviane Pereira dos Santos

Ninguém nasce pronto para ser pai ou mãe, aprende-se ao longo do caminho. Logo, é esperado que variações na forma de educar uma criança aconteçam. Desse modo, é necessário validar estilos distintos de parentalidade e combater a promoção de modelos ideais que valorizam a competição, o desempenho e o perfeccionismo – que contribuem para o estresse parental (WHITTINGHAW & COYNE, 2019).

A parentalidade acontece em um contexto relacional, social e cultural, portanto é preciso levar em consideração esses aspectos para compreender as atitudes e sentimentos que surgem na interação entre pais e filhos. Estar atento àquilo que se sente e o que se faz são passos importantes para tomar decisões melhores na educação dos filhos.

Referências

BADINTER, E. *Um amor conquistado: o mito do amor materno.* 3. ed. Rio de Janeiro: Editora Nova Fronteira, 2009.

LIPOVETSKY, G. *A sociedade da sedução: democracia e narcisismo na hiper-modernidade liberal.* Baueri: Malone, 2020.

MCMAHON, R. J.; FOREHAD, R. L. *Helping the Noncompliance Child: Family-based Treatment for Oppositional Behavior.* 2. ed. New York: Guilford Press, 2015.

PATTERSON, G.; REID, J.; DISHION, T. *Antissocial boys: comportamento antissocial.* Santo André: Esetec, 2002.

SKINNER, B. F. *Ciência de comportamento humano.* 10. ed. São Paulo: Martins Fontes, 2003.

WHITTINGHAW, K.; COYNE, L. W. *Acceptance and Commitment Therapy: The Clinician´s Guide for Supporting Parents.* Academic Press-Elsevier, 2019.